DINAMARQUÊS

VOCABULÁRIO

PALAVRAS MAIS ÚTEIS

PORTUGUÊS
DINAMARQUÊS

Para alargar o seu léxico e apurar
as suas competências linguísticas

7000 palavras

Vocabulário Português-Dinamarquês - 7000 palavras

Por Andrey Taranov

Os vocabulários da T&P Books destinam-se a ajudar a aprender, a memorizar, e a rever palavras estrangeiras. O dicionário é dividido em temas, cobrindo todas as principais esferas de atividades quotidianas, negócios, ciência, cultura, etc.

O processo de aprendizagem, utilizando os dicionários baseados em temáticas da T&P Books dá-lhe as seguintes vantagens:

- Informação de origem corretamente agrupada predetermina o sucesso em fases subsequentes da memorização de palavras
- Disponibilização de palavras derivadas da mesma raiz, o que permite a memorização de unidades de texto (em vez de palavras separadas)
- Pequenas unidades de palavras facilitam o processo de estabelecimento de vínculos associativos necessários para a consolidação do vocabulário
- O nível de conhecimento da língua pode ser estimado pelo número de palavras aprendidas

T&P Books Publishing
www.tpbooks.com

ISBN: 978-1-78400-884-0

Este livro também está disponível em formato E-book.
Por favor visite www.tpbooks.com ou as principais livrarias on-line.

VOCABULÁRIO DINAMARQUÊS
palavras mais úteis

Os vocabulários da T&P Books destinam-se a ajudar a aprender, a memorizar, e a rever palavras estrangeiras. O vocabulário contém mais de 7000 palavras de uso comum organizadas tematicamente.

O vocabulário contém as palavras mais comummente usadas

Recomendado como adicional para qualquer curso de línguas

Satisfaz as necessidades dos iniciados e dos alunos avançados de línguas estrangeiras

Conveniente para o uso diário, sessões de revisão e atividades de auto-teste

Permite avaliar o seu vocabulário

Características especias do vocabulário

*   As palavras estão organizadas de acordo com o seu significado, e não por ordem alfabética
*   As palavras são apresentadas em três colunas para facilitar os processos de revisão e auto-teste
*   As palavras compostas são divididas em pequenos blocos para facilitar o processo de aprendizagem
*   O vocabulário oferece uma transcrição simples e adequada de cada palavra estrangeira

O vocabulário contém 198 tópicos incluindo:

Conceitos básicos, Números, Cores, Meses, Estações do ano, Unidades de medida, Roupas & Acessórios, Alimentos & Nutrição, Restaurante, Membros da Família, Parentes, Caráter, Sentimentos, Emoções, Doenças, Cidade, Passeios, Compras, Dinheiro, Casa, Lar, Escritório, Trabalho no Escritório, Importação & Exportação, Marketing, Pesquisa de Emprego, Desportos, Educação, Computador, Internet, Ferramentas, Natureza, Países, Nacionalidades e muito mais ...

TABELA DE CONTEÚDOS

EQUIPAMENTO TÉCNICO. TRANSPORTES
Equipamento técnico. Transportes

Transportes

Carros

PESSOAS. EVENTOS
Eventos

NATUREZA
A Terra. Parte 1

GUIA DE PRONUNCIAÇÃO

Letra	Exemplo Dinamarquês	Alfabeto fonético T&P	Exemplo Português
Aa	Afrika, kompas	[æ], [ɑ], [ɑ:]	semana
Bb	barberblad	[b]	barril
Cc	cafe, creme	[k]	kiwi
Cc [1]	koncert	[s]	sanita
Dd	direktør	[d]	dentista
Dd [2]	facade	[ð]	[z] - fricativa dental sonora não-sibilante
Ee	belgier	[e], [ə]	mover
Ee [3]	elevator	[ɛ]	mesquita
Ff	familie	[f]	safári
Gg	mango	[g]	gosto
Hh	høne, knurhår	[h]	[h] aspirada
Ii	kolibri	[i], [i:]	sinónimo
Jj	legetøj	[j]	géiser
Kk	leksikon	[k]	kiwi
Ll	leopard	[l]	libra
Mm	marmor	[m]	magnólia
Nn	natur, navn	[n]	natureza
ng	omfang	[ŋ]	alcançar
nk	punktum	[ŋ]	alcançar
Oo	fortov	[o], [ɔ]	noite
Pp	planteolie	[p]	presente
Qq	sequoia	[k]	kiwi
Rr	seriøs	[ʁ]	[r] vibrante
Ss	selskab	[s]	sanita
Tt	strøm, trappe	[t]	tulipa
Uu	blæksprutte	[u:]	blusa
Vv	børnehave	[ʊ]	fava
Ww	whisky	[w]	página web
Xx	Luxembourg	[ks]	perplexo
Yy	lykke	[y], [ø]	trabalho
Zz	Venezuela	[s]	sanita
Ææ	ærter	[ɛ], [ɛ:]	mover
Øø	grønsager	[ø], [œ]	milhões
Åå	åbent, afgå	[ɔ], [ɔ:]	fava

Comentários

[1] antes de **e**, **i**
[2] depois de uma vogal acentuada
[3] no início de palavras

ABREVIATURAS
usadas no vocabulário

Abreviaturas do Português

adj	-	adjetivo
adv	-	advérbio
anim.	-	animado
conj.	-	conjunção
desp.	-	desporto
etc.	-	etecetra
ex.	-	por exemplo
f	-	nome feminino
f pl	-	feminino plural
fem.	-	feminino
inanim.	-	inanimado
m	-	nome masculino
m pl	-	masculino plural
m, f	-	masculino, feminino
masc.	-	masculino
mat.	-	matemática
mil.	-	militar
pl	-	plural
prep.	-	preposição
pron.	-	pronome
sb.	-	sobre
sing.	-	singular
v aux	-	verbo auxiliar
vi	-	verbo intransitivo
vi, vt	-	verbo intransitivo, transitivo
vr	-	verbo reflexivo
vt	-	verbo transitivo

Abreviaturas do Dinamarquês

f	-	género comum
f pl	-	género comum plural
i	-	neutro
i pl	-	neutro plural
i, f	-	neutro, género comum
ngn.	-	alguém
pl	-	plural

CONCEITOS BÁSICOS

Conceitos básicos. Parte 1

1. Pronomes

eu	jeg	['jaj]
tu	du	[du]
ele	han	['han]
ela	hun	['hun]
ele, ela (neutro)	den, det	['dən], [de]
nós	vi	['vi]
vocês	I	[i]
eles, elas	de	['di]

2. Cumprimentos. Saudações. Despedidas

Olá!	Hej!	['haj]
Bom dia! (formal)	Hallo! Goddag!	[ha'lo], [go'dæ']
Bom dia! (de manhã)	Godmorgen!	[go'mɒːɒn]
Boa tarde!	Goddag!	[go'dæ']
Boa noite!	Godaften!	[go'aftən]
cumprimentar (vt)	at hilse	[ʌ 'hilsə]
Olá!	Hej!	['haj]
saudação (f)	hilsen (f)	['hilsən]
saudar (vt)	at hilse	[ʌ 'hilsə]
Como vai?	Hvordan har De det?	[vɒ'dan ha di de]
Como vais?	Hvordan går det?	[vɒ'dan gɒː de]
O que há de novo?	Hvad nyt?	['vað 'nyt]
Adeus! (formal)	Farvel!	[fa'vɛl]
Até à vista! (informal)	Hej hej!	['haj 'haj]
Até breve!	Hej så længe!	['haj sʌ 'lɛŋə]
Adeus!	Farvel!	[fa'vɛl]
despedir-se (vr)	at sige farvel	[ʌ 'si: fa'vɛl]
Até logo!	Hej hej!	['haj 'haj]
Obrigado! -a!	Tak!	['tak]
Muito obrigado! -a!	Mange tak!	['maŋə 'tak]
De nada	Velbekomme	['vɛlbə'kʌm'ə]
Não tem de quê	Det var så lidt!	[de va' sʌ let]
De nada	Det var så lidt!	[de va' sʌ let]
Desculpa!	Undskyld, ...	['ɔn‚skyl', ...]
Desculpe!	Undskyld mig, ...	['ɔn‚skyl' maj, ...]

desculpar (vt)	at undskylde	[ʌ 'ɔnˌskylˀə]
desculpar-se (vr)	at undskylde sig	[ʌ 'ɔnˌskylˀə sɑj]
As minhas desculpas	Om forladelse	[ʌm fʌ'læˀðəlsə]
Desculpe!	Undskyld mig!	['ɔnˌskylˀ mɑj]
perdoar (vt)	at tilgive	[ʌ 'telˌgiˀ]
Não faz mal	Det gør ikke noget	[de 'gæɡ 'ekə 'nɔːəð]
por favor	værsgo	['væɡ'sgoˀ]
Não se esqueça!	Husk!	['husk]
Certamente! Claro!	Selvfølgelig!	[sɛl'føljəli]
Claro que não!	Naturligvis ikke!	[na'tuɡˀli'viˀs 'ekə]
Está bem! De acordo!	OK! Jeg er enig!	[ɔw'kɛj], ['jɑj 'æɡ 'eːni]
Basta!	Så er det nok!	['sʌ æɡ de 'nʌk]

3. Números cardinais. Parte 1

zero	nul	['nɔl]
um	en	['en]
dois	to	['toˀ]
três	tre	['tʁɛˀ]
quatro	fire	['fiˀʌ]
cinco	fem	['fɛmˀ]
seis	seks	['sɛks]
sete	syv	['sywˀ]
oito	otte	['ɔːtə]
nove	ni	['niˀ]
dez	ti	['tiˀ]
onze	elleve	['ɛlvə]
doze	tolv	['tʌlˀ]
treze	tretten	['tʁatən]
catorze	fjorten	['fjoɡtən]
quinze	femten	['fɛmtən]
dezasseis	seksten	['sajstən]
dezassete	sytten	['søtən]
dezoito	atten	['atən]
dezanove	nitten	['netən]
vinte	tyve	['tyːvə]
vinte e um	enogtyve	['eːnʌˌtyːvə]
vinte e dois	toogtyve	['toːʌˌtyːvə]
vinte e três	treogtyve	['tʁɛːʌˌtyːvə]
trinta	tredive	['tʁaðvə]
trinta e um	enogtredive	['eːnʌˌtʁaðvə]
trinta e dois	toogtredive	['toːʌˌtʁaðvə]
trinta e três	treogtredive	['tʁɛːʌˌtʁaðvə]
quarenta	fyrre	['fœɡʌ]
quarenta e um	enogfyrre	['eːnʌˌfœɡʌ]
quarenta e dois	toogfyrre	['toːʌˌfœɡʌ]
quarenta e três	treogfyrre	['tʁɛːʌˌfœɡʌ]

cinquenta	halvtreds	[hal'tʀɛs]
cinquenta e um	enoghalvtreds	['e:nʌ hal͵tʀɛs]
cinquenta e dois	tooghalvtreds	['to:ʌ hal͵tʀɛs]
cinquenta e três	treoghalvtreds	['tʀɛ:ʌ hal͵tʀɛs]
sessenta	tres	['tʀɛs]
sessenta e um	enogtres	['e:nʌ͵tʀɛs]
sessenta e dois	toogtres	['to:ʌ͵tʀɛs]
sessenta e três	treogtres	['tʀɛ:ʌ͵tʀɛs]
setenta	halvfjerds	[hal'fjæɐ̯s]
setenta e um	enoghalvfjerds	['e:nʌ hal'fjæɐ̯s]
setenta e dois	tooghalvfjerds	['to:ʌ hal'fjæɐ̯s]
setenta e três	treoghalvfjerds	['tʀɛ:ʌ hal'fjæɐ̯s]
oitenta	firs	['fiɐ̯'s]
oitenta e um	enogfirs	['e:nʌ͵'fiɐ̯'s]
oitenta e dois	toogfirs	['to:ʌ͵fiɐ̯'s]
oitenta e três	treogfirs	['tʀɛ:ʌ͵fiɐ̯'s]
noventa	halvfems	[hal'fɛm's]
noventa e um	enoghalvfems	['e:nʌ hal͵fɛm's]
noventa e dois	tooghalvfems	['to:ʌ hal͵fɛm's]
noventa e três	treoghalvfems	['tʀɛ:ʌ hal͵fɛm's]

4. Números cardinais. Parte 2

cem	hundrede	['hunʌðə]
duzentos	tohundrede	['tɔw͵hunʌðə]
trezentos	trehundrede	['tʀɛ͵hunʌðə]
quatrocentos	firehundrede	['fiɐ̯͵hunʌðə]
quinhentos	femhundrede	['fɛm͵hunʌðə]
seiscentos	sekshundrede	['sɛks͵hunʌðə]
setecentos	syvhundrede	['syw͵hunʌðə]
oitocentos	ottehundrede	['ɔ:tə͵hunʌðə]
novecentos	nihundrede	['ni͵hunʌðə]
mil	tusind	['tu'sən]
dois mil	totusind	['to͵tu'sən]
De quem são ...?	tretusind	['tʀɛ͵tu'sən]
dez mil	titusind	['ti͵tu'sən]
cem mil	hundredetusind	['hunʌðə͵tu'sən]
um milhão	million (f)	[mili'o'n]
mil milhões	milliard (f)	[mili'ɑ'd]

5. Números. Frações

fração (f)	brøk (f)	['bʀœ'k]
um meio	en halv	[en 'hal']
um terço	en tredjedel	[en 'tʀɛðjə͵de'l]
um quarto	en fjerdedel	[en 'fjɛ:ʌ͵de'l]

um oitavo	en ottendedel	[en 'ʌtənə‚de'l]
um décimo	en tiendedel	[en 'tiənə‚de'l]
dois terços	to tredjedele	['to: 'tʁɛðjə‚de:lə]
três quartos	tre fjerdedele	['tʁɛ: 'fjɛ:ʌ‚de'lə]

6. Números. Operações básicas

subtração (f)	subtraktion (f)	[subtʁak'ɕo'n]
subtrair (vi, vt)	at subtrahere	[ʌ subtʁa'he'ʌ]
divisão (f)	division (f)	[divi'ɕo'n]
dividir (vt)	at dividere	[ʌ divi'de'ʌ]

adição (f)	addition (f)	[adi'ɕo'n]
somar (vt)	at addere	[ʌ a'de'ʌ]
adicionar (vt)	at addere	[ʌ a'de'ʌ]
multiplicação (f)	multiplikation (f)	[multiplika'ɕo'n]
multiplicar (vt)	at multiplicere	[ʌ multipli'se'ʌ]

7. Números. Diversos

algarismo, dígito (m)	ciffer (i)	['sifʌ]
número (m)	tal (i)	['tal]
numeral (m)	talord (i)	['tal‚o'ɡ]
menos (m)	minus (i)	['mi:nus]
mais (m)	plus (i)	['plus]
fórmula (f)	formel (f)	['fɒ'məl]

cálculo (m)	beregning (f)	[be'ʁaj'nen]
contar (vt)	at tælle	[ʌ 'tɛlə]
calcular (vt)	at tælle op	[ʌ 'tɛlə 'ʌp]
comparar (vt)	at sammenligne	[ʌ 'samən‚li'nə]

| Quanto? | Hvor meget? | [vɒ' 'maɑð] |
| Quantos? -as? | Hvor mange? | [vɒ' 'maŋə] |

soma (f)	sum (f)	['sɔm']
resultado (m)	resultat (i)	[ʁɛsul'tæ't]
resto (m)	rest (f)	['ʁast]

alguns, algumas …	nogle få …	['no:lə fɒ' …]
um pouco de …	lidt …	['let …]
poucos, -as (~ pessoas)	få, ikke mange	['fɔ'], ['ekə 'maŋə]
um pouco (~ de vinho)	lidt	['let]
resto (m)	øvrig (i)	['øwʁi]

| um e meio | halvanden | [hal'anən] |
| dúzia (f) | dusin (i) | [du'si'n] |

ao meio	i to halvdele	[i 'to: 'halde:lə]
em partes iguais	jævnt	['jɛw'nt]
metade (f)	halvdel (f)	['halde'l]
vez (f)	gang (f)	['gaŋ']

16

8. Os verbos mais importantes. Parte 1

abrir (vt)	at åbne	[ʌ 'ɔːbnə]
acabar, terminar (vt)	at slutte	[ʌ 'slutə]
aconselhar (vt)	at råde	[ʌ 'ʁɔːðə]
adivinhar (vt)	at gætte	[ʌ 'gɛtə]
advertir (vt)	at advare	[ʌ 'aðˌvɑʔɑ]
ajudar (vt)	at hjælpe	[ʌ 'jɛlpə]
almoçar (vi)	at spise frokost	[ʌ 'spiːsə 'fʁɔkʌst]
alugar (~ um apartamento)	at leje	[ʌ 'lajə]
amar (vt)	at elske	[ʌ 'ɛlskə]
ameaçar (vt)	at true	[ʌ 'tʁuːə]
anotar (escrever)	at skrive ned	[ʌ 'skʁiːvə 'neðʔ]
apanhar (vt)	at fange	[ʌ 'faŋə]
apressar-se (vr)	at skynde sig	[ʌ 'skønə sɑj]
arrepender-se (vr)	at beklage	[ʌ be'klæʔjə]
assinar (vt)	at underskrive	[ʌ 'ɔnʌˌskʁiʔvə]
atirar, disparar (vi)	at skyde	[ʌ 'skyːðə]
brincar (vi)	at spøge	[ʌ 'spøːjə]
brincar, jogar (crianças)	at lege	[ʌ 'lajə]
buscar (vt)	at søge …	[ʌ 'søːə …]
caçar (vi)	at jage	[ʌ 'jæːjə]
cair (vi)	at falde	[ʌ 'falə]
cavar (vt)	at grave	[ʌ 'gʁɑːvə]
cessar (vt)	at stoppe, at slutte	[ʌ 'stʌpə], [ʌ 'slutə]
chamar (~ por socorro)	at tilkalde	[ʌ 'telˌkalʔə]
chegar (vi)	at ankomme	[ʌ 'anˌkʌmʔə]
chorar (vi)	at græde	[ʌ 'gʁaːðə]
começar (vt)	at begynde	[ʌ be'gønʔə]
comparar (vt)	at sammenligne	[ʌ 'samənˌliʔnə]
compreender (vt)	at forstå	[ʌ fʌ'stɔʔ]
concordar (vi)	at samtykke	[ʌ 'samˌtykə]
confiar (vt)	at stole på	[ʌ 'stoːlə pɔʔ]
confundir (equivocar-se)	at forveksle	[ʌ fʌ'vɛkslə]
conhecer (vt)	at kende	[ʌ 'kɛnə]
contar (fazer contas)	at tælle	[ʌ 'tɛlə]
contar com (esperar)	at regne med …	[ʌ 'ʁajnə mɛ …]
continuar (vt)	at fortsætte	[ʌ 'fɔːtˌsɛtə]
controlar (vt)	at kontrollere	[ʌ kʌntʁo'leʔʌ]
convidar (vt)	at indbyde, at invitere	[ʌ 'enˌbyʔðə], [ʌ envi'teʔʌ]
correr (vi)	at løbe	[ʌ 'løːbə]
criar (vt)	at oprette, at skabe	[ʌ 'ʌbˌʁatə], [ʌ 'skæːbə]
custar (vt)	at koste	[ʌ 'kʌstə]

9. Os verbos mais importantes. Parte 2

dar (vt)	at give	[ʌ 'giʔ]
dar uma dica	at give et vink	[ʌ 'giʔ et 'veŋʔk]

decorar (enfeitar)	at pryde	[ʌ 'pʁy:ðə]
defender (vt)	at forsvare	[ʌ fʌ'svɑˀɑ]
deixar cair (vt)	at tabe	[ʌ 'tæ:bə]

descer (para baixo)	at gå ned	[ʌ gɔˀ 'neðˀ]
desculpar (vt)	at tilgive	[ʌ 'tel̩gi']
desculpar-se (vr)	at undskylde sig	[ʌ 'ɔnˌskylˀə saj]
dirigir (~ uma empresa)	at styre, at lede	[ʌ 'sty:ʌ], [ʌ 'le:ðə]
discutir (notícias, etc.)	at diskutere	[ʌ disku'teˀʌ]
dizer (vt)	at sige	[ʌ 'si:]

duvidar (vt)	at tvivle	[ʌ 'tviwlə]
encontrar (achar)	at finde	[ʌ 'fenə]
enganar (vt)	at snyde	[ʌ 'sny:ðə]
entrar (na sala, etc.)	at komme ind	[ʌ 'kʌmə ˌenˀ]
enviar (uma carta)	at sende	[ʌ 'sɛnə]
errar (equivocar-se)	at tage fejl	[ʌ 'tæˀ fajˀl]
escolher (vt)	at vælge	[ʌ 'vɛljə]
esconder (vt)	at gemme	[ʌ 'gɛmə]
escrever (vt)	at skrive	[ʌ 'skʁi:və]
esperar (o autocarro, etc.)	at vente	[ʌ 'vɛntə]

esquecer (vt)	at glemme	[ʌ 'glɛmə]
estudar (vt)	at studere	[ʌ stu'deˀʌ]
exigir (vt)	at kræve	[ʌ 'kʁɛ:və]
existir (vi)	at eksistere	[ʌ ɛksi'steˀʌ]

explicar (vt)	at forklare	[ʌ fʌ'klaˀɑ]
falar (vi)	at tale	[ʌ 'tæ:lə]
faltar (clases, etc.)	at forsømme	[ʌ fʌ'sœmˀə]
fazer (vt)	at gøre	[ʌ 'gœ:ʌ]
ficar em silêncio	at tie	[ʌ 'ti:ə]
gabar-se, jactar-se (vr)	at prale	[ʌ 'pʁɑ:lə]

gostar (apreciar)	at kunne lide	[ʌ 'kunə 'li:ðə]
gritar (vi)	at skrige	[ʌ 'skʁi:ə]
guardar (cartas, etc.)	at beholde	[ʌ be'hʌlˀə]
informar (vt)	at informere	[ʌ enfo'meˀʌ]
insistir (vi)	at insistere	[ʌ ensi'steˀʌ]

insultar (vt)	at fornærme	[ʌ fʌ'næg̊ˀmə]
interessar-se (vr)	at interessere sig	[ʌ entʁə'seˀʌ saj]
ir (a pé)	at gå	[ʌ 'gɔˀ]
ir nadar	at bade	[ʌ 'bæˀðə]
jantar (vi)	at spise aftensmad	[ʌ 'spi:sə 'ɑftənsˌmað]

10. Os verbos mais importantes. Parte 3

ler (vt)	at læse	[ʌ 'lɛ:sə]
libertar (cidade, etc.)	at befri	[ʌ be'fʁiˀ]
matar (vt)	at dræbe, at myrde	[ʌ 'dʁɛ:bə], [ʌ 'myg̊də]
mencionar (vt)	at omtale, at nævne	[ʌ 'ʌmˌtæ:lə], [ʌ 'nɛwnə]
mostrar (vt)	at vise	[ʌ 'vi:sə]
mudar (modificar)	at ændre	[ʌ 'ɛndʁʌ]

nadar (vi)	at svømme	[ʌ 'svœmə]
negar-se a …	at vægre sig	[ʌ 'vɛːjʁʌ saj]
objetar (vt)	at indvende	[ʌ 'enˀˌvɛnˀə]

observar (vt)	at observere	[ʌ ʌbsæɡ'veˀʌ]
ordenar (mil.)	at beordre	[ʌ be'ɒˀdʁʌ]
ouvir (vt)	at høre	[ʌ 'høːʌ]
pagar (vt)	at betale	[ʌ be'tæˀlə]
parar (vi)	at standse	[ʌ 'stansə]

participar (vi)	at deltage	[ʌ 'delˌtæˀ]
pedir (comida)	at bestille	[ʌ be'stelˀə]
pedir (um favor, etc.)	at bede	[ʌ 'beˀðə]
pegar (tomar)	at tage	[ʌ 'tæˀ]
pensar (vt)	at tænke	[ʌ 'tɛŋkə]

perceber (ver)	at bemærke	[ʌ be'mæɡkə]
perdoar (vt)	at tilgive	[ʌ 'telˌgiˀ]
perguntar (vt)	at spørge	[ʌ 'spœɡʌ]
permitir (vt)	at tillade	[ʌ 'teˌlæˀðə]
pertencer a …	at tilhøre …	[ʌ 'telˌhøˀʌ …]

planear (vt)	at planlægge	[ʌ 'plæːnˌlɛgə]
poder (vi)	at kunne	[ʌ 'kunə]
possuir (vt)	at besidde, at eje	[ʌ be'siðˀə], [ʌ 'ɑjə]
preferir (vt)	at foretrække	[ʌ fɒːɒ'tʁakə]
preparar (vt)	at lave	[ʌ 'læːvə]

prever (vt)	at forudse	[ʌ 'fɒuðˌseˀ]
prometer (vt)	at love	[ʌ 'lɔːvə]
pronunciar (vt)	at udtale	[ʌ 'uðˌtæːlə]
propor (vt)	at foreslå	[ʌ 'fɒːɒˌslɔˀ]
punir (castigar)	at straffe	[ʌ 'stʁɑfə]

11. Os verbos mais importantes. Parte 4

quebrar (vt)	at bryde	[ʌ 'bʁyːðə]
queixar-se (vr)	at klage	[ʌ 'klæːjə]
querer (desejar)	at ville	[ʌ 'vilə]
recomendar (vt)	at anbefale	[ʌ 'anbeˌfæˀlə]
repetir (dizer outra vez)	at gentage	[ʌ 'gɛnˌtæˀ]

repreender (vt)	at skælde	[ʌ 'skɛlə]
reservar (~ um quarto)	at reservere	[ʌ ʁɛsæɡ'veˀʌ]
responder (vt)	at svare	[ʌ 'svɑːɑ]
rezar, orar (vi)	at bede	[ʌ 'beˀðə]
rir (vi)	at le, at grine	[ʌ 'leˀ], [ʌ 'gʁiːnə]

roubar (vt)	at stjæle	[ʌ 'stjɛːlə]
saber (vt)	at vide	[ʌ 'viːðə]
sair (~ de casa)	at gå ud	[ʌ 'gɔˀ uðˀ]
salvar (vt)	at redde	[ʌ 'ʁɛðə]
seguir …	at følge efter …	[ʌ 'føljə 'ɛftʌ …]
sentar-se (vr)	at sætte sig	[ʌ 'sɛtə saj]

ser necessário	at være behøvet	[ʌ 'vɛːʌ be'hø'vəð]
ser, estar	at være	[ʌ 'vɛːʌ]
significar (vt)	at betyde	[ʌ be'ty'ðə]

sorrir (vi)	at smile	[ʌ 'smiːlə]
subestimar (vt)	at undervurdere	[ʌ 'ɔnʌvuɐ'de'ʌ]
surpreender-se (vr)	at blive forundret	[ʌ 'bliːə fʌ'ɔn'dʀʌð]
tentar (vt)	at prøve	[ʌ 'pʀœːwə]

ter (vt)	at have	[ʌ 'hæːvə]
ter fome	at være sulten	[ʌ 'vɛːʌ 'sultən]
ter medo	at frygte	[ʌ 'fʀœgtə]
ter sede	at være tørstig	[ʌ 'vɛːʌ 'tœɐsti]

tocar (com as mãos)	at røre	[ʌ 'ʀœːʌ]
tomar o pequeno-almoço	at spise morgenmad	[ʌ 'spiːsə 'mɒːɒnˌmað]
trabalhar (vi)	at arbejde	[ʌ 'ɑːˌbɑj'də]
traduzir (vt)	at oversætte	[ʌ 'ɒwʌˌsɛtə]
unir (vt)	at forene	[ʌ fʌ'enə]

vender (vt)	at sælge	[ʌ 'sɛljə]
ver (vt)	at se	[ʌ 'se']
virar (ex. ~ à direita)	at svinge	[ʌ 'sveŋə]
voar (vi)	at flyve	[ʌ 'flyːvə]

12. Cores

cor (f)	farve (f)	['faːvə]
matiz (m)	nuance (f)	[ny'aŋsə]
tom (m)	farvetone (f)	['faːvəˌtoːnə]
arco-íris (m)	regnbue (f)	['ʀajnˌbuːə]

branco	hvid	['við']
preto	sort	['soɐt]
cinzento	grå	['gʀɔ']

verde	grøn	['gʀœn']
amarelo	gul	['gu'l]
vermelho	rød	['ʀœð']

azul	blå	['blɔ']
azul claro	lyseblå	['lysəˌblɔ']
rosa	rosa	['ʀoːsa]
laranja	orange	[o'ʀaŋɕə]
violeta	violblå	[vi'olˌblɔ']
castanho	brun	['bʀu'n]

| dourado | guld- | ['gul-] |
| prateado | sølv- | ['søl-] |

bege	beige	['bɛːɕ]
creme	cremefarvet	['kʀɛːmˌfɑ'vəð]
turquesa	turkis	[tyɐ'ki's]
vermelho cereja	kirsebærrød	['kiɐsəbæɐˌʀœð']

lilás	**lilla**	['lela]
carmesim	**hindbærrød**	['henbæɐ̯ˌʁœð']

claro	**lys**	['ly's]
escuro	**mørk**	['mœɐ̯k]
vivo	**klar**	['klɑ']

de cor	**farve-**	['fɑːvə-]
a cores	**farve**	['fɑːvə]
preto e branco	**sort-hvid**	['soɐ̯t'við']
unicolor	**ensfarvet**	['ensˌfɑ'vəð]
multicor	**mangefarvet**	['mɑŋəˌfɑːvəð]

13. Questões

Quem?	**Hvem?**	['vɛm']
Que?	**Hvad?**	['vað]
Onde?	**Hvor?**	['vɒ']
Para onde?	**Hvorhen?**	['vɒ'ˌhɛn]
De onde?	**Hvorfra?**	['vɒ'ˌfʁɑ']
Quando?	**Hvornår?**	[vɒ'nɒ']
Para quê?	**Hvorfor?**	['vɔfʌ]
Porquê?	**Hvorfor?**	['vɔfʌ]

Para quê?	**For hvad?**	[fʌ 'vað]
Como?	**Hvordan?**	[vɒ'dan]
Qual?	**Hvilken?**	['velkən]
Qual? (entre dois ou mais)	**Hvilken?**	['velkən]

A quem?	**Til hvem?**	[tel 'vɛm']
Sobre quem?	**Om hvem?**	[ʌm 'vɛm']
Do quê?	**Om hvad?**	[ʌm 'vað]
Com quem?	**Med hvem?**	[mɛ 'vɛm']

Quantos? -as?	**Hvor mange?**	[vɒ' 'mɑŋə]
Quanto?	**Hvor meget?**	[vɒ' 'mɑɑð]
De quem? (masc.)	**Hvis?**	['ves]

14. Palavras funcionais. Advérbios. Parte 1

Onde?	**Hvor?**	['vɒ']
aqui	**her**	['hɛ'ɐ̯]
lá, ali	**der**	['dɛ'ɐ̯]

em algum lugar	**et sted**	[et 'stɛð]
em lugar nenhum	**ingen steder**	['eŋən ˌstɛːðʌ]

ao pé de ...	**ved**	[ve]
ao pé da janela	**ved vinduet**	[ve 'venduəð]

Para onde?	**Hvorhen?**	['vɒ'ˌhɛn]
para cá	**herhen**	['hɛ'ɐ̯ˌhɛn]

para lá	**derhen**	['dɛˀɡˌhɛn]
daqui	**herfra**	['hɛˀɡˌfʁɑˀ]
de lá, dali	**derfra**	['dɛˀɡˌfʁɑˀ]

perto	**nær**	['nɛˀɡ]
longe	**langt**	['laŋˀt]

perto de ...	**nær**	['nɛˀɡ]
ao lado de	**i nærheden**	[i 'nɛɡˌheðˀən]
perto, não fica longe	**ikke langt**	['ekə 'laŋˀt]

esquerdo	**venstre**	['vɛnstʁʌ]
à esquerda	**til venstre**	[te 'vɛnstʁʌ]
para esquerda	**til venstre**	[te 'vɛnstʁʌ]

direito	**højre**	['hʌjʁʌ]
à direita	**til højre**	[te 'hʌjʁʌ]
para direita	**til højre**	[te 'hʌjʁʌ]

à frente	**foran**	['fɒːˈanˀ]
da frente	**for-, ante-**	[fʌ-], [antə'-]
em frente (para a frente)	**fremad**	['fʁamˀˌað]

atrás de ...	**bagved**	['bæˀjˌve]
por detrás (vir ~)	**bagpå**	['bæˀjˌpɔˀ]
para trás	**tilbage**	[te'bæːjə]

meio (m), metade (f)	**midte** (f)	['metə]
no meio	**i midten**	[i 'metən]

de lado	**fra siden**	[fʁɑ 'siðən]
em todo lugar	**overalt**	[ɒwʌ'alˀt]
ao redor (olhar ~)	**rundtomkring**	['ʁɔnˀdʌmˌkʁɛŋˀ]

de dentro	**indefra**	['enəˌfʁɑˀ]
para algum lugar	**et sted**	[et 'stɛð]
diretamente	**ligeud**	['liːəˈuðˀ]
de volta	**tilbage**	[te'bæːjə]

de algum lugar	**et eller andet sted fra**	[ed 'ɛlʌ 'anəð stɛð fʁɑˀ]
de um lugar	**fra et sted**	[fʁɑ ed 'stɛð]

em primeiro lugar	**for det første**	[fʌ de 'fœɡstə]
em segundo lugar	**for det andet**	[fʌ de 'anəð]
em terceiro lugar	**for det tredje**	[fʌ de 'tʁɛðjə]

de repente	**pludseligt**	['plusəlit]
no início	**i begyndelsen**	[i be'gønˀəlsən]
pela primeira vez	**for første gang**	[fʌ 'fœɡstə gaŋˀ]
muito antes de ...	**længe før ...**	['lɛŋə føˀɡ ...]
de novo, novamente	**på ny**	[pɔ 'nyˀ]
para sempre	**for evigt**	[fʌ 'eːvið]

nunca	**aldrig**	['aldʁi]
de novo	**igen**	[i'gɛn]
agora	**nu**	['nu]

frequentemente	ofte	['ʌftə]
então	da, dengang	['da], ['dɛnˀˌgɑŋˀ]
urgentemente	omgående	['ʌmˌgɔˀənə]
usualmente	vanligvis	['væːnliˌviˀs]

a propósito, …	for resten …	[fʌ 'ʁastən …]
é possível	muligt, muligvis	['muːlit], ['muːliˌviˀs]
provavelmente	sandsynligvis	[san'syˀnliˌviˀs]
talvez	måske	[mɔ'skeˀ]
além disso, …	desuden, …	[des'uːðən, …]
por isso …	derfor …	['dɛˀɐ̯fʌ …]
apesar de …	på trods af …	[pɔ 'tʁʌs æˀ …]
graças a …	takket være …	['tɑkəð ˌvɛˀʌ …]

que (pron.)	hvad	['vað]
que (conj.)	at	[at]
algo	noget	['nɔːəð]
alguma coisa	noget	['nɔːəð]
nada	ingenting	['eŋən'teŋˀ]

quem	hvem	['vɛmˀ]
alguém (~ teve uma ideia …)	nogen	['noən]
alguém	nogen	['noən]

ninguém	ingen	['eŋən]
para lugar nenhum	ingen steder	['eŋən ˌstɛːðʌ]
de ninguém	ingens	['eŋəns]
de alguém	nogens	['noəns]

tão	så	['sʌ]
também (gostaria ~ de …)	også	['ʌsə]
também (~ eu)	også	['ʌsə]

15. Palavras funcionais. Advérbios. Parte 2

Porquê?	Hvorfor?	['vɔfʌ]
por alguma razão	af en eller anden grund	[a en 'ɛlʌ 'anən 'gʁɔnˀ]
porque …	fordi …	[fʌ'diˀ …]
por qualquer razão	af en eller anden grund	[a en 'ɛlʌ 'anən 'gʁɔnˀ]

e (tu ~ eu)	og	[ʌ]
ou (ser ~ não ser)	eller	[ɛlʌ]
mas (porém)	men	['mɛn]
para (~ a minha mãe)	for, til	[fʌ], [tel]

demasiado, muito	for, alt for	[fʌ], ['alˀt fʌ]
só, somente	bare, kun	['bɑːɑ], ['kɔn]
exatamente	præcis	[pʁɛ'siˀs]
cerca de (~ 10 kg)	cirka	['siɐ̯ka]

aproximadamente	omtrent	[ʌm'tʁanˀt]
aproximado	omtrentlig	[ʌm'tʁanˀtli]
quase	næsten	['nɛstən]
resto (m)	rest (f)	['ʁast]

o outro (segundo)	den anden	[dən 'anən]
outro	andre	['andʁʌ]
cada	hver	['vɛˀɐ̯]
qualquer	hvilken som helst	['velkən sʌm 'hɛlˀst]
muito	megen, meget	['majən], ['maað]
muitas pessoas	mange	['maŋə]
todos	alle	['alə]

em troca de ...	til gengæld for ...	[tel 'gɛnˌgɛlˀ fʌ ...]
em troca	i stedet for	[i 'stɛðə fʌ]
à mão	i hånden	[i 'hʌnən]
pouco provável	næppe	['nɛpə]

provavelmente	sandsynligvis	[san'syˀnliˌviˀs]
de propósito	med vilje, forsætlig	[mɛ 'viljə], [fʌ'sɛtli]
por acidente	tilfældigt	[te'fɛlˀdit]

muito	meget	['maað]
por exemplo	for eksempel	[fʌ ɛk'sɛmˀpəl]
entre	imellem	[i'mɛlˀəm]
entre (no meio de)	blandt	['blant]
tanto	så meget	['sʌ 'maað]
especialmente	særligt	['sæɐ̯lit]

Conceitos básicos. Parte 2

16. Opostos

rico	rig	['ʁi']
pobre	fattig	['fati]
doente	syg	['syˀ]
são	frisk	['fʁɛsk]
grande	stor	['stoˀɐ̯]
pequeno	lille	['lilə]
rapidamente	hurtigt	['hoɐ̯tit]
lentamente	langsomt	['laŋˌsʌmt]
rápido	hurtig	['hoɐ̯ti]
lento	langsom	['laŋˌsʌmˀ]
alegre	glad	['glað]
triste	sørgmodig	[sœɐ̯w'moˀði]
juntos	sammen	['samˀən]
separadamente	separat	[sepɑ'ʁɑˀt]
em voz alta (ler ~)	højt	['hɒjˀt]
para si (em silêncio)	for sig selv	[fʌ sɑj 'sɛlˀv]
alto	høj	['hʌjˀ]
baixo	lav	['læˀv]
profundo	dyb	['dyˀb]
pouco fundo	lille	['lilə]
sim	ja	[ja], ['jæɐ̯]
não	nej	['nɑjˀ]
distante (no espaço)	fjern	['fjæɐ̯ˀn]
próximo	nær	['nɛˀɐ̯]
longe	langt	['laŋˀt]
perto	i nærheden	[i 'nɛɐ̯ˌheðˀən]
longo	lang	['laŋˀ]
curto	kort	['kɒ:t]
bom, bondoso	god	['goðˀ]
mau	ond	['ɔnˀ]
casado	gift	['gift]

solteiro	ugift	['uˌgift]
proibir (vt)	at forbyde	[ʌ fʌ'by'ðə]
permitir (vt)	at tillade	[ʌ 'teˌlæ'ðə]
fim (m)	slut (f)	['slut]
começo (m)	begyndelse (f)	[be'gøn'əlsə]
esquerdo	venstre	['vɛnstʁʌ]
direito	højre	['hʌjʁʌ]
primeiro	første	['fœɐ̯stə]
último	sidste	['sistə]
crime (m)	forbrydelse (f)	[fʌ'bʁyð'əlsə]
castigo (m)	straf (f)	['stʁaf]
ordenar (vt)	at beordre	[ʌ be'ɒ'dʁʌ]
obedecer (vt)	at underordne sig	[ʌ 'ɔnʌˌɒ'dnə saj]
reto	ret	['ʁat]
curvo	krum	['kʁɔm']
paraíso (m)	paradis (i)	['pɑːaˌdi's]
inferno (m)	helvede (i)	['hɛlvəðə]
nascer (vi)	at fødes	[ʌ 'fø:ðəs]
morrer (vi)	at dø	[ʌ 'dø']
forte	stærk	['stæɐ̯k]
fraco, débil	svag	['svæ'j]
idoso	gammel	['gaməl]
jovem	ung	['ɔŋ']
velho	gammel	['gaməl]
novo	ny	['ny']
duro	hård	['hɒ']
mole	blød	['blø'ð]
tépido	varm	['vɑ'm]
frio	kold	['kʌl']
gordo	tyk	['tyk]
magro	tynd	['tøn']
estreito	smal	['smal']
largo	bred	['bʁɛð']
bom	god	['goð']
mau	dårlig	['dɒ:li]
valente	tapper	['tapʌ]
cobarde	fej, krysteragtig	['faj'], ['kʁystʌˌagdi]

17. Dias da semana

segunda-feira (f)	mandag (f)	['man'da]
terça-feira (f)	tirsdag (f)	['tiɐ'sda]
quarta-feira (f)	onsdag (f)	['ɔn'sda]
quinta-feira (f)	torsdag (f)	['tɒ'sda]
sexta-feira (f)	fredag (f)	['fʁɛ'da]
sábado (m)	lørdag (f)	['lœɐ̯da]
domingo (m)	søndag (f)	['sœn'da]

hoje	i dag	[i 'dæ']
amanhã	i morgen	[i 'mɒːɒn]
depois de amanhã	i overmorgen	[i 'ɒwʌˌmɒːɒn]
ontem	i går	[i 'gɒ']
anteontem	i forgårs	[i 'fɒːˌgɒ's]

dia (m)	dag (f)	['dæ']
dia (m) de trabalho	arbejdsdag (f)	['ɑːbɑjdsˌdæ']
feriado (m)	festdag (f)	['fɛstˌdæ']
dia (m) de folga	fridag (f)	['fʁidæ']
fim (m) de semana	weekend (f)	['wiːˌkɛnd]

o dia todo	hele dagen	['heːlə 'dæ'ən]
no dia seguinte	næste dag	['nɛstə dæ']
há dois dias	for to dage siden	[fʌ toʼ 'dæ'ə 'siðən]
na véspera	dagen før	['dæ'ən fʌ]
diário	daglig	['dɑwli]
todos os dias	hver dag	['vɛɐ̯ 'dæ']

semana (f)	uge (f)	['uːə]
na semana passada	sidste uge	[i 'sistə 'uːə]
na próxima semana	i næste uge	[i 'nɛstə 'uːə]
semanal	ugentlig	['uːəntli]
cada semana	hver uge	['vɛɐ̯ 'uːə]
duas vezes por semana	to gange om ugen	['toː 'gɑŋə ɒm 'uːən]
cada terça-feira	hver tirsdag	['vɛɐ̯ ˌtiɐ̯'sda]

18. Horas. Dia e noite

manhã (f)	morgen (f)	['mɒːɒn]
de manhã	om morgenen	[ʌm 'mɒːɒnən]
meio-dia (m)	middag (f)	['meda]
à tarde	om eftermiddagen	[ʌm 'ɛftʌmeˌdæ'ən]

noite (f)	aften (f)	['ɑftən]
à noite (noitinha)	om aftenen	[ʌm 'ɑftənən]
noite (f)	nat (f)	['nat]
à noite	om natten	[ʌm 'natən]
meia-noite (f)	midnat (f)	['miðˌnat]

segundo (m)	sekund (i)	[se'kɔn'd]
minuto (m)	minut (i)	[me'nut]
hora (f)	time (f)	['tiːmə]

meia hora (f)	en halv time	[en 'hal' 'ti:mə]
quarto (m) de hora	kvart (f)	['kvɑ:t]
quinze minutos	femten minutter	['fɛmtən me'nutʌ]
vinte e quatro horas	døgn (i)	['dʌj'n]

nascer (m) do sol	solopgang (f)	['so:l 'ʌp,gɑŋ']
amanhecer (m)	daggry (i)	['dɑw,gʁy:]
madrugada (f)	tidlig morgen (f)	['tiðli 'mɒ:ɒn]
pôr do sol (m)	solnedgang (f)	['so:l 'neð,gɑŋ']

de madrugada	tidligt om morgenen	['tiðlit ʌm 'mɒ:ɒnən]
hoje de manhã	i morges	[i 'mɒ:ɒs]
amanhã de manhã	i morgen tidlig	[i 'mɒ:ɒn 'tiðli]

hoje à tarde	i eftermiddag	[i 'ɛftʌme,dæ']
à tarde	om eftermiddagen	[ʌm 'ɛftʌme,dæ'ən]
amanhã à tarde	i morgen eftermiddag	[i 'mɒ:ɒn 'ɛftʌme,dæ']

| hoje à noite | i aften | [i 'ɑftən] |
| amanhã à noite | i morgen aften | [i 'mɒ:ɒn 'ɑftən] |

às três horas em ponto	klokken tre præcis	['klʌkən tʁɛ pʁɛ'si's]
por volta das quatro	ved fire tiden	[ve 'fi'ʌ 'tiðən]
às doze	ved 12-tiden	[ve 'tʌl 'tiðən]

dentro de vinte minutos	om 20 minutter	[ʌm 'ty:və me'nutʌ]
dentro duma hora	om en time	[ʌm en 'ti:mə]
a tempo	i tide	[i 'ti:ðə]

menos um quarto	kvart i ...	['kvɑ:t i ...]
durante uma hora	inden for en time	['enən'fʌ en 'ti:mə]
a cada quinze minutos	hvert 15 minut	['vɛ'g̊t 'fɛmtən me'nut]
as vinte e quatro horas	døgnet rundt	['dʌjnəð 'ʁɒn't]

19. Meses. Estações

janeiro (m)	januar (f)	['janu,ɑ']
fevereiro (m)	februar (f)	['febʁu,ɑ']
março (m)	marts (f)	['mɑ:ts]
abril (m)	april (f)	[a'pʁi'l]
maio (m)	maj (f)	['mɑj']
junho (m)	juni (f)	['ju'ni]

julho (m)	juli (f)	['ju'li]
agosto (m)	august (f)	[ɑw'gɔst]
setembro (m)	september (f)	[sep'tɛm'bʌ]
outubro (m)	oktober (f)	[ok'to'bʌ]
novembro (m)	november (f)	[no'vɛm'bʌ]
dezembro (m)	december (f)	[de'sɛm'bʌ]

primavera (f)	forår (i)	['fɒ:,ɒ']
na primavera	om foråret	[ʌm 'fɒ:,ɒ'ð]
primaveril	forårs-	['fɒ:ɒs-]
verão (m)	sommer (f)	['sʌmʌ]

no verão	om sommeren	[ʌm 'sʌmʌən]
de verão	sommer-	['sʌmʌ-]
outono (m)	efterår (i)	['ɛftʌˌɒʔ]
no outono	om efteråret	[ʌm 'ɛftʌˌɒʔð]
outonal	efterårs-	['ɛftʌˌɒs-]
inverno (m)	vinter (f)	['venʔtʌ]
no inverno	om vinteren	[ʌm 'venʔtʌən]
de inverno	vinter-	['ventʌ-]
mês (m)	måned (f)	['mɔːnəð]
este mês	i denne måned	[i 'dɛnə 'mɔːnəð]
no próximo mês	næste måned	['nɛstə 'mɔːnəð]
no mês passado	sidste måned	['sistə 'mɔːnəð]
há um mês	for en måned siden	[fʌ en 'mɔːnəð 'siðən]
dentro de um mês	om en måned	[ʌm en 'mɔːnəð]
dentro de dois meses	om 2 måneder	[ʌm to 'mɔːnəðʌ]
todo o mês	en hel måned	[en 'heːl 'mɔːnəð]
um mês inteiro	hele måneden	['heːlə 'mɔːnəðən]
mensal	månedlig	['mɔːnəðli]
mensalmente	månedligt	['mɔːnəðlit]
cada mês	hver måned	['vɛɐ̯ 'mɔːnəð]
duas vezes por mês	to gange om måneden	['to: 'ɡɑŋə ɒm 'mɔːnəðən]
ano (m)	år (i)	['ɒʔ]
este ano	i år	[i 'ɒʔ]
no próximo ano	næste år	['nɛstə ɒʔ]
no ano passado	i fjor	[i 'fjoˈɐ̯]
há um ano	for et år siden	[fʌ ed ɒʔ 'siðən]
dentro dum ano	om et år	[ʌm et 'ɒʔ]
dentro de 2 anos	om 2 år	[ʌm to 'ɒʔ]
todo o ano	hele året	['heːlə 'ɒːɒð]
um ano inteiro	hele året	['heːlə 'ɒːɒð]
cada ano	hvert år	['vɛʔɐ̯t ɒʔ]
anual	årlig	['ɒːli]
anualmente	årligt	['ɒːlit]
quatro vezes por ano	fire gange om året	['fiʔʌ 'ɡɑŋə ɒm 'ɒːɒð]
data (~ de hoje)	dato (f)	['dæːto]
data (ex. ~ de nascimento)	dato (f)	['dæːto]
calendário (m)	kalender (f)	[ka'lɛnʔʌ]
meio ano	et halvt år	[et halʔt 'ɒʔ]
seis meses	halvår (i)	['halvˌɒʔ]
estação (f)	årstid (f)	['ɒːsˌtiðʔ]
século (m)	århundrede (i)	[ɒ'hunʁʌðə]

20. Tempo. Diversos

tempo (m)	tid (f)	['tiðʔ]
momento (m)	øjeblik (i)	['ʌjəˌblek]

instante (m)	øjeblik (i)	['ʌjəˌblek]
instantâneo	øjeblikkelig	['ʌjəˌblekəli]
lapso (m) de tempo	tidsafsnit (i)	['tiðsˌskʁɛft]
vida (f)	liv (i)	['liw']
eternidade (f)	evighed (f)	['e:viˌheð']

época (f)	epoke (f)	[e'po:kə]
era (f)	æra (f)	['ɛ:ʁɑ]
ciclo (m)	cyklus (f)	['syklus]
período (m)	periode (f)	[pæɡi'o:ðə]
prazo (m)	sigt (f)	['segt]

futuro (m)	fremtid (f)	['fʁamˌtið']
futuro	fremtidig	['fʁamˌtið'i]
da próxima vez	næste gang	['nɛstə gɑŋ']
passado (m)	fortid (f)	['fɔ:tið']
passado	forrige, forleden	['fɔ:iə], [fʌ'leð'ən]
na vez passada	sidste gang	['sistə ˌgɑŋ']
mais tarde	senere	['se'nʌʌ]
depois	efter	['ɛftʌ]
atualmente	for nærværende	[fʌ 'nɛɡˌvɛ'ʌnə]
agora	nu	['nu]
imediatamente	umiddelbart	['uˌmið'əlˌbɑ'ð]
em breve, brevemente	snart	['snɑ't]
de antemão	på forhånd	[pɔ 'fɔ:ˌhʌn']

há muito tempo	for lang tid siden	[fʌ lɑŋ' tið 'siðən]
há pouco tempo	nylig, nyligt	['ny:li], ['ny:lið]
destino (m)	skæbne (f)	['skɛ:bnə]
recordações (f pl)	erindring (f)	[e'ʁɛn'dʁɛŋ]
arquivo (m)	arkiv (i)	[ɑ'kiw']
durante ...	under ...	['ɔnʌ ...]
durante muito tempo	længe	['lɛŋə]
pouco tempo	ikke længe	['ekə 'lɛŋə]
cedo (levantar-se ~)	tidligt	['tiðlit]
tarde (deitar-se ~)	sent	['se'n]

para sempre	for altid	[fʌ 'al'tið]
começar (vt)	at begynde	[ʌ be'gøn'ə]
adiar (vt)	at udsætte	[ʌ 'uðˌsɛtə]

simultaneamente	samtidigt	['samˌtið'it]
permanentemente	altid, stadig	['al'tið], ['sdæ:ði]
constante (ruído, etc.)	konstant	[kʌn'stan't]
temporário	midlertidig, temporær	['mið'lʌˌtið'i], [tɛmbo'ʁɛ'ɡ]

às vezes	af og til	['æ' ʌ 'tel]
raramente	sjælden, sjældent	['ɕɛlən], ['ɕɛlənt]
frequentemente	ofte	['ʌftə]

21. Linhas e formas

| quadrado (m) | kvadrat (i) | [kva'dʁɑ't] |
| quadrado | kvadratisk | [kva'dʁɑ'tisk] |

círculo (m)	cirkel (f)	['siɛ̞kəl]
redondo	rund	['ʁɔnˀ]
triângulo (m)	trekant (f)	['tʁɛˌkanˀt]
triangular	trekantet	['tʁɛˌkanˀtəð]

oval (f)	oval (f)	[o'væˀl]
oval	oval	[o'væˀl]
retângulo (m)	rektangel (i)	['ʁakˌtɑŋˀəl]
retangular	retvinklet	['ʁatˌveŋˀkləð]

pirâmide (f)	pyramide (f)	[pyɒ'miːðə]
rombo, losango (m)	rombe (f)	['ʁʌmbə]
trapézio (m)	trapez (i, f)	[tʁa'pɛts]
cubo (m)	terning (f)	['tæɛ̞neŋ]
prisma (m)	prisme (i, f)	['pʁismə]

circunferência (f)	omkreds (f)	['ʌmˌkʁɛˀs]
esfera (f)	sfære (f)	['sfɛːʌ]
globo (m)	kugle (f)	['kuːlə]
diâmetro (m)	diameter (f)	['diaˌmeˀtʌ]
raio (m)	radius (f)	['ʁaˀdjus]
perímetro (m)	perimeter (i, f)	[peɛ̞i'meˀtʌ]
centro (m)	midtpunkt, centrum (i)	['medˌpɔŋˀt], ['sɛntʁɔm]

horizontal	horisontal	[hɒisʌn'tæˀl]
vertical	lodret, lod-	['lʌðˌʁat], ['lʌð-]
paralela (f)	parallel (f)	[paɑ'lɛlˀ]
paralelo	parallel	[paɑ'lɛlˀ]

linha (f)	linje (f)	['linjə]
traço (m)	streg (f)	['stʁajˀ]
reta (f)	lige linje (f)	['liːə 'linjə]
curva (f)	kurve (f)	['kuɛ̞wə]
fino (linha ~a)	tynd	['tønˀ]
contorno (m)	kontur (f)	[kɔn'tuɛ̞ˀ]

interseção (f)	skæringspunkt (i)	['skɛːɛ̞ensˌpɔŋˀt]
ângulo (m) reto	ret vinkel (f)	['ʁat 'veŋˀkəl]
segmento (m)	segment (i)	[seg'mɛnˀt]
setor (m)	sektor (f)	['sɛktʌ]
lado (de um triângulo, etc.)	side (f)	['siːðə]
ângulo (m)	vinkel (f)	['veŋˀkəl]

22. Unidades de medida

peso (m)	vægt (f)	['vɛgt]
comprimento (m)	længde (f)	['lɛŋˀdə]
largura (f)	bredde (f)	['bʁɛˀdə]
altura (f)	højde (f)	['hʌjˀdə]
profundidade (f)	dybde (f)	['dybdə]
volume (m)	rumfang (i)	['ʁɔmˌfaŋˀ]
área (f)	areal (i)	[ˌɑːe'æˀl]
grama (m)	gram (i)	['gʁamˀ]
miligrama (m)	milligram (i)	['miliˌgʁamˀ]

quilograma (m)	kilogram (i)	['kilo,gʁam']
tonelada (f)	ton (i, f)	['tʌn']
libra (453,6 gramas)	pund (i)	['pun']
onça (f)	ounce (f)	['awns]

metro (m)	meter (f)	['me'tʌ]
milímetro (m)	millimeter (f)	['mili,me'tʌ]
centímetro (m)	centimeter (f)	['sɛnti,me'tʌ]
quilómetro (m)	kilometer (f)	['kilo,me'tʌ]
milha (f)	mil (f)	['mi'l]

polegada (f)	tomme (f)	['tʌmə]
pé (304,74 mm)	fod (f)	['fo'ð]
jarda (914,383 mm)	yard (f)	['ja:d]

| metro (m) quadrado | kvadratmeter (f) | [kva'dʁa't,me'tʌ] |
| hectare (m) | hektar (f) | [hɛk'ta'] |

litro (m)	liter (f)	['litʌ]
grau (m)	grad (f)	['gʁa'ð]
volt (m)	volt (f)	['vʌl't]
ampere (m)	ampere (f)	[am'pɛ:g̨]
cavalo-vapor (m)	hestekraft (f)	['hɛstə,kʁaft]

quantidade (f)	mængde (f)	['mɛŋ'də]
um pouco de ...	lidt ...	['let ...]
metade (f)	halvdel (f)	['halde'l]
dúzia (f)	dusin (i)	[du'si'n]
peça (f)	stykke (i)	['støkə]

| dimensão (f) | størrelse (f) | ['stœg̨ʌlsə] |
| escala (f) | målestok (f) | ['mɔ:lə,stʌk] |

mínimo	minimal	[mini'mæ'l]
menor, mais pequeno	mindst	['men'st]
médio	middel	['mið'əl]
máximo	maksimal	[maksi'mæ'l]
maior, mais grande	størst	['stœg̨st]

23. Recipientes

boião (m) de vidro	glaskrukke (f)	['glas,kʁɔkə]
lata (~ de cerveja)	dåse (f)	['dɔ:sə]
balde (m)	spand (f)	['span']
barril (m)	tønde (f)	['tønə]

bacia (~ de plástico)	balje (f)	['baljə]
tanque (m)	tank (f)	['taŋ'k]
cantil (m) de bolso	lommelærke (f)	['lʌmə,læg̨kə]
bidão (m) de gasolina	dunk (f)	['dɔŋ'k]
cisterna (f)	tank (f)	['taŋ'k]

| caneca (f) | krus (i) | ['kʁu's] |
| chávena (f) | kop (f) | ['kʌp] |

pires (m)	underkop (f)	['ɔnʌˌkʌp]
copo (m)	glas (i)	['glas]
taça (f) de vinho	vinglas (i)	['viːnˌglas]
panela, caçarola (f)	gryde (f)	['gʁyːðə]

| garrafa (f) | flaske (f) | ['flaskə] |
| gargalo (m) | flaskehals (f) | ['flaskəˌhalʾs] |

jarro, garrafa (f)	karaffel (f)	[kɑ'ʁafəl]
jarro (m) de barro	kande (f)	['kanə]
recipiente (m)	beholder (f)	[be'hʌlʾʌ]
pote (m)	potte (f)	['pʌtə]
vaso (m)	vase (f)	['væːsə]

frasco (~ de perfume)	flakon (f)	[fla'kʌŋ]
frasquinho (ex. ~ de iodo)	flaske (f)	['flaskə]
tubo (~ de pasta dentífrica)	tube (f)	['tuːbə]

saca (ex. ~ de açúcar)	sæk (f)	['sɛk]
saco (~ de plástico)	pose (f)	['poːsə]
maço (m)	pakke (f)	['pakə]

caixa (~ de sapatos, etc.)	æske (f)	['ɛskə]
caixa (~ de madeira)	kasse (f)	['kasə]
cesta (f)	kurv (f)	['kuɐ̯ʾw]

24. Materiais

material (m)	materiale (i)	[mɑtʁi'æːlə]
madeira (f)	træ (i)	['tʁɛʾ]
de madeira	af træ, træ-	[a 'tʁɛ], ['tʁɛ-]

| vidro (m) | glas (i) | ['glas] |
| de vidro | af glas, glas- | [a 'glas], ['glas-] |

| pedra (f) | sten (f) | ['steʾn] |
| de pedra | af sten, sten- | [a 'sten], ['sten-] |

| plástico (m) | plastic (i, f) | ['plastik] |
| de plástico | plastic- | ['plastik-] |

| borracha (f) | gummi (i, f) | ['gomi] |
| de borracha | gummi- | ['gomi-] |

| tecido, pano (m) | tøj, stof (i) | ['tʌj], ['stʌf] |
| de tecido | i stof, stof- | [i 'stʌf], ['stʌf-] |

| papel (m) | papir (i) | [pa'piɐ̯ʾ] |
| de papel | papir- | [pa'piɐ̯-] |

cartão (m)	pap, karton (i, f)	['pap], [kɑ'tʌŋ]
de cartão	pap-, karton-	['pap-], [kɑ'tʌŋ-]
polietileno (m)	polyætylen (i, f)	['polyɛtyˌleʾn]
celofane (m)	cellofan (i)	[sɛlo'fæʾn]

| linóleo (m) | linoleum (i) | [li'noˀljɔm] |
| contraplacado (m) | krydsfiner (f) | ['kʁys fi'neˀɐ̯] |

porcelana (f)	porcelæn (i)	[pɒsə'lɛˀn]
de porcelana	af porcelæn	[a pɒsə'lɛˀn]
barro (f)	ler (i)	['leˀɐ̯]
de barro	af ler, ler-	[a 'leˀɐ̯], ['leɐ̯-]
cerâmica (f)	keramik (f)	[keɑ'mik]
de cerâmica	keramik-	[keɑ'mik-]

25. Metais

metal (m)	metal (i)	[me'tal]
metálico	af metal, metal-	[a me'tal], [me'tal-]
liga (f)	legering (f)	[le'geˀɐ̯eŋ]

ouro (m)	guld (i)	['gul]
de ouro	af guld, guld-	[a 'gul], ['gul-]
prata (f)	sølv (i)	['søl]
de prata	af sølv, sølv-	[a 'søl], ['søl-]

ferro (m)	jern (i)	['jæɐ̯ˀn]
de ferro	af jern, jern-	[a 'jæɐ̯ˀn], ['jæɐ̯n-]
aço (m)	stål (i)	['stɔˀl]
de aço	af stål, stål-	[a 'stɔˀl], ['stɔl-]
cobre (m)	kobber (i)	['kɒwˀʌ]
de cobre	af kobber, kobber-	[a 'kɒwˀʌ], ['kɒwʌ-]

alumínio (m)	aluminium (i)	[alu'miˀnjɔm]
de alumínio	af aluminium	[a alu'miˀnjɔm]
bronze (m)	bronze (f)	['bʁʌŋsə]
de bronze	af bronze, bronze-	[a 'bʁʌŋsə], ['bʁʌŋsə-]

latão (m)	messing (i, f)	['mɛseŋ]
níquel (m)	nikkel (i)	['nekəl]
platina (f)	platin (i)	[pla'tiˀn]
mercúrio (m)	kviksølv (i)	['kvik‚søl]
estanho (m)	tin (i)	['ten]
chumbo (m)	bly (i)	['blyˀ]
zinco (m)	zink (i, f)	['seŋˀk]

O SER HUMANO

O ser humano. O corpo

26. Humanos. Conceitos básicos

ser (m) humano	menneske (i)	['mɛnəskə]
homem (m)	mand (f)	['manˀ]
mulher (f)	kvinde (f)	['kvenə]
criança (f)	barn (i)	['bɑˀn]
menina (f)	pige (f)	['pi:ə]
menino (m)	dreng (f)	['dʁaŋˀ]
adolescente (m)	teenager (f)	['ti:n‚ɛjtɕʌ]
velho (m)	gammel mand (f)	['gɑməl 'manˀ]
velha, anciã (f)	gammel dame (f)	['gɑməl 'dæ:mə]

27. Anatomia humana

organismo (m)	organisme (f)	[ɒga'nismə]
coração (m)	hjerte (i)	['jæɐ̯tə]
sangue (m)	blod (i)	['blo'ð]
artéria (f)	arterie (f)	[ɑ'te'ɐ̯iə]
veia (f)	vene (f)	['ve:nə]
cérebro (m)	hjerne (f)	['jæɐ̯nə]
nervo (m)	nerve (f)	['næɐ̯və]
nervos (m pl)	nerver (f pl)	['næɐ̯vʌ]
vértebra (f)	ryghvirvel (f)	['ʁœg‚viɐ̯ˀwəl]
coluna (f) vertebral	rygrad (f)	['ʁœg‚ʁɑˀð]
estômago (m)	mavesæk (f)	['mæ:və‚sɛk]
intestinos (m pl)	tarmer (f pl)	['tɑˀmʌ]
intestino (m)	tarm (f)	['tɑˀm]
fígado (m)	lever (f)	['lewˀʌ]
rim (m)	nyre (f)	['ny:ʌ]
osso (m)	ben (i)	['beˀn]
esqueleto (m)	skelet (i)	[ske'lɛt]
costela (f)	ribben (i)	['ʁi‚beˀn]
crânio (m)	hovedskal (f)	['ho:əð‚skalˀ]
músculo (m)	muskel (f)	['muskəl]
bíceps (m)	biceps (f)	['bi‚sɛps]
tríceps (m)	triceps (f)	['tʁi:sɛps]
tendão (m)	sene (f)	['se:nə]
articulação (f)	led (i)	['leð]

pulmões (m pl)	lunger (f pl)	['lɔŋʌ]
órgãos (m pl) genitais	kønsdele, genitalier (pl)	['kœnˌsdeːlə], [geni'tæˀljʌ]
pele (f)	hud (f)	['huðˀ]

28. Cabeça

cabeça (f)	hoved (i)	['hoːəð]
cara (f)	ansigt (i)	['ansegt]
nariz (m)	næse (f)	['nɛːsə]
boca (f)	mund (f)	['mɔnˀ]

olho (m)	øje (i)	['ʌjə]
olhos (m pl)	øjne (i pl)	['ʌjnə]
pupila (f)	pupil (f)	[pu'pilˀ]
sobrancelha (f)	øjenbryn (i)	['ʌjənˌbʁyˀn]
pestana (f)	øjenvippe (f)	['ʌjənˌvepə]
pálpebra (f)	øjenlåg (i)	['ʌjənˌlɔˀw]

língua (f)	tunge (f)	['tɔŋə]
dente (m)	tand (f)	['tanˀ]
lábios (m pl)	læber (f pl)	['lɛːbʌ]
maçãs (f pl) do rosto	kindben (i pl)	['kenˌbeˀn]
gengiva (f)	tandkød (i)	['tanˌkøð]
palato (m)	gane (f)	['gæːnə]

narinas (f pl)	næsebor (i pl)	['nɛːsəˌboˀɡ̊]
queixo (m)	hage (f)	['hæːjə]
mandíbula (f)	kæbe (f)	['kɛːbə]
bochecha (f)	kind (f)	['kenˀ]

testa (f)	pande (f)	['panə]
têmpora (f)	tinding (f)	['teneŋ]
orelha (f)	øre (i)	['øːʌ]
nuca (f)	nakke (f)	['nɑkə]
pescoço (m)	hals (f)	['halˀs]
garganta (f)	strube, hals (f)	['stʁuːbə], ['halˀs]

cabelos (m pl)	hår (i pl)	['hɒˀ]
penteado (m)	frisure (f)	[fʁi'syˀʌ]
corte (m) de cabelo	klipning (f)	['klepneŋ]
peruca (f)	paryk (f)	[pɑ'ʁœk]

bigode (m)	moustache (f)	[mu'stæːɕ]
barba (f)	skæg (i)	['skɛˀg]
usar, ter (~ barba, etc.)	at have	[ʌ 'hæːvə]
trança (f)	fletning (f)	['flɛtneŋ]
suíças (f pl)	bakkenbart (f)	['bɑkənˌbɑˀt]

ruivo	rødhåret	['ʁœðˌhɒˀ'ɒð]
grisalho	grå	['gʁɔˀ]
calvo	skaldet	['skaləð]
calva (f)	skaldet plet (f)	['skaləðˌplɛt]
rabo-de-cavalo (m)	hestehale (f)	['hɛstəˌhæːlə]
franja (f)	pandehår (i)	['panəˌhɒˀ]

29. Corpo humano

mão (f)	hånd (f)	['hʌnʔ]
braço (m)	arm (f)	['aʔm]

dedo (m)	finger (f)	['feŋʔʌ]
dedo (m) do pé	tå (f)	['tɔʔ]
polegar (m)	tommel (f)	['tʌməl]
dedo (m) mindinho	lillefinger (f)	['liləˌfeŋʔʌ]
unha (f)	negl (f)	['najʔl]

punho (m)	knytnæve (f)	['knytˌnɛ:və]
palma (f) da mão	håndflade (f)	['hʌnˌflæ:ðə]
pulso (m)	håndled (i)	['hʌnˌleð]
antebraço (m)	underarm (f)	['ɔnʌˌɑ:m]
cotovelo (m)	albue (f)	['alˌbu:ə]
ombro (m)	skulder (f)	['skulʌ]

perna (f)	ben (i)	['beʔn]
pé (m)	fod (f)	['foʔð]
joelho (m)	knæ (i)	['knɛʔ]
barriga (f) da perna	læg (f)	['lɛʔg]
anca (f)	hofte (f)	['hʌftə]
calcanhar (m)	hæl (f)	['hɛʔl]

corpo (m)	krop (f)	['kʁʌp]
barriga (f)	mave (f)	['mæ:və]
peito (m)	bryst (i)	['bʁœst]
seio (m)	bryst (i)	['bʁœst]
lado (m)	side (f)	['si:ðə]
costas (f pl)	ryg (f)	['ʁœg]
região (f) lombar	lænderyg (f)	['lɛnəˌʁœg]
cintura (f)	midje, talje (f)	['miðjə], ['taljə]

umbigo (m)	navle (f)	['nawlə]
nádegas (f pl)	baller, balder (f pl)	['balʌ]
traseiro (m)	bag (f)	['bæʔj]

sinal (m)	skønhedsplet (f)	['skœnheðsˌplɛt]
sinal (m) de nascença	modermærke (i)	['mo:ðʌˈmæɐ̯kə]
tatuagem (f)	tatovering (f)	[tato've'ɐ̯eŋ]
cicatriz (f)	ar (i)	['aʔ]

Vestuário & Acessórios

30. Roupa exterior. Casacos

roupa (f)	tøj (i), klæder (i pl)	['tʌj], ['klɛ:ðʌ]
roupa (f) exterior	overtøj (i)	['ɒwʌ,tʌj]
roupa (f) de inverno	vintertøj (i)	['ventʌ,tʌj]
sobretudo (m)	frakke (f)	['fʁɑkə]
casaco (m) de peles	pels (f), pelskåbe (f)	['pɛl's], ['pɛls,kɔ:bə]
casaco curto (m) de peles	pelsjakke (f)	['pɛls,jɑkə]
casaco (m) acolchoado	dynejakke (f)	['dy:nə,jɑkə]
casaco, blusão (m)	jakke (f)	['jɑkə]
impermeável (m)	regnfrakke (f)	['ʁɑjn,fʁɑkə]
impermeável	vandtæt	['van,tɛt]

31. Vestuário de homem & mulher

camisa (f)	skjorte (f)	['skjoʁtə]
calças (f pl)	bukser (pl)	['bɒksʌ]
calças (f pl) de ganga	jeans (pl)	['dji:ns]
casaco (m) de fato	jakke (f)	['jɑkə]
fato (m)	jakkesæt (i)	['jɑkə,sɛt]
vestido (ex. ~ vermelho)	kjole (f)	['kjo:lə]
saia (f)	nederdel (f)	['neðʌ,de'l]
blusa (f)	bluse (f)	['blu:sə]
casaco (m) de malha	strikket trøje (f)	['stʁɛkəð 'tʁʌjə]
casaco, blazer (m)	blazer (f)	['blɛjsʌ]
T-shirt, camiseta (f)	t-shirt (f)	['ti:,ɕœ:t]
calções (Bermudas, etc.)	shorts (pl)	['ɕɒ:ts]
fato (m) de treino	træningsdragt (f)	['tʁɛ:neŋs,dʁɑgt]
roupão (m) de banho	badekåbe (f)	['bæ:ðə,kɔ:bə]
pijama (m)	pyjamas (f)	[py'jæ:mas]
suéter (m)	sweater (f)	['swɛtʌ]
pulôver (m)	pullover (f)	[pul'ɔwʌ]
colete (m)	vest (f)	['vɛst]
fraque (m)	kjolesæt (i)	['kjo:lə,sɛt]
smoking (m)	smoking (f)	['smo:keŋ]
uniforme (m)	uniform (f)	[uni'fɒ'm]
roupa (f) de trabalho	arbejdstøj (i)	['ɑ:bɑjds,tʌj]
fato-macaco (m)	kedeldragt, overall (f)	['keðəl,dʁɑgt], ['ɒwɒ,ɒ:l]
bata (~ branca, etc.)	kittel (f)	['kitəl]

32. Vestuário. Roupa interior

roupa (f) interior	undertøj (i)	['ɔnʌˌtʌj]
cuecas boxer (f pl)	boxershorts (pl)	['bʌgsʌˌɕɒːʦ]
cuecas (f pl)	trusser (pl)	['tʁusʌ]
camisola (f) interior	undertrøje (f)	['ɔnʌˌtʁʌjə]
peúgas (f pl)	sokker (f pl)	['sʌkʌ]
camisa (f) de noite	natkjole (f)	['natˌkjoːlə]
sutiã (m)	bh (f), brystholder (f)	[be'hɔˀ], ['bʁœstˌhʌlˀʌ]
meias longas (f pl)	knæstrømper (f pl)	['knɛˌstʁœmpʌ]
meia-calça (f)	strømpebukser (pl)	['stʁœmbəˌbɔksʌ]
meias (f pl)	strømper (f pl)	['stʁœmpʌ]
fato (m) de banho	badedragt (f)	['bæːðəˌdʁɑgt]

33. Adereços de cabeça

chapéu (m)	hue (f)	['huːə]
chapéu (m) de feltro	hat (f)	['hat]
boné (m) de beisebol	baseballkasket (f)	['bɛjsˌbɒːl ka'skɛt]
boné (m)	kasket (f)	[ka'skɛt]
boina (f)	baskerhue (f)	['bɑːskʌˌhuːə]
capuz (m)	hætte (f)	['hɛtə]
panamá (m)	panamahat (f)	['panˀamaˌhat]
gorro (m) de malha	strikhue (f)	['stʁɛkˌhuə]
lenço (m)	tørklæde (i)	['tœɐ̯ˌklɛːðə]
chapéu (m) de mulher	hat (f)	['hat]
capacete (m) de proteção	hjelm (f)	['jɛlˀm]
bibico (m)	skråhue (f)	['skʁʌˌhuːə]
capacete (m)	hjelm (f)	['jɛlˀm]
chapéu-coco (m)	bowlerhat (f)	['bɔwlʌˌhat]
chapéu (m) alto	høj hat (f)	['hʌj 'hat]

34. Calçado

calçado (m)	sko (f)	['skoˀ]
botinas (f pl)	støvler (f pl)	['stœwlʌ]
sapatos (de salto alto, etc.)	damesko (f pl)	['dæːməˌskoː]
botas (f pl)	støvler (f pl)	['stœwlʌ]
pantufas (f pl)	hjemmesko (f pl)	['jɛməˌskoˀ]
ténis (m pl)	tennissko, kondisko (f pl)	['tɛnisˌskoˀ], ['kʌndiˌskoˀ]
sapatilhas (f pl)	kanvas sko (f pl)	['kanvas ˌskoˀ]
sandálias (f pl)	sandaler (f pl)	[san'dæˀlʌ]
sapateiro (m)	skomager (f)	['skoˌmæˀjʌ]
salto (m)	hæl (f)	['hɛˀl]

par (m)	par (i)	['pɑ]
atacador (m)	snøre (f)	['snɶːʌ]
apertar os atacadores	at snøre	[ʌ 'snɶːʌ]
calçadeira (f)	skohorn (i)	['skoˌhoɐ̯ˀn]
graxa (f) para calçado	skocreme (f)	['skoˌkʁɛˀm]

35. Têxtil. Tecidos

algodão (m)	bomuld (i, f)	['bʌˌmulˀ]
de algodão	i bomuld	[i 'bʌˌmulˀ]
linho (m)	hør (f)	['hœɐ̯]
de linho	i hør, hør-	[i 'hœɐ̯], ['hœɐ̯-]

seda (f)	silke (f)	['selkə]
de seda	i silke, silke-	[i 'selkə], ['selkə-]
lã (f)	uld (f)	['ulˀ]
de lã	i uld, uld-	[i 'ulˀ], ['ul-]

veludo (m)	fløjl (i, f)	['flʌjˀl]
camurça (f)	ruskind (i)	['ʁuˌskenˀ]
bombazina (f)	jernbanefløjl (i, f)	['jæɐ̯nbænəˌflʌjˀl]

náilon (m)	nylon (i, f)	['nɑjlʌn]
de náilon	nylon-	['nɑjlʌn-]
poliéster (m)	polyester (i, f)	[poly'ɛstʌ]
de poliéster	polyester-	[poly'ɛstʌ-]

couro (m)	læder, skind (i)	['lɛðˀʌ], ['skenˀ]
de couro	i læder, læder-	[i 'lɛˀðʌ], ['lɛðʌ-]
pele (f)	pels (f)	['pɛlˀs]
de peles, de pele	pels-	['pɛls-]

36. Acessórios pessoais

luvas (f pl)	handsker (f pl)	['hanskʌ]
mitenes (f pl)	vanter (f pl)	['vanˀtʌ]
cachecol (m)	halstørklæde (i)	['hals 'tɶɐ̯ˌklɛːðə]

óculos (m pl)	briller (pl)	['bʁɛlʌ]
armação (f) de óculos	brillestel (i)	['bʁɛləˌstɛlˀ]
guarda-chuva (m)	paraply (f)	[pɑɑ'plyˀ]
bengala (f)	stok (f)	['stʌk]
escova (f) para o cabelo	hårbørste (f)	['hɒˌbœɐ̯stə]
leque (m)	vifte (f)	['veftə]

gravata (f)	slips (i)	['sleps]
gravata-borboleta (f)	butterfly (f)	['bʌtʌˌflɑj]
suspensórios (m pl)	seler (f pl)	['seːlʌ]
lenço (m)	lommetørklæde (i)	['lʌməˌtɶɐ̯klɛːðə]

| pente (m) | kam (f) | ['kɑmˀ] |
| travessão (m) | hårspænde (i) | ['hɒːˌspɛnə] |

gancho (m) de cabelo	hårnål (f)	['hɒ:ˌnɔˀl]
fivela (f)	spænde (i)	['spɛnə]
cinto (m)	bælte (i)	['bɛltə]
correia (f)	rem (f)	['ʁamˀ]
mala (f)	taske (f)	['taskə]
mala (f) de senhora	dametaske (f)	['dæ:me:ˌtaskə]
mochila (f)	rygsæk (f)	['ʁœgˌsɛk]

37. Vestuário. Diversos

moda (f)	mode (f)	['mo:ðə]
na moda	moderigtig	['mo:ðəˌʁɛgti]
estilista (m)	modedesigner (f)	['mo:ðə de'sɑjnʌ]
colarinho (m), gola (f)	krave (f)	['kʁɑ:və]
bolso (m)	lomme (f)	['lʌmə]
de bolso	lomme-	['lʌmə-]
manga (f)	ærme (i)	['æɐmə]
alcinha (f)	strop (f)	['stʁʌp]
braguilha (f)	gylp (f)	['gylˀp]
fecho (m) de correr	lynlås (f)	['lynˌlɔˀs]
fecho (m), colchete (m)	hægte, lukning (f)	['hɛgtə], ['lɔknɛŋ]
botão (m)	knap (f)	['knɑp]
casa (f) de botão	knaphul (i)	['knɑpˌhɔl]
soltar-se (vr)	at falde af	[ʌ 'falə 'æˀ]
coser, costurar (vi)	at sy	[ʌ syˀ]
bordar (vt)	at brodere	[ʌ bʁo'de'ʌ]
bordado (m)	broderi (i)	[bʁodʌ'ʁiˀ]
agulha (f)	synål (f)	['syˌnɔˀl]
fio (m)	tråd (f)	['tʁɔˀð]
costura (f)	søm (f)	['sœmˀ]
sujar-se (vr)	at smudse sig til	[ʌ 'smusə sɑ 'tel]
mancha (f)	plet (f)	['plɛt]
engelhar-se (vr)	at blive krøllet	[ʌ 'bli:ə 'kʁœləð]
rasgar (vt)	at rive	[ʌ 'ʁi:və]
traça (f)	møl (i)	['møl]

38. Cuidados pessoais. Cosméticos

pasta (f) de dentes	tandpasta (f)	['tanˌpasta]
escova (f) de dentes	tandbørste (f)	['tanˌbœɐstə]
escovar os dentes	at børste tænder	[ʌ 'bœɐstə 'tɛnʌ]
máquina (f) de barbear	skraber (f)	['skʁɑ:bʌ]
creme (m) de barbear	barbercreme (f)	[ba'beˀɐˌkʁɛˀm]
barbear-se (vr)	at barbere sig	[ʌ ba'beˀʌ sɑj]
sabonete (m)	sæbe (f)	['sɛ:bə]

champô (m)	shampoo (f)	['ɕæːmˌpuː]
tesoura (f)	saks (f)	['sɑks]
lima (f) de unhas	neglefil (f)	['najləˌfiˀl]
corta-unhas (m)	neglesaks (f)	['najləˌsaks]
pinça (f)	pincet (f)	[pen'sɛt]

cosméticos (m pl)	kosmetik (f)	[kʌsmə'tik]
máscara (f) facial	ansigtsmaske (f)	['ansegts 'maskə]
manicura (f)	manicure (f)	[mani'kyːʌ]
fazer a manicura	at få manicure	[ʌ 'fɔˀ mani'kyːʌ]
pedicure (f)	pedicure (f)	[pedi'kyːʌ]

mala (f) de maquilhagem	kosmetiktaske (f)	[kʌsmə'tikˌtaskə]
pó (m)	pudder (i)	['puðˀʌ]
caixa (f) de pó	pudderdåse (f)	['puðʌˌdɔːsə]
blush (m)	rouge (f)	['ʁuːɕ]

perfume (m)	parfume (f)	[pa'fyːmə]
água (f) de toilette	eau de toilette (f)	[ˌodətoa'lɛt]
loção (f)	lotion (f)	['lɔwɕən]
água-de-colónia (f)	eau de cologne (f)	[odəko'lʌnjə]

sombra (f) de olhos	øjenskygge (f)	['ʌjənˌskygə]
lápis (m) delineador	eyeliner (f)	['aːjˌlajnʌ]
máscara (f), rímel (m)	mascara (f)	[ma'skaːɑ]

batom (m)	læbestift (f)	['lɛːbəˌsteft]
verniz (m) de unhas	neglelak (f)	['najləˌlak]
laca (f) para cabelos	hårspray (f)	['hɔːˌspʁɛj]
desodorizante (m)	deodorant (f)	[deodo'ʁanˀt]

creme (m)	creme (f)	['kʁɛˀm]
creme (m) de rosto	ansigtscreme (f)	['ansegts 'kʁɛˀm]
creme (m) de mãos	håndcreme (f)	['hʌnˌkʁɛˀm]
creme (m) antirrugas	antirynke creme (f)	[antə'ʁɶŋkə 'kʁɛˀm]
creme (m) de dia	dagcreme (f)	['dawˌkʁɛˀm]
creme (m) de noite	natcreme (f)	['natˌkʁɛˀm]
de dia	dag-	['daw-]
da noite	nat-	['nat-]

tampão (m)	tampon (f)	[tam'pʌŋ]
papel (m) higiénico	toiletpapir (i)	[toa'lɛt pa'piɐ̯ˀ]
secador (m) elétrico	hårtørrer (f)	['hɔːˌtœɐ̯ʌ]

39. Joalheria

joias (f pl)	smykker (i pl)	['smøkʌ]
precioso	ædel-	['ɛˀðəl-]
marca (f) de contraste	stempel (i)	['stɛmˀpəl]

anel (m)	ring (f)	['ʁɛŋ]
aliança (f)	vielsesring (f)	['viˀəlsəsˌʁɛŋˀ]
pulseira (f)	armbånd (i)	['aːmˌbʌnˀ]
brincos (m pl)	øreringe (f pl)	['øːʌˌʁɛŋə]

colar (m)	halskæde (f)	['hals‚kɛ:ðə]
coroa (f)	krone (f)	['kʁo:nə]
colar (m) de contas	perlekæde (f)	['pæɐ̯lə‚kɛ:ðə]

diamante (m)	diamant (f)	[dia'manˀt]
esmeralda (f)	smaragd (f)	[smɑ'ʁɑwˀd]
rubi (m)	rubin (f)	[ʁu'biˀn]
safira (f)	safir (f)	[sa'fiɐ̯ˀ]
pérola (f)	perler (f pl)	['pæɐ̯lʌ]
âmbar (m)	rav (i)	['ʁɑw]

40. Relógios de pulso. Relógios

relógio (m) de pulso	armbåndsur (i)	['ɑ:mbʌns‚uɐ̯ˀ]
mostrador (m)	urskive (f)	['uɐ̯‚ski:və]
ponteiro (m)	viser (f)	['vi:sʌ]
bracelete (f) em aço	armbånd (i)	['ɑ:m‚bʌnˀ]
bracelete (f) em couro	urrem (f)	['uɐ̯‚ʁamˀ]

pilha (f)	batteri (i)	[batʌ'ʁiˀ]
descarregar-se	at blive afladet	[ʌ 'bli:ə 'ɑw‚læˀðəð]
trocar a pilha	at skifte et batteri	[ʌ 'skiftə et batʌ'ʁiˀ]
estar adiantado	at gå for hurtigt	[ʌ gɔˀ fʌ 'hoɐ̯tit]
estar atrasado	at gå for langsomt	[ʌ gɔˀ fʌ 'laŋ‚sʌmt]

relógio (m) de parede	vægur (i)	['vɛ:g‚uɐ̯ˀ]
ampulheta (f)	timeglas (i)	['ti:mə‚glas]
relógio (m) de sol	solur (i)	['so:l‚uɐ̯ˀ]
despertador (m)	vækkeur (i)	['vɛkə‚uɐ̯ˀ]
relojoeiro (m)	urmager (f)	['uɐ̯‚mæˀjʌ]
reparar (vt)	at reparere	[ʌ ʁɛpə'ʁɛˀʌ]

Alimentação. Nutrição

41. Comida

carne (f)	kød (i)	['køð]
galinha (f)	høne (f)	['hœ:nə]
frango (m)	kylling (f)	['kyleŋ]
pato (m)	and (f)	['anˀ]
ganso (m)	gås (f)	['gɔ's]
caça (f)	vildt (i)	['vilˀt]
peru (m)	kalkun (f)	[kal'ku'n]
carne (f) de porco	flæsk (i)	['flɛsk]
carne (f) de vitela	kalvekød (i)	['kalvəˌkøð]
carne (f) de carneiro	lammekød (i)	['laməˌkøð]
carne (f) de vaca	oksekød (i)	['ʌksəˌkøð]
carne (f) de coelho	kanin (f)	[ka'ni'n]
chouriço, salsichão (m)	pølse (f)	['pølsə]
salsicha (f)	wienerpølse (f)	['viˀnʌˌpølsə]
bacon (m)	bacon (i, f)	['bɛjkʌn]
fiambre (f)	skinke (f)	['skeŋkə]
presunto (m)	skinke (f)	['skeŋkə]
patê (m)	pate, paté (f)	[pa'te]
fígado (m)	lever (f)	['lewˀʌ]
carne (f) moída	kødfars (f)	['køðˌfa's]
língua (f)	tunge (f)	['tɔŋə]
ovo (m)	æg (i)	['ɛˀg]
ovos (m pl)	æg (i pl)	['ɛˀg]
clara (f) do ovo	hvide (f)	['vi:ðə]
gema (f) do ovo	blomme (f)	['blʌmə]
peixe (m)	fisk (f)	['fesk]
mariscos (m pl)	fisk og skaldyr	[fesk 'ɒw 'skaldyɐˀ]
crustáceos (m pl)	krebsdyr (i pl)	['kʁabsˌdyɐˀ]
caviar (m)	kaviar (f)	['kaviˌaˀ]
caranguejo (m)	krabbe (f)	['kʁabə]
camarão (m)	reje (f)	['ʁajə]
ostra (f)	østers (f)	['østʌs]
lagosta (f)	languster (f)	[laŋ'gustʌ]
polvo (m)	blæksprutte (f)	['blɛkˌspʁutə]
lula (f)	blæksprutte (f)	['blɛkˌspʁutə]
esturjão (m)	stør (f)	['støˀɐ]
salmão (m)	laks (f)	['laks]
halibute (m)	helleflynder (f)	['hɛləˌflønʌ]
bacalhau (m)	torsk (f)	['tɒ:sk]

cavala, sarda (f)	makrel (f)	[mɑ'kʁalʔ]
atum (m)	tunfisk (f)	['tu:nˌfesk]
enguia (f)	ål (f)	['ɔʔl]
truta (f)	ørred (f)	['œɐ̯ʌð]
sardinha (f)	sardin (f)	[sɑ'diʔn]
lúcio (m)	gedde (f)	['geðə]
arenque (m)	sild (f)	['silʔ]
pão (m)	brød (i)	['bʁœ̂ð']
queijo (m)	ost (f)	['ɔst]
açúcar (m)	sukker (i)	['sɔkʌ]
sal (m)	salt (i)	['salʔt]
arroz (m)	ris (f)	['ʁiʔs]
massas (f pl)	pasta (f)	['pasta]
talharim (m)	nudler (f pl)	['nuðʔlʌ]
manteiga (f)	smør (i)	['smœɐ̯]
óleo (m) vegetal	vegetabilsk olie (f)	[vegəta'biʔlsk 'oljə]
óleo (m) de girassol	solsikkeolie (f)	['so:lˌsekə ˌoljə]
margarina (f)	margarine (f)	[mɑgɑ'ʁi:nə]
azeitonas (f pl)	oliven (f pl)	[o'liʔvən]
azeite (m)	olivenolie (f)	[o'liʔvənˌoljə]
leite (m)	mælk (f)	['mɛlʔk]
leite (m) condensado	kondenseret mælk (f)	[kʌndən'seʔʌð mɛlʔk]
iogurte (m)	yoghurt (f)	['joˌguɐ̯ʔt]
nata (f) azeda	cremefraiche, syrnet fløde (f)	[kʁɛ:m'fʁɛ:ɕ], ['syɐ̯nəð 'flø:ðə]
nata (f) do leite	fløde (f)	['flø:ðə]
maionese (f)	mayonnaise (f)	[mɑjo'nɛ:s]
creme (m)	creme (f)	['kʁɛʔm]
grãos (m pl) de cereais	gryn (i)	['gʁyʔn]
farinha (f)	mel (i)	['meʔl]
enlatados (m pl)	konserves (f)	[kɔn'sæɐ̯vəs]
flocos (m pl) de milho	cornflakes (pl)	['koɐ̯nˌflɛks]
mel (m)	honning (f)	['hʌneŋ]
doce (m)	syltetøj (i)	['syltəˌtʌj]
pastilha (f) elástica	tyggegummi (i)	['tygəˌgomi]

42. Bebidas

água (f)	vand (i)	['vanʔ]
água (f) potável	drikkevand (i)	['dʁɛkəˌvanʔ]
água (f) mineral	mineralvand (i)	[minə'ʁalˌvanʔ]
sem gás	uden brus	['uðən 'bʁuʔs]
gaseificada	med kulsyre	[mɛ 'bʁuʔs]
com gás	med brus	[mɛ 'bʁuʔs]

gelo (m)	is (f)	['i's]
com gelo	med is	[mɛ 'i's]

sem álcool	alkoholfri	['alkohʌlˌfʁi']
bebida (f) sem álcool	alkoholfri drik (f)	['alkohʌlˌfʁi' 'dʁɛk]
refresco (m)	læskedrik (f)	['lɛskəˌdʁɛk]
limonada (f)	limonade (f)	[limo'næ:ðə]

bebidas (f pl) alcoólicas	alkoholiske drikke (f pl)	[alko'ho'liskə 'dʁɛkə]
vinho (m)	vin (f)	['vi'n]
vinho (m) branco	hvidvin (f)	['viðˌvi'n]
vinho (m) tinto	rødvin (f)	['ʁœðˌvi'n]

licor (m)	likør (f)	[li'kø'ɡ]
champanhe (m)	champagne (f)	[ɕam'panjə]
vermute (m)	vermouth (f)	['væɡmut]

uísque (m)	whisky (f)	['wiski]
vodka (f)	vodka (f)	['vʌdka]
gim (m)	gin (f)	['djen]
conhaque (m)	cognac, konjak (f)	['kʌn'jɑg]
rum (m)	rom (f)	['ʁʌm']

café (m)	kaffe (f)	['kɑfə]
café (m) puro	sort kaffe (f)	['soɡt 'kɑfə]
café (m) com leite	kaffe (f) med mælk	['kɑfə mɛ 'mɛl'k]
cappuccino (m)	cappuccino (f)	[kɑpu'tji:no]
café (m) solúvel	pulverkaffe (f)	['pʌlvʌˌkɑfə]

leite (m)	mælk (f)	['mɛl'k]
coquetel (m)	cocktail (f)	['kʌkˌtɛjl]
batido (m) de leite	milkshake (f)	['milkˌɕɛjk]

sumo (m)	juice (f)	['dʒu:s]
sumo (m) de tomate	tomatjuice (f)	[to'mæ:tˌdʒu:s]
sumo (m) de laranja	appelsinjuice (f)	[ɑpəl'si'n 'dʒu:s]
sumo (m) fresco	friskpresset juice (f)	['fʁɛskˌpʁɑsəð 'dʒu:s]

cerveja (f)	øl (i)	['øl]
cerveja (f) clara	lyst øl (i)	['lyst ˌøl]
cerveja (f) preta	mørkt øl (i)	['mæɡkt ˌøl]

chá (m)	te (f)	['te']
chá (m) preto	sort te (f)	['soɡt ˌte']
chá (m) verde	grøn te (f)	['gʁœn' ˌte']

43. Vegetais

legumes (m pl)	grøntsager (pl)	['gʁœntˌsæ'jʌ]
verduras (f pl)	grønt (i)	['gʁœn't]

tomate (m)	tomat (f)	[to'mæ't]
pepino (m)	agurk (f)	[a'guɡk]
cenoura (f)	gulerod (f)	['guləˌʁo'ð]

batata (f)	kartoffel (f)	[kɑ'tʌfəl]
cebola (f)	løg (i)	['lʌjˀ]
alho (m)	hvidløg (i)	['við͜ˌlʌjˀ]

couve (f)	kål (f)	['kɔˀl]
couve-flor (f)	blomkål (f)	['blʌmˌkɔˀl]
couve-de-bruxelas (f)	rosenkål (f)	['ʁoːsənˌkɔˀl]
brócolos (m pl)	broccoli (f)	['bʁʌkoli]

beterraba (f)	rødbede (f)	[ʁœðˈbeːðə]
beringela (f)	aubergine (f)	[obæɡˈɕiːn]
curgete (f)	squash, zucchini (f)	['sgwʌɕ], [su'ki:ni]
abóbora (f)	græskar (i)	['gʁaskɑ]
nabo (m)	majroe (f)	['mɑjˌʁoːə]

salsa (f)	persille (f)	[pæɡ'selə]
funcho, endro (m)	dild (f)	['dilˀ]
alface (f)	salat (f)	[sa'læˀt]
aipo (m)	selleri (f)	['selʌˌʁiˀ]
espargo (m)	asparges (f)	[a'spɑˀs]
espinafre (m)	spinat (f)	[spi'næˀt]

ervilha (f)	ærter (f pl)	['æɡˀtʌ]
fava (f)	bønner (f pl)	['bœnʌ]
milho (m)	majs (f)	['mɑjˀs]
feijão (m)	bønne (f)	['bœnə]

pimentão (m)	peber (i, f)	['pewʌ]
rabanete (m)	radiser (f pl)	[ʁa'disə]
alcachofra (f)	artiskok (f)	[ˌɑːti'skʌk]

44. Frutos. Nozes

fruta (f)	frugt (f)	['fʁɔgt]
maçã (f)	æble (i)	['ɛˀblə]
pera (f)	pære (f)	['pɛˀʌ]
limão (m)	citron (f)	[si'tʁoˀn]
laranja (f)	appelsin (f)	[ɑpəl'siˀn]
morango (m)	jordbær (i)	['joɡˌbæɡ]

tangerina (f)	mandarin (f)	[mandɑ'ʁiˀn]
ameixa (f)	blomme (f)	['blʌmə]
pêssego (m)	fersken (f)	['fæɡskən]
damasco (m)	abrikos (f)	[ɑbʁi'koˀs]
framboesa (f)	hindbær (i)	['henˌbæɡ]
ananás (m)	ananas (f)	['ananas]

banana (f)	banan (f)	[ba'næˀn]
melancia (f)	vandmelon (f)	['van me'loˀn]
uva (f)	drue (f)	['dʁuːə]
ginja (f)	kirsebær (i)	['kiɡsəˌbæɡ]
cereja (f)	morel (f)	[mo'ʁalˀ]
meloa (f)	melon (f)	[me'loˀn]
toranja (f)	grapefrugt (f)	['gʁɛjpˌfʁɔgt]

abacate (m)	avokado (f)	[avo'kæ:do]
papaia (f)	papaja (f)	[pa'paja]
manga (f)	mango (f)	['maŋgo]
romã (f)	granatæble (i)	[gʁa'næˀtˌɛ:blə]
groselha (f) vermelha	ribs (i, f)	['ʁɛbs]
groselha (f) preta	solbær (i)	['so:lˌbæɡ]
groselha (f) espinhosa	stikkelsbær (i)	['stekəlsˌbæɡ]
mirtilo (m)	blåbær (i)	['blɔˀˌbæɡ]
amora silvestre (f)	brombær (i)	['bʁɔmˌbæɡ]
uvas (f pl) passas	rosin (f)	[ʁo'siˀn]
figo (m)	figen (f)	['fi:ən]
tâmara (f)	daddel (f)	['daðˀəl]
amendoim (m)	jordnød (f)	['joɡˌnøðˀ]
amêndoa (f)	mandel (f)	['manˀəl]
noz (f)	valnød (f)	['valˌnøðˀ]
avelã (f)	hasselnød (f)	['hasəlˌnøðˀ]
coco (m)	kokosnød (f)	['ko:kosˌnøðˀ]
pistáchios (m pl)	pistacier (f pl)	[pi'stæ:ɕʌ]

45. Pão. Bolaria

pastelaria (f)	konditorvarer (f pl)	[kʌn'ditʌˌva:a]
pão (m)	brød (i)	['bʁœðˀ]
bolacha (f)	småkager (f pl)	['smʌˌkæ:jʌ]
chocolate (m)	chokolade (f)	[ɕoko'læ:ðə]
de chocolate	chokolade-	[ɕoko'læ:ðə-]
rebuçado (m)	konfekt, karamel (f)	[kɔn'fɛkt], [kaa'mɛlˀ]
bolo (cupcake, etc.)	kage (f)	['kæ:jə]
bolo (m) de aniversário	lagkage (f)	['lawˌkæ:jə]
tarte (~ de maçã)	pie (f)	['pɑ:j]
recheio (m)	fyld (i, f)	['fylˀ]
doce (m)	syltetøj (i)	['syltəˌtʌj]
geleia (f) de frutas	marmelade (f)	[mɑmə'læ:ðə]
waffle (m)	vaffel (f)	['vafəl]
gelado (m)	is (f)	['iˀs]
pudim (m)	budding (f)	['buðeŋ]

46. Pratos cozinhados

prato (m)	ret (f)	['ʁat]
cozinha (~ portuguesa)	køkken (i)	['køkən]
receita (f)	opskrift (f)	['ʌpˌskʁɛft]
porção (f)	portion (f)	[pɔ'ɕoˀn]
salada (f)	salat (f)	[sa'læˀt]
sopa (f)	suppe (f)	['sɔpə]

caldo (m)	bouillon (f)	[bul'jʌŋ]
sandes (f)	smørrebrød (i)	['smœɐ̯ʌˌbʁœð˺]
ovos (m pl) estrelados	spejlæg (i)	['spɑjlˌɛˀg]

| hambúrguer (m) | hamburger (f) | ['hæːmˌbɶːgʌ] |
| bife (m) | bøf (f) | ['bøf] |

conduto (m)	tilbehør (i)	['telbeˌhøˀɐ̯]
espaguete (m)	spaghetti (f)	[spa'gɛti]
puré (m) de batata	kartoffelmos (f)	[kɑ'tʌfəlˌmɔs]
pizza (f)	pizza (f)	['pidsa]
papa (f)	grød (f)	['gʁœð˺]
omelete (f)	omelet (f)	[omə'lɛt]

cozido em água	kogt	['kʌgt]
fumado	røget	['ʁʌjəð]
frito	stegt	['stɛgt]
seco	tørret	['tœɐ̯ʌð]
congelado	frossen	['fʁɔsən]
em conserva	syltet	['syltəð]

doce (açucarado)	sød	['søð˺]
salgado	saltet	['saltəð]
frio	kold	['kʌlˀ]
quente	hed, varm	['heð˺], ['vɑˀm]
amargo	bitter	['betʌ]
gostoso	lækker	['lɛkʌ]

cozinhar (em água a ferver)	at koge	[ʌ 'kɔːwə]
fazer, preparar (vt)	at lave	[ʌ 'læːvə]
fritar (vt)	at stege	[ʌ 'stɑjə]
aquecer (vt)	at varme op	[ʌ 'vɑːmə ʌp]

salgar (vt)	at salte	[ʌ 'saltə]
apimentar (vt)	at pebre	[ʌ 'pewʁʌ]
ralar (vt)	at rive	[ʌ 'ʁiːvə]
casca (f)	skal, skræl (f)	['skalˀ], ['skʁalˀ]
descascar (vt)	at skrælle	[ʌ 'skʁalə]

47. Especiarias

sal (m)	salt (i)	['salˀt]
salgado	saltet	['saltəð]
salgar (vt)	at salte	[ʌ 'saltə]

pimenta (f) preta	sort peber (i, f)	['sɔɐ̯t 'pewʌ]
pimenta (f) vermelha	rød peber (i, f)	['ʁœð 'pewʌ]
mostarda (f)	sennep (f)	['senʌp]
raiz-forte (f)	peberrod (f)	['pewʌˌʁoˀð]

condimento (m)	krydderi (i)	[kʁyðʌ'ʁiˀ]
especiaria (f)	krydderi (i)	[kʁyðʌ'ʁiˀ]
molho (m)	sovs, sauce (f)	['sɒwˀs]
vinagre (m)	eddike (f)	['ɛðikə]

anis (m)	**anis** (f)	['anis]
manjericão (m)	**basilikum** (f)	[ba'sil'ikɔm]
cravo (m)	**nellike** (f)	['nel'ekə]
gengibre (m)	**ingefær** (f)	['eŋəˌfæɐ̯]
coentro (m)	**koriander** (f)	[kɒi'an'dʌ]
canela (f)	**kanel** (i, f)	[ka'ne'l]

sésamo (m)	**sesam** (f)	['se:sɑm]
folhas (f pl) de louro	**laurbærblad** (i)	['lɑwʌbæɐ̯ˌblað]
páprica (f)	**paprika** (f)	['pɑpʁika]
cominho (m)	**kommen** (f)	['kʌmən]
açafrão (m)	**safran** (i, f)	[sa'fʁɑ'n]

48. Refeições

comida (f)	**mad** (f)	['mað]
comer (vt)	**at spise**	[ʌ 'spi:sə]

pequeno-almoço (m)	**morgenmad** (f)	['mɒ:ɒnˌmað]
tomar o pequeno-almoço	**at spise morgenmad**	[ʌ 'spi:sə 'mɒ:ɒnˌmað]
almoço (m)	**frokost** (f)	['fʁɔkʌst]
almoçar (vi)	**at spise frokost**	[ʌ 'spi:sə 'fʁɔkʌst]
jantar (m)	**aftensmad** (f)	['ɑftənsˌmað]
jantar (vi)	**at spise aftensmad**	[ʌ 'spi:sə 'ɑftənsˌmað]

apetite (m)	**appetit** (f)	[ɑpə'tit]
Bom apetite!	**Velbekomme!**	['vɛlbə'kʌm'ə]

abrir (~ uma lata, etc.)	**at åbne**	[ʌ 'ɔ:bnə]
derramar (vt)	**at spilde**	[ʌ 'spilə]
derramar-se (vr)	**at spildes ud**	[ʌ 'spiləs uð']

ferver (vi)	**at koge**	[ʌ 'kɔ:wə]
ferver (vt)	**at koge**	[ʌ 'kɔ:wə]
fervido	**kogt**	['kʌgt]
arrefecer (vt)	**at afkøle**	[ʌ 'awˌkø'lə]
arrefecer-se (vr)	**at afkøles**	[ʌ 'awˌkø'ləs]

sabor, gosto (m)	**smag** (f)	['smæ'j]
gostinho (m)	**bismag** (f)	['bismæ'j]

fazer dieta	**at være på diæt**	[ʌ 'vɛ:ʌ pɔ' di'ɛ't]
dieta (f)	**diæt** (f)	[di'ɛ't]
vitamina (f)	**vitamin** (i)	[vita'mi'n]
caloria (f)	**kalorie** (f)	[ka'loɡ'jə]
vegetariano (m)	**vegetar, vegetarianer** (f)	[vegə'tɑ'], [vegətai'æ'nʌ]
vegetariano	**vegetarisk**	[vegə'tɑ'isk]

gorduras (f pl)	**fedt** (i)	['fet]
proteínas (f pl)	**proteiner** (i pl)	[pʁotə'i'nʌ]
carboidratos (m pl)	**kulhydrater** (i pl)	['kɔlhyˌdʁɑ'dʌ]
fatia (~ de limão, etc.)	**skive** (f)	['ski:və]
pedaço (~ de bolo)	**stykke** (i)	['støkə]
migalha (f)	**krumme** (f)	['kʁɔmə]

49. Por a mesa

colher (f)	ske (f)	['ske']
faca (f)	kniv (f)	['kniw']
garfo (m)	gaffel (f)	['gɑfəl]

chávena (f)	kop (f)	['kʌp]
prato (m)	tallerken (f)	[ta'læɡ̊kən]
pires (m)	underkop (f)	['ɔnʌˌkʌp]
guardanapo (m)	serviet (f)	[sæɡ̊vi'ɛt]
palito (m)	tandstikker (f)	['tanˌstekʌ]

50. Restaurante

restaurante (m)	restaurant (f)	[ʁɛsto'ʁɑn]
café (m)	cafe, kaffebar (f)	[ka'fe'], ['kɑfəˌbɑ']
bar (m), cervejaria (f)	bar (f)	['bɑ']
salão (m) de chá	tesalon (f)	['te'sa'lʌn]

empregado (m) de mesa	tjener (f)	['tjɛ:nʌ]
empregada (f) de mesa	servitrice (f)	[sæɡ̊vi'tʁi:sə]
barman (m)	bartender (f)	['bɑ:ˌtɛndʌ]

ementa (f)	menu (f)	[me'ny]
lista (f) de vinhos	vinkort (i)	['vi:nˌkɒ:t]
reservar uma mesa	at bestille et bord	[ʌ be'stel'ə ed 'bo'ɡ̊]

prato (m)	ret (f)	['ʁat]
pedir (vt)	at bestille	[ʌ be'stel'ə]
fazer o pedido	at bestille	[ʌ be'stel'ə]

aperitivo (m)	aperitif (f)	[apeɡ̊i'tif]
entrada (f)	forret (f)	['fɒ:ʁat]
sobremesa (f)	dessert (f)	[de'sɛɡ̊'t]

conta (f)	regning (f)	['ʁɑjneŋ]
pagar a conta	at betale regningen	[ʌ be'tæ'lə 'ʁɑjneŋən]
dar o troco	at give tilbage	[ʌ 'gi' te'bæ:jə]
gorjeta (f)	drikkepenge (pl)	['dʁɛkəˌpɛŋə]

Família, parentes e amigos

51. Informação pessoal. Formulários

nome (m)	navn (i)	['naw²n]
apelido (m)	efternavn (i)	['ɛftʌˌnaw²n]
data (f) de nascimento	fødselsdato (f)	['føsəlsˌdæ:to]
local (m) de nascimento	fødested (i)	['fø:ðəˌstɛð]
nacionalidade (f)	nationalitet (f)	[naɕonali'te²t]
lugar (m) de residência	bopæl (i)	['boˌpɛ²l]
país (m)	land (i)	['lan²]
profissão (f)	fag (i), profession (f)	['fæ²j], [pʁofə'ɕo²n]
sexo (m)	køn (i)	['kœn²]
estatura (f)	højde (f)	['hʌj²də]
peso (m)	vægt (f)	['vɛgt]

52. Membros da família. Parentes

mãe (f)	mor (f), moder (f)	['moɐ̯], ['mo:ðʌ]
pai (m)	far (f), fader (f)	['fɑ:], ['fæ:ðʌ]
filho (m)	søn (f)	['sœn]
filha (f)	datter (f)	['datʌ]
filha (f) mais nova	yngste datter (f)	['øŋ²stə 'datʌ]
filho (m) mais novo	yngste søn (f)	['øŋ²stə 'sœn]
filha (f) mais velha	ældste datter (f)	['ɛl²stə 'datʌ]
filho (m) mais velho	ældste søn (f)	['ɛl²stə sœn]
irmão (m)	bror (f)	['bʁoɐ̯]
irmão (m) mais velho	storebror (f)	['stoɐ̯ˌbʁoɐ̯]
irmão (m) mais novo	lillebror (f)	['liləˌbʁoɐ̯]
irmã (f)	søster (f)	['søstʌ]
irmã (f) mais velha	storesøster (f)	['stoɐ̯ˌsøstʌ]
irmã (f) mais nova	lillesøster (f)	['liləˌsøstʌ]
primo (m)	fætter (f)	['fɛtʌ]
prima (f)	kusine (f)	[ku'si:nə]
mamã (f)	mor (f)	['moɐ̯]
papá (m)	papa, far (f)	['papa], ['fɑ:]
pais (pl)	forældre (pl)	[fʌ'ɛl²dʁʌ]
criança (f)	barn (i)	['bɑ²n]
crianças (f pl)	børn (pl)	['bœɐ̯²n]
avó (f)	bedstemor (f)	['bɛstəˌmoɐ̯]
avô (m)	bedstefar (f)	['bɛstəˌfɑ:]
neto (m)	barnebarn (i)	['bɑːnəˌbɑ²n]

neta (f)	barnebarn (i)	['bɑ:nəˌbɑʔn]
netos (pl)	børnebørn (pl)	['bœɐ̯nəˌbœɐ̯ʔn]
tio (m)	onkel (f)	['ɔŋʔkəl]
tia (f)	tante (f)	['tantə]
sobrinho (m)	nevø (f)	[ne'vø]
sobrinha (f)	niece (f)	[ni'ɛ:sə]
sogra (f)	svigermor (f)	['sviʔʌˌmoɐ̯]
sogro (m)	svigerfar (f)	['sviʔʌˌfɑ:]
genro (m)	svigersøn (f)	['sviʔʌˌsœn]
madrasta (f)	stedmor (f)	['stɛðˌmoɐ̯]
padrasto (m)	stedfar (f)	['stɛðˌfɑ:]
criança (f) de colo	spædbarn (i)	['spɛðˌbɑʔn]
bebé (m)	spædbarn (i)	['spɛðˌbɑʔn]
menino (m)	lille barn (i)	['lilə 'bɑʔn]
mulher (f)	kone (f)	['ko:nə]
marido (m)	mand (f)	['manʔ]
esposo (m)	ægtemand (f)	['ɛgtəˌmanʔ]
esposa (f)	hustru (f)	['hustʁu]
casado	gift	['gift]
casada	gift	['gift]
solteiro	ugift	['uˌgift]
solteirão (m)	ungkarl (f)	['ɔŋˌkæʔl]
divorciado	fraskilt	['fʁɑˌskelʔt]
viúva (f)	enke (f)	['ɛŋkə]
viúvo (m)	enkemand (f)	['ɛŋkəˌmanʔ]
parente (m)	slægtning (f)	['slɛgtneŋ]
parente (m) próximo	nær slægtning (f)	['nɛʔɐ̯ 'slɛgtneŋ]
parente (m) distante	fjern slægtning (f)	['fjæɐ̯ʔn 'slɛgtneŋ]
parentes (m pl)	slægtninge (pl)	['slɛgtneŋə]
órfão (m), órfã (f)	forældreløst barn (i)	[fʌˈɛlʔdʁʌlø:st bɑʔn]
tutor (m)	formynder (f)	['fɔːˌmønʔʌ]
adotar (um filho)	at adoptere	[ʌ adʌp'teʔʌ]
adotar (uma filha)	at adoptere	[ʌ adʌp'teʔʌ]

53. Amigos. Colegas de trabalho

amigo (m)	ven (f)	['vɛn]
amiga (f)	veninde (f)	[vɛn'enə]
amizade (f)	venskab (i)	['vɛnˌskæʔb]
ser amigos	at være venner	[ʌ 'vɛ:ʌ 'vɛnʌ]
amigo (m)	ven (f)	['vɛn]
amiga (f)	veninde (f)	[vɛn'enə]
parceiro (m)	partner (f)	['pɑ:tnʌ]
chefe (m)	chef (f)	['ɕɛʔf]
superior (m)	overordnet (f)	['ɒwʌˌɒʔdnəð]

proprietário (m)	ejer (f)	['ajʌ]
subordinado (m)	underordnet (f)	['ɔnʌˌɒˀdnəð]
colega (m)	kollega (f)	[ko'le:ga]

conhecido (m)	bekendt (f)	[be'kɛnˀt]
companheiro (m) de viagem	medrejsende (f)	['mɛðˌʁɑjˀsənə]
colega (m) de classe	klassekammerat (f)	['klasə kɑməˈʁɑ:t]

vizinho (m)	nabo (f)	['næ:bo]
vizinha (f)	nabo (f)	['næ:bo]
vizinhos (pl)	naboer (pl)	['næ:boˀʌ]

54. Homem. Mulher

mulher (f)	kvinde (f)	['kvenə]
rapariga (f)	pige (f)	['pi:ə]
noiva (f)	brud (f)	['bʁuð]

bonita	smuk	['smɔk]
alta	høj	['hʌjˀ]
esbelta	slank	['slɑŋˀk]
de estatura média	ikke ret høj	['ekə ʁat hʌjˀ]

| loura (f) | blondine (f) | [blʌn'di:nə] |
| morena (f) | brunette (f) | [bʁu'nɛtə] |

de senhora	dame-	['dæ:mə-]
virgem (f)	jomfru (f)	['jʌmfʁu]
grávida	gravid	[gʁa'viðˀ]

homem (m)	mand (f)	['manˀ]
louro (m)	blond mand (f)	['blʌnˀ 'manˀ]
moreno (m)	mørkhåret mand (f)	['mœɐ̯kˌhɒˀð man']
alto	høj	['hʌjˀ]
de estatura média	ikke ret høj	['ekə ʁat hʌjˀ]

rude	grov, uhøflig	['gʁɒwˀ], [u'høfli]
atarracado	undersætsig	['ɔnʌˌsɛtsi]
robusto	robust	[ʁo'bust]
forte	stærk	['stæɐ̯k]
força (f)	kraft, styrke (f)	['kʁaft], ['skyɐ̯kə]

gordo	tyk	['tyk]
moreno	mørkhudet	['mœɐ̯kˌhuˀðət]
esbelto	slank	['slɑŋˀk]
elegante	elegant	[elə'ganˀt]

55. Idade

idade (f)	alder (f)	['alˀʌ]
juventude (f)	ungdom (f)	['ɔŋˌdʌmˀ]
jovem	ung	['ɔŋˀ]

| mais novo | yngre | ['øŋʁʌ] |
| mais velho | ældre | ['ɛldʁʌ] |

jovem (m)	ung mand, yngling (f)	['ɔŋ manˀ], ['øŋleŋ]
adolescente (m)	teenager (f)	['ti:nˌɛjtɕʌ]
rapaz (m)	fyr (f)	['fyɐ̯ˀ]

| velho (m) | gammel mand (f) | ['gaməl 'manˀ] |
| velhota (f) | gammel dame (f) | ['gaməl 'dæ:mə] |

adulto	voksen	['vʌksən]
de meia-idade	midaldrende	['miðˌalʼʁʌnə]
idoso, de idade	ældre	['ɛldʁʌ]
velho	gammel	['gaməl]

reforma (f)	pension (f)	[paŋˈɕoˀn]
reformar-se (vr)	at gå på pension	[ʌ gɔˀ pɔ paŋˈɕoˀn]
reformado (m)	pensionist (f)	[paŋɕoˈnist]

56. Crianças

criança (f)	barn (i)	['baˀn]
crianças (f pl)	børn (pl)	['bœɐ̯ˀn]
gémeos (m pl)	tvillinger (f pl)	['tvileŋʌ]

berço (m)	vugge (f)	['vɔgə]
guizo (m)	rangle (f)	['ʁaŋlə]
fralda (f)	ble (f)	['bleˀ]

chupeta (f)	sut (f)	['sut]
carrinho (m) de bebé	barnevogn (f)	['ba:nəˌvɒwˀn]
jardim (m) de infância	børnehave (f)	['bœɐ̯nəˌhæ:və]
babysitter (f)	barnepige (f)	['ba:nəˌpi:ə]

infância (f)	barndom (f)	['ba:nˌdʌmˀ]
boneca (f)	dukke (f)	['dɔkə]
brinquedo (m)	legetøj (i)	['lajəˌtʌj]
jogo (m) de armar	byggelegetøj (i)	['bygə lajəˌtʌj]

bem-educado	velopdragen	['vɛlʌpˌdʁaˀwən]
mal-educado	uopdragen	[uʌpˈdʁaˀwən]
mimado	forkælet	[fʌˈkɛˀləð]

ser travesso	at være uartig	[ʌ 'vɛːʌ uˈaˀdi]
travesso, traquinas	uartig	[uˈaˀdi]
travessura (f)	uartighed (f)	[uˈaˀdiˌheðˀ]
criança (f) travessa	uartigt barn (i)	[uˈaˀdit 'baˀn]

| obediente | lydig | ['ly:ði] |
| desobediente | ulydig | [uˈly:ði] |

dócil	føjelig	['fʌjəli]
inteligente	klog	['klɔˀw]
menino (m) prodígio	vidunderbarn (i)	['viðɔnʌˌbaˀn]

57. Casais. Vida de família

beijar (vt)	at kysse	[ʌ 'køsə]
beijar-se (vr)	at kysses	[ʌ 'køsəs]
família (f)	familie (f)	[fa'mil'jə]
familiar	familie-	[fa'miljə-]
casal (m)	par (i)	['pɑ]
matrimónio (m)	ægteskab (i)	['ɛgtə,sgæ'b]
lar (m)	hjemmets arne (f)	['jɛməðs 'ɑ:nə]
dinastia (f)	dynasti (i)	[dynas'ti']
encontro (m)	stævnemøde (i)	['stɛwnə,mø:ðə]
beijo (m)	kys (i)	['køs]
amor (m)	kærlighed (f)	['kæɡli,heð']
amar (vt)	at elske	[ʌ 'ɛlskə]
amado, querido	elskede	['ɛlskəðə]
ternura (f)	ømhed (f)	['œm,heð']
terno, afetuoso	øm	['œm']
fidelidade (f)	troskab (f)	['tʁo,skæ'b]
fiel	trofast	['tʁofast]
cuidado (m)	omsorg (f)	['ʌm,sɒ'w]
carinhoso	omsorgsfuld	['ʌm,sɒwsful']
recém-casados (m pl)	nygifte (pl)	['ny,giftə]
lua de mel (f)	hvedebrødsdage (pl)	['ve:ðəbʁœðs,dæ:ə]
casar-se (com um homem)	at gifte sig	[ʌ 'giftə saj]
casar-se (com uma mulher)	at gifte sig	[ʌ 'giftə saj]
boda (f)	bryllup (i)	['bʁœlʌp]
amante (m)	elsker (f)	['ɛlskʌ]
amante (f)	elskerinde (f)	[ɛlskʌ'enə]
adultério (m)	utroskab (f)	['utʁo,skæ'b]
cometer adultério	at være utro	[ʌ 'vɛ:ʌ 'u,tʁo']
ciumento	jaloux	[ɕa'lu]
ser ciumento	at være jaloux	[ʌ 'vɛ:ʌ ɕa'lu]
divórcio (m)	skilsmisse (f)	['skel's,misə]
divorciar-se (vr)	at blive skilt	[ʌ 'bli:ə 'skel't]
brigar (discutir)	at skændes	[ʌ 'skɛnəs]
fazer as pazes	at forsone sig	[ʌ fʌ'so'nə saj]
juntos	sammen	['sɑm'ən]
sexo (m)	sex (f)	['sɛgs]
felicidade (f)	lykke (f)	['løkə]
feliz	lykkelig	['løkəli]
infelicidade (f)	ulykke (f)	['u,løkə]
infeliz	ulykkelig	[u'løkəli]

Caráter. Sentimentos. Emoções

58. Sentimentos. Emoções

sentimento (m)	følelse (f)	['føːləlsə]
sentimentos (m pl)	følelser (f pl)	['føːləlsʌ]
sentir (vt)	at føle, at mærke	[ʌ 'føːlə], [ʌ 'mæɐ̯kə]
fome (f)	sult (f)	['sulʔt]
ter fome	at være sulten	[ʌ 'vɛːʌ 'sultən]
sede (f)	tørst (f)	['tœɐ̯st]
ter sede	at være tørstig	[ʌ 'vɛːʌ 'tœɐ̯sti]
sonolência (f)	søvnighed (f)	['sœwniˌheðʔ]
estar sonolento	at være søvnig	[ʌ 'vɛːʌ 'sœwni]
cansaço (m)	træthed (f)	['tʁatˌheðʔ]
cansado	træt	['tʁat]
ficar cansado	at blive træt	[ʌ 'bliːə 'tʁat]
humor (m)	humør (i)	[hu'møʔɐ̯]
tédio (m)	kedsomhed (f)	['keðsʌmˌheðʔ]
aborrecer-se (vr)	at kede sig	[ʌ 'keːðə saj]
isolamento (m)	afsondrethed (f)	['awˌsʌnʔdʁʌðˌheðʔ]
isolar-se	at isolere sig	[ʌ iso'leʔʌ saj]
preocupar (vt)	at bekymre	[ʌ be'kømʔʁʌ]
preocupar-se (vr)	at bekymre sig	[ʌ be'kømʔʁʌ saj]
preocupação (f)	bekymring (f)	[be'kømʔʁɛn]
ansiedade (f)	uro (f)	['uˌʁoʔ]
preocupado	bekymret	[be'kømʔʁʌð]
estar nervoso	at være nervøs	[ʌ 'vɛːʌ næɐ̯'vøʔs]
entrar em pânico	at gå i panik	[ʌ gɔʔ i pa'nik]
esperança (f)	håb (i)	['hɔʔb]
esperar (vt)	at håbe	[ʌ 'hɔːbə]
certeza (f)	sikkerhed (f)	['sekʌˌheðʔ]
certo	sikker	['sekʌ]
indecisão (f)	usikkerhed (f)	['uˌsekʌheðʔ]
indeciso	usikker	['uˌsekʌ]
ébrio, bêbado	fuld	['fulʔ]
sóbrio	ædru	['ɛːˌdʁuʔ]
fraco	svag	['svæʔj]
feliz	lykkelig	['løkəli]
assustar (vt)	at skræmme	[ʌ 'skʁamə]
fúria (f)	raseri (i)	[ˌʁɑːsʌˈʁiʔ]
ira, raiva (f)	arrigskab (f)	['ɑʔiˌsgæʔb]
depressão (f)	depression (f)	[depʁɛ'çoʔn]
desconforto (m)	ubehag (i)	['ubeˌhæʔj]

conforto (m)	komfort (f)	[kʌmˈfɒ:], [kʌmˈfɒ:t]
arrepender-se (vr)	at beklage	[ʌ beˈklæʔjə]
arrependimento (m)	beklagelse (f)	[beˈklæʔjəlsə]
azar (m), má sorte (f)	uheld (i)	[ˈuˌhɛlʔ]
tristeza (f)	sorg (f)	[ˈsɒʔw]

vergonha (f)	skam (f)	[ˈskɑmʔ]
alegria (f)	glæde (f)	[ˈglɛ:ðə]
entusiasmo (m)	entusiasme (f)	[ɑŋtuˈɕasmə]
entusiasta (m)	entusiast (f)	[ɑŋtuˈɕast]
mostrar entusiasmo	at vise entusiasme	[ʌ ˈvi:sə ɑŋtuˈɕasmə]

59. Caráter. Personalidade

caráter (m)	karakter (f)	[kɑɑkˈteʔɡ]
falha (f) de caráter	karakterbrist (i, f)	[kɑɑkˈteɡˌbʁɛst]
mente (f)	fornuft (f)	[fʌˈnɔft]
razão (f)	forstand (f)	[fʌˈstanʔ]

consciência (f)	samvittighed (f)	[samˈvitiˌheðʔ]
hábito (m)	vane (f)	[ˈvæ:nə]
habilidade (f)	evne (f)	[ˈɛwnə]
saber (~ nadar, etc.)	at kunne	[ʌ ˈkunə]

paciente	tålmodig	[tʌlˈmoʔði]
impaciente	utålmodig	[utʌlˈmoʔði]
curioso	nysgerrig	[ˈnysˌgæɡʔi]
curiosidade (f)	nysgerrighed (f)	[ˈnysˌgæɡʔiheðʔ]

modéstia (f)	beskedenhed (f)	[beˈskeʔðənˌheðʔ]
modesto	beskeden	[beˈskeʔðən]
imodesto	ubeskeden	[ˈubeˌskeʔðən]

preguiça (f)	dovenskab (f)	[ˈdɒwənˌskæʔb]
preguiçoso	doven	[ˈdɒwən]
preguiçoso (m)	dovenkrop (f)	[ˈdɒwənˌkʁʌp]

astúcia (f)	list (f)	[ˈlest]
astuto	listig	[ˈlesti]
desconfiança (f)	mistro (f)	[ˈmisˌtʁoʔ]
desconfiado	mistroisk	[ˈmisˌtʁoʔisk]

generosidade (f)	generøsitet (f)	[ɕenəʁœsiˈteʔt]
generoso	generøs	[ɕenəˈʁœʔs]
talentoso	talentfuld	[taˈlɛntˌfulʔ]
talento (m)	talent (i)	[taˈlɛnʔt]

corajoso	modig	[ˈmo:ði]
coragem (f)	mod (i)	[ˈmoʔð]
honesto	ærlig	[ˈæeli]
honestidade (f)	ærlighed (f)	[ˈæeliˌheðʔ]

| prudente | forsigtig | [fʌˈsegti] |
| valente | modig | [ˈmo:ði] |

| sério | alvorlig | [al'vɒˀli] |
| severo | streng | ['stʁaŋˀ] |

decidido	beslutsom	[be'slut‚sʌmˀ]
indeciso	ubeslutsom	[ube'slut‚sʌmˀ]
tímido	forsagthed, genert	[ɕe'neɡ̊ˀt‚heðˀ], [ɕe'neɡ̊ˀt]
timidez (f)	forsagthed (f)	[ɕe'neɡ̊ˀt‚heðˀ]

confiança (f)	tillid (f)	['te‚liðˀ]
confiar (vt)	at tro	[ʌ 'tʁoˀ]
crédulo	tillidsfuld	['teliðs‚fulˀ]

sinceramente	oprigtigt	[ʌp'ʁɛgtit]
sincero	oprigtig	[ʌp'ʁɛgti]
sinceridade (f)	oprigtighed (f)	[ʌp'ʁɛgtiheðˀ]
aberto	åben	['ɔ:bən]

calmo	stille	['stelə]
franco	oprigtig	[ʌp'ʁɛgti]
ingénuo	naiv	[na'iˀw]
distraído	åndsfraværende	[ʌns'fʁɑ‚vɛˀʌnə]
engraçado	morsom	['moɡ̊‚sʌmˀ]

ganância (f)	grådighed (f)	['gʁɔ:ði‚heðˀ]
ganancioso	grådig	['gʁɔ:ði]
avarento	gerrig	['gæɡ̊i]
mau	ond	['ɔnˀ]
teimoso	hårdnakket	['hɒ:‚nɑkəð]
desagradável	ubehagelig	[ube'hæˀjəli]

egoísta (m)	egoist (f)	[ego'ist]
egoísta	egoistisk	[ego'istisk]
cobarde (m)	kryster (f)	['kʁystʌ]
cobarde	fej, krysteragtig	['fajˀ], ['kʁystʌ‚agdi]

60. O sono. Sonhos

dormir (vi)	at sove	[ʌ 'sɒwə]
sono (m)	søvn (f)	['sœwˀn]
sonho (m)	drøm (m)	['dʁœmˀ]
sonhar (vi)	at drømme	[ʌ 'dʁœmə]
sonolento	søvnig	['sœwni]

cama (f)	seng (f)	['sɛŋˀ]
colchão (m)	madras (f)	[ma'dʁɑs]
cobertor (m)	dyne (f), tæppe (i)	['dy:nə], ['tɛpə]
almofada (f)	pude (f)	['pu:ðə]
lençol (m)	lagen (i)	['læjˀən]

insónia (f)	søvnløshed (f)	['sœwnløs‚heðˀ]
insone	søvnløs	['sœwn‚lø'sˀ]
sonífero (m)	sovepille (f)	['sɒwə‚pelə]
tomar um sonífero	at tage en sovepille	[ʌ 'tæˀ en 'sɒwə‚pelə]
estar sonolento	at være søvnig	[ʌ 'vɛ:ʌ 'sœwni]

bocejar (vi)	at gabe	[ʌ 'gæ:bə]
ir para a cama	at gå i seng	[ʌ 'gɔˀ i 'sɛŋˀ]
fazer a cama	at rede sengen	[ʌ 'ʁɛːðə 'sɛŋən]
adormecer (vi)	at falde i søvn	[ʌ 'falə i sœwˀn]

pesadelo (m)	mareridt (i)	['mɑːɑˌʁit]
ronco (m)	snorken (f)	['snɒːkən]
roncar (vi)	at snorke	[ʌ 'snɒːkə]

despertador (m)	vækkeur (i)	['vɛkəˌuʁˀ]
acordar, despertar (vt)	at vække	[ʌ 'vɛkə]
acordar (vi)	at vågne	[ʌ 'vɔwnə]
levantar-se (vr)	at stå op	[ʌ stɔˀ 'ʌp]
lavar-se (vr)	at vaske sig	[ʌ 'vaskə sɑj]

61. Humor. Riso. Alegria

humor (m)	humor (f)	['huːmʌ]
sentido (m) de humor	sans (f) for humor	[sans fʌ 'huːmʌ]
divertir-se (vr)	at more sig	[ʌ 'moːʌ sɑj]
alegre	glad, munter	['glað], ['mɔnˀtʌ]
alegria (f)	munterhed (f)	['mɔntʌˌheðˀ]

sorriso (m)	smil (i)	['smiˀl]
sorrir (vi)	at smile	[ʌ 'smiːlə]
começar a rir	at bryde ud i latter	[ʌ 'bʁyːðə uðˀ i 'latʌ]
rir (vi)	at le, at grine	[ʌ 'leˀ], [ʌ 'gʁiːnə]
riso (m)	latter (f)	['latʌ]

anedota (f)	anekdote (f)	[anek'doːtə]
engraçado	sjov, morsom	['ɕɒwˀ], ['mɔgˌsʌmˀ]
ridículo	morsom	['mɔgˌsʌmˀ]

brincar, fazer piadas	at spøge	[ʌ 'spøːjə]
piada (f)	skæmt, spøg (f)	['skɛmˀt], ['spʌjˀ]
alegria (f)	glæde (f)	['glɛːðə]
regozijar-se (vr)	at glæde sig	[ʌ 'glɛːðə sɑj]
alegre	glad	['glað]

62. Discussão, conversação. Parte 1

| comunicação (f) | kommunikation (f) | [komunika'ɕoˀn] |
| comunicar-se (vr) | at kommunikere | [ʌ komuni'keˀʌ] |

conversa (f)	samtale (f)	['sɑmˌtæːlə]
diálogo (m)	dialog (f)	[dia'loˀ]
discussão (f)	diskussion (f)	[disku'ɕoˀn]
debate (m)	debat (f)	[de'bat]
debater (vt)	at diskutere	[ʌ disku'teˀʌ]

| interlocutor (m) | samtalepartner (f) | ['sɑmˌtæːlə 'pɑːtnʌ] |
| tema (m) | emne (i) | ['ɛmnə] |

ponto (m) de vista	synspunkt (i)	['syns‚pɔŋʔt]
opinião (f)	mening (f)	['meːneŋ]
discurso (m)	tale (f)	['tæːlə]

discussão (f)	diskussion (f)	[disku'ɕoʔn]
discutir (vt)	at drøfte, at diskutere	[ʌ 'dʁœftə], [ʌ disku'teʔʌ]
conversa (f)	samtale (f)	['sam‚tæːlə]
conversar (vi)	at snakke, at samtale	[ʌ 'snakə], [ʌ 'sam‚tæʔlə]
encontro (m)	møde (i)	['møːðə]
encontrar-se (vr)	at mødes	[ʌ 'møːðəs]

provérbio (m)	ordsprog (i)	['oɡ‚spʁɔʔw]
ditado (m)	ordsprog (i)	['oɡ‚spʁɔʔw]
adivinha (f)	gåde (f)	['gɔːðə]
dizer uma adivinha	at udgøre en gåde	[ʌ 'uð‚gœʔʌ en 'gɔːðə]
senha (f)	adgangskode (f)	['aðgaŋs‚koːðə]
segredo (m)	hemmelighed (f)	['hɛməli‚heðʔ]

juramento (m)	ed (f)	['eðʔ]
jurar (vi)	at sværge	[ʌ 'svæɡwə]
promessa (f)	løfte (i)	['løftə]
prometer (vt)	at love	[ʌ 'lɔːvə]

conselho (m)	råd (i)	['ʁɔʔð]
aconselhar (vt)	at råde	[ʌ 'ʁɔːðə]
seguir o conselho	at følge råd	[ʌ 'føljə 'ʁɔʔð]
escutar (~ os conselhos)	at adlyde	[ʌ 'að‚lyʔðə]

novidade, notícia (f)	nyhed (f)	['nyheðʔ]
sensação (f)	sensation (f)	[sɛnsa'ɕoʔn]
informação (f)	oplysninger (f pl)	['ʌp‚lyʔsneŋʌ]
conclusão (f)	slutning (f)	['slutneŋ]
voz (f)	røst, stemme (f)	['ʁœst], ['stɛmə]
elogio (m)	kompliment (i, f)	[kɔmpli'maŋ]
amável	elskværdig	[ɛlsk'væɡʔdi]

palavra (f)	ord (i)	['oʔɡ]
frase (f)	frase (f)	['fʁɑːsə]
resposta (f)	svar (i)	['svɑʔ]

| verdade (f) | sandhed (f) | ['san‚heðʔ] |
| mentira (f) | løgn (f) | ['lʌjʔn] |

pensamento (m)	tanke (f)	['taŋkə]
ideia (f)	ide, idé (f)	[i'deʔ]
fantasia (f)	fantasi (f)	[fanta'siʔ]

63. Discussão, conversação. Parte 2

estimado	respekteret	[ʁɛspɛk'teʔʌð]
respeitar (vt)	at respektere	[ʌ ʁɛspɛk'teʔʌ]
respeito (m)	respekt (f)	[ʁɛ'spɛkt]
Estimado ..., Caro ...	Ærede ...	['ɛʔʌðə ...]
apresentar (vt)	at introducere	[ʌ entʁodu'seʔʌ]

travar conhecimento	at stifte bekendtskab med ...	[ʌ 'steftə be'kɛnˀdˌskæˀb mɛ ...]
intenção (f)	hensigt (f)	['hɛnˌsegt]
tencionar (vt)	at have til hensigt	[ʌ 'hæːvə te 'hɛnˌsegt]
desejo (m)	ønske (i)	['ønskə]
desejar (ex. ~ boa sorte)	at ønske	[ʌ 'ønskə]
surpresa (f)	overraskelse (f)	['ɒwʌˌʁaskəlsə]
surpreender (vt)	at forundre	[ʌ fʌ'ɔnˀdʁʌ]
surpreender-se (vr)	at blive forundret	[ʌ 'bliːə fʌ'ɔnˀdʁʌð]
dar (vt)	at give	[ʌ 'giˀ]
pegar (tomar)	at tage	[ʌ 'tæˀ]
devolver (vt)	at give tilbage	[ʌ 'giˀ te'bæːjə]
retornar (vt)	at returnere	[ʌ ʁɛtuɐ̯'neˀʌ]
desculpar-se (vr)	at undskylde sig	[ʌ 'ɔnˌskylˀə saj]
desculpa (f)	undskyldning (f)	['ɔnˌskylˀneŋ]
perdoar (vt)	at tilgive	[ʌ 'telˌgiˀ]
falar (vi)	at tale	[ʌ 'tæːlə]
escutar (vt)	at lytte	[ʌ 'lytə]
ouvir até o fim	at høre på	[ʌ 'høːʌ 'pɔˀ]
compreender (vt)	at forstå	[ʌ fʌ'stɔˀ]
mostrar (vt)	at vise	[ʌ 'viːsə]
olhar para ...	at se på ...	[ʌ 'seˀ pɔˀ ...]
chamar (dizer em voz alta o nome)	at kalde	[ʌ 'kalə]
distrair (vt)	at forstyrre	[ʌ fʌ'styɐ̯ˀʌ]
perturbar (vt)	at forstyrre	[ʌ fʌ'styɐ̯ˀʌ]
entregar (~ em mãos)	at overrække	[ʌ 'ɒwʌˌʁakə]
pedido (m)	begæring (f)	[be'gɛˀɡeŋ]
pedir (ex. ~ ajuda)	at bede	[ʌ 'beˀðə]
exigência (f)	krav (i)	['kʁɑˀw]
exigir (vt)	at kræve	[ʌ 'kʁɛːvə]
chamar nomes (vt)	at drille	[ʌ 'dʁɛlə]
zombar (vt)	at håne	[ʌ 'hɔːnə]
zombaria (f)	hån (f), spot (f)	['hɔˀn], ['spʌt]
alcunha (f)	øgenavn (i)	['øːjəˌnɑwˀn]
insinuação (f)	insinuation (f)	[ensinua'ɕoˀn]
insinuar (vt)	at insinuere	[ʌ ensinu'eˀʌ]
subentender (vt)	at betyde	[ʌ be'tyˀðə]
descrição (f)	beskrivelse (f)	[be'skʁiˀvəlsə]
descrever (vt)	at beskrive	[ʌ be'skʁiˀvə]
elogio (m)	ros (f)	['ʁoˀs]
elogiar (vt)	at rose, at berømme	[ʌ 'ʁoːsə], [ʌ be'ʁœmˀə]
desapontamento (m)	skuffelse (f)	['skɔfəlsə]
desapontar (vt)	at skuffe	[ʌ 'skɔfə]
desapontar-se (vr)	at blive skuffet	[ʌ 'bliːə 'skɔfəð]
suposição (f)	antagelse (f)	[anˌtæˀjəlsə]

supor (vt)	at antage, at formode	[ʌ 'anˌtæʔ], [ʌ fʌ'moˀðə]
advertência (f)	advarsel (f)	['aðˌvɑ:səl]
advertir (vt)	at advare	[ʌ 'aðˌvɑʔɑ]

64. Discussão, conversação. Parte 3

convencer (vt)	at overtale	[ʌ 'ɒwʌˌtæʔlə]
acalmar (vt)	at berolige	[ʌ be'ʁoˀˌliˀə]
silêncio (o ~ é de ouro)	tavshed (f)	['tawsˌheðʔ]
ficar em silêncio	at tie	[ʌ 'ti:ə]
sussurrar (vt)	at hviske	[ʌ 'veskə]
sussurro (m)	hvisken (f)	['veskən]
francamente	oprigtigt	[ʌp'ʁɛgtit]
a meu ver ...	efter min mening ...	['ɛftʌ min 'me:neŋ ...]
detalhe (~ da história)	detalje (f)	[de'taljə]
detalhado	detaljeret	[detal'jeʔʌð]
detalhadamente	i detaljer	[i de'taljʌ]
dica (f)	vink (i)	['venʔk]
dar uma dica	at give et vink	[ʌ 'giʔ et 'venʔk]
olhar (m)	blik (i)	['blek]
dar uma vista de olhos	at kaste et blik	[ʌ 'kastə et blek]
fixo (olhar ~)	stiv, stift	['stiwʔ], ['stift]
piscar (vi)	at blinke	[ʌ 'blenkə]
pestanejar (vt)	at blinke	[ʌ 'blenkə]
acenar (com a cabeça)	at nikke	[ʌ 'nekə]
suspiro (m)	suk (i)	['sɔk]
suspirar (vi)	at sukke	[ʌ 'sɔkə]
estremecer (vi)	at gyse	[ʌ 'gy:sə]
gesto (m)	gestus (f)	['gestus]
tocar (com as mãos)	at røre	[ʌ 'ʁœ:ʌ]
agarrar (~ pelo braço)	at gribe	[ʌ 'gʁi:bə]
bater de leve	at klappe	[ʌ 'klɑpə]
Cuidado!	Pas på!	['pas 'pɔ]
A sério?	Virkelig?	['viʁ̞əli]
Tem certeza?	Er du sikker?	['æɐ̯ du 'sekʌ]
Boa sorte!	Held og lykke!	['hɛlʔ ʌ 'løkə]
Compreendi!	Helt klart!	['hɛlʔt klɑ:t]
Que pena!	Det var synd!	[de vɑʔ sønʔ]

65. Acordo. Recusa

consentimento (~ mútuo)	samtykke (i)	['samˌtykə]
consentir (vi)	at samtykke	[ʌ 'samˌtykə]
aprovação (f)	godkendelse (f)	['goðˌkɛnʔəlsə]
aprovar (vt)	at godkende	[ʌ 'goðˌkɛnʔə]

recusa (f)	afslag (i)	['ɑwˌslæʔj]
negar-se (vt)	at vægre sig	[ʌ 'vɛːjʁʌ saj]

Está ótimo!	Fint!	['fiʔnt]
Muito bem!	Godt nok!	['gʌt nʌk]
Está bem! De acordo!	OK! Jeg er enig!	[ɔw'kɛj], ['jaj 'æɡ 'eːni]

proibido	forbudt	[fʌ'byʔt]
é proibido	det er forbudt	[de 'æɡ fʌ'byʔð]
é impossível	det er umuligt	[de 'æɡ u'muʔlit]
incorreto	fejlagtig	['fɑjlˌɑgti]

rejeitar (~ um pedido)	at afslå	[ʌ 'ɑwˌslɔʔ]
apoiar (vt)	at støtte	[ʌ 'støtə]
aceitar (desculpas, etc.)	at acceptere	[ʌ ɑksɛp'teʔʌ]

confirmar (vt)	at bekræfte	[ʌ be'kʁaftə]
confirmação (f)	bekræftelse (f)	[be'kʁaftəlsə]
permissão (f)	tilladelse (f)	['teˌlæʔðəlsə]
permitir (vt)	at tillade	[ʌ 'teˌlæʔðə]
decisão (f)	beslutning (f)	[be'slutnen]
não dizer nada	at tie	[ʌ 'tiːə]

condição (com uma ~)	betingelse (f)	[be'tenʔəlsə]
pretexto (m)	påskud, foregivende (i)	['pɔˌskuð], ['fɒːɒˌgiʔvənə]
elogio (m)	ros (f)	['ʁoʔs]
elogiar (vt)	at rose, at berømme	[ʌ 'ʁoːsə], [ʌ be'ʁɶmʔə]

66. Sucesso. Boa sorte. Insucesso

êxito, sucesso (m)	succes (f)	[syk'se]
com êxito	med succes	[mɛ syk'se]
bem sucedido	vellykket	['vɛlˌløkəð]

sorte (fortuna)	held (i)	['hɛlʔ]
Boa sorte!	Held og lykke!	['hɛlʔ ʌ 'løkə]
de sorte	heldig	['hɛldi]
sortudo, felizardo	heldig	['hɛldi]
fracasso (m)	fiasko (f)	['fjasko]
pouca sorte (f)	uheld (i), utur (f)	['uˌhɛlʔ], ['uˌtuɡʔ]
azar (m), má sorte (f)	uheld (i)	['uˌhɛlʔ]
mal sucedido	mislykket	['misˌløkəð]
catástrofe (f)	katastrofe (f)	[kata'stʁoːfə]

orgulho (m)	stolthed (f)	['stʌltˌheðʔ]
orgulhoso	stolt	['stʌlʔt]
estar orgulhoso	at være stolt	[ʌ 'vɛːʌ 'stʌlʔt]

vencedor (m)	sejrherre (f)	['sɑjʌˌhæʔʌ]
vencer (vi)	at sejre, at vinde	[ʌ 'sɑjʁʌ], [ʌ 'venə]
perder (vt)	at tabe	[ʌ 'tæːbə]
tentativa (f)	forsøg (i)	[fʌ'søʔj]
tentar (vt)	at prøve, at forsøge	[ʌ 'pʁɶːwə], [ʌ fʌ'søʔjə]
chance (m)	chance (f)	['ɕaŋsə]

67. Conflitos. Emoções negativas

grito (m)	skrig (i)	['skʁiʔ]
gritar (vi)	at skrige	[ʌ 'skʁiːə]
começar a gritar	at begynde at skrige	[ʌ be'gønʔə ʌ 'skʁiːə]

discussão (f)	skænderi (i)	[skɛnʌ'ʁiʔ]
discutir (vt)	at skændes	[ʌ 'skɛnəs]
escândalo (m)	skænderi (i)	[skɛnʌ'ʁiʔ]
criar escândalo	at skændes	[ʌ 'skɛnəs]
conflito (m)	konflikt (f)	[kʌn'flikt]
mal-entendido (m)	misforståelse (f)	[misfʌ'stɔʔəlsə]

insulto (m)	fornærmelse (f)	[fʌ'næɐ̯ʔməlsə]
insultar (vt)	at fornærme	[ʌ fʌ'næɐ̯ʔmə]
insultado	fornærmet	[fʌ'næɐ̯ʔməð]
ofensa (f)	fornærmelse (f)	[fʌ'næɐ̯ʔməlsə]
ofender (vt)	at fornærme	[ʌ fʌ'næɐ̯ʔmə]
ofender-se (vr)	at blive fornærmet	[ʌ 'bliːə fʌ'næɐ̯ʔməð]

indignação (f)	forargelse, indignation (f)	[fʌ'ɑʔwəlsə], [endina'ɕoʔn]
indignar-se (vr)	at blive indigneret	[ʌ 'bliːə endi'neʔʌð]
queixa (f)	klage (f)	['klæːjə]
queixar-se (vr)	at klage	[ʌ 'klæːjə]

desculpa (f)	undskyldning (f)	['ɔnˌskylʔneŋ]
desculpar-se (vr)	at undskylde sig	[ʌ 'ɔnˌskylʔə saj]
pedir perdão	at bede om forladelse	[ʌ 'beʔðə ʌm fʌ'læʔðəlsə]

crítica (f)	kritik (f)	[kʁi'tik]
criticar (vt)	at kritisere	[ʌ kʁiti'seʔʌ]
acusação (f)	anklage (f)	['anˌklæʔjə]
acusar (vt)	at anklage	[ʌ 'anˌklæʔjə]

vingança (f)	hævn (f)	['hɛwʔn]
vingar (vt)	at hævne	[ʌ 'hɛwnə]
vingar-se (vr)	at hævne	[ʌ 'hɛwnə]

desprezo (m)	foragt (f)	[fʌ'ɑgt]
desprezar (vt)	at foragte	[ʌ fʌ'ɑgtə]
ódio (m)	had (i)	['haeð]
odiar (vt)	at hade	[ʌ 'hæːðə]

nervoso	nervøs	[næɐ̯'vøʔs]
estar nervoso	at være nervøs	[ʌ 'vɛːʌ næɐ̯'vøʔs]
zangado	vred	['vʁɛð ʔ]
zangar (vt)	at gøre vred	[ʌ 'gœːʌ 'vʁɛð ʔ]

humilhação (f)	ydmygelse (f)	['yðˌmyʔəlsə]
humilhar (vt)	at ydmyge	[ʌ 'yðˌmyʔə]
humilhar-se (vr)	at ydmyge sig	[ʌ 'yðˌmyʔə saj]

choque (m)	chok (i)	['ɕʌk]
chocar (vt)	at chokere	[ʌ ɕo'keʔʌ]
aborrecimento (m)	knibe (f)	['kniːbə]

desagradável	ubehagelig	[ube'hæ'jəli]
medo (m)	frygt (f)	['fʁœgt]
terrível (tempestade, etc.)	frygtelig	['fʁœgtəli]
assustador (ex. história ~a)	uhyggelig, skræmmende	[u'hygəli], ['skʁamənə]
horror (m)	rædsel (f)	['ʁað'səl]
horrível (crime, etc.)	forfærdelig	[fʌ'fæɐ̯'dli]

começar a tremer	at begynde at ryste	[ʌ be'gøn'ə ʌ 'ʁœstə]
chorar (vi)	at græde	[ʌ 'gʁa:ðə]
começar a chorar	at begynde at græde	[ʌ be'gøn'ə ʌ 'gʁa:ðə]
lágrima (f)	tåre (f)	['tɒ:ɒ]

falta (f)	skyld (f)	['skyl']
culpa (f)	skyldfølelse (f)	['skyl‚fø:ləlsə]
desonra (f)	skam, vanære (f)	['skɑm'], ['van‚ɛ:ʌ]
protesto (m)	protest (f)	[pʁo'tɛst]
stresse (m)	stress (i, f)	['stʁɛs]

perturbar (vt)	at forstyrre	[ʌ fʌ'styɐ̯'ʌ]
zangar-se com ...	at være gal	[ʌ 'vɛ:ʌ 'gæ'l]
zangado	vred	['vʁɛð']
terminar (vt)	at afbryde	[ʌ 'ɑw‚bʁy'ðə]
praguejar	at sværge	[ʌ 'svæɐ̯wə]

assustar-se	at blive skræmt	[ʌ 'bli:ə 'skʁamt]
golpear (vt)	at slå	[ʌ 'slɔ']
brigar (na rua, etc.)	at slås	[ʌ 'slʌs]

resolver (o conflito)	at løse	[ʌ 'lø:sə]
descontente	utilfreds	['ute‚fʁɛs]
furioso	rasende	['ʁɑ:sənə]

Não está bem!	Det er ikke godt!	[de 'æɐ̯ 'ekə 'gʌt]
É mau!	Det er dårligt!	[de 'æɐ̯ 'dɒ:lit]

Medicina

68. Doenças

doença (f)	sygdom (f)	['sy:ˌdʌmˀ]
estar doente	at være syg	[ʌ 'vɛ:ʌ syˀ]
saúde (f)	helse, sundhed (f)	['hɛlsə], ['sɔnˌheðˀ]

nariz (m) a escorrer	snue (f)	['snu:ə]
amigdalite (f)	angina (f)	[aŋ'gi:na]
constipação (f)	forkølelse (f)	[fʌ'køˀlelsə]
constipar-se (vr)	at blive forkølet	[ʌ 'bli:ə fʌ'køˀləð]

bronquite (f)	bronkitis (f)	[bʁʌŋ'kitis]
pneumonia (f)	lungebetændelse (f)	['lɔŋə be'tɛnˀəlsə]
gripe (f)	influenza (f)	[enflu'ɛnsa]

míope	nærsynet	['næɡˌsyˀnəð]
presbita	langsynet	['laŋˌsyˀnəð]
estrabismo (m)	skeløjethed (f)	['skelˌʌjəðˌheðˀ]
estrábico	skeløjet	['skelˌʌjˀəð]
catarata (f)	grå stær (f)	['gʁɔˀ 'stɛˀɡ]
glaucoma (m)	glaukom (i), grøn stær (f)	[glaw'koˀm], ['gʁœnˀ 'stɛˀɡ]

AVC (m), apoplexia (f)	hjerneblødning (f)	['jæɡnəˌbløðneŋ]
ataque (m) cardíaco	infarkt (i, f)	[en'fa:kt]
enfarte (m) do miocárdio	hjerteinfarkt (i, f)	['jæɡtə en'fa:kt]
paralisia (f)	lammelse (f)	['laməlsə]
paralisar (vt)	at lamme, at paralysere	[ʌ 'lamə], [ʌ paaly'seˀʌ]

alergia (f)	allergi (f)	[alæɡ'giˀ]
asma (f)	astma (f)	['astma]
diabetes (f)	diabetes (f)	[dia'be:təs]

| dor (f) de dentes | tandpine (f) | ['tanˌpi:nə] |
| cárie (f) | caries, karies (f) | ['kaˀiəs] |

diarreia (f)	diarre (f)	[dia'ʁɛ]
prisão (f) de ventre	forstoppelse (f)	[fʌ'stʌpəlsə]
desarranjo (m) intestinal	mavebesvær (i)	['mæː'vəˌbe'svɛˀɡ]
intoxicação (f) alimentar	madforgiftning (f)	['maðfʌˌgiftneŋ]
intoxicar-se	at få madforgiftning	[ʌ 'fɔˀ 'maðfʌˌgiftəˀ]

artrite (f)	artritis (f)	[a'tʁitis]
raquitismo (m)	rakitis (f)	[ʁa'kitis]
reumatismo (m)	reumatisme (f)	[ʁʌjma'tismə]
arteriosclerose (f)	arterieforkalkning (f)	[a'teˀɡiə fʌ'kalˀkneŋ]

| gastrite (f) | gastritis (f) | [ga'stʁitis] |
| apendicite (f) | appendicit (f) | [apɛndi'sit] |

colecistite (f)	galdeblærebetændelse (f)	['galə,blɛː^ be'tɛn'əlsə]
úlcera (f)	mavesår (i)	['mæ:və,sɒ']

sarampo (m)	mæslinger (pl)	['mɛs,leŋ'^]
rubéola (f)	røde hunde (f)	['ʁœ:ðə 'hunə]
iterícia (f)	gulsot (f)	['gul,so't]
hepatite (f)	hepatitis (f)	[hepa'titis]

esquizofrenia (f)	skizofreni (f)	[skidsofʁɛ'ni']
raiva (f)	rabies (f)	['ʁa'bjɛs]
neurose (f)	neurose (f)	[nœw'ʁo:sə]
comoção (f) cerebral	hjernerystelse (f)	['jæɐ̯nə,ʁœstəlsə]

cancro (m)	kræft (f), cancer (f)	['kʁaft], ['kan'sʌ]
esclerose (f)	sklerose (f)	[sklə'ʁo:sə]
esclerose (f) múltipla	multipel sklerose (f)	[mul'ti'pəl sklə'ʁo:sə]

alcoolismo (m)	alkoholisme (f)	[alkoho'lismə]
alcoólico (m)	alkoholiker (f)	[alko'ho'likʌ]
sífilis (f)	syfilis (f)	['syfilis]
SIDA (f)	AIDS (f)	['ɛjds]

tumor (m)	svulst, tumor (f)	['svul'st], ['tu:mɒ]
maligno	ondartet, malign	['ɔn,a'dəð], [ma'li'n]
benigno	godartet, benign	['goð,a'təð], [be'ni'n]
febre (f)	feber (f)	['fe'bʌ]
malária (f)	malaria (f)	[ma'lɑ'ia]
gangrena (f)	koldbrand (f)	['kʌl,bʁan']
enjoo (m)	søsyge (f)	['sø,sy:ə]
epilepsia (f)	epilepsi (f)	[epilɛp'si']

epidemia (f)	epidemi (f)	[epedə'mi']
tifo (m)	tyfus (f)	['tyfus]
tuberculose (f)	tuberkulose (f)	[tubæɐ̯ku'lo:sə]
cólera (f)	kolera (f)	['ko'ləʁa]
peste (f)	pest (f)	['pɛst]

69. Sintomas. Tratamentos. Parte 1

sintoma (m)	symptom (i)	[sym'to'm]
temperatura (f)	temperatur (f)	[tɛmpʁa'tuɐ̯']
febre (f)	høj temperatur, feber (f)	['hʌj tɛmpʁa'tuɐ̯'], ['fe'bʌ]
pulso (m)	puls (f)	['pul's]

vertigem (f)	svimmelhed (f)	['svem'əl,heð']
quente (testa, etc.)	varm	['va'm]
calafrio (m)	gysen (f)	['gy:sən]
pálido	bleg	['blɑj']

tosse (f)	hoste (f)	['ho:stə]
tossir (vi)	at hoste	[^ 'ho:stə]
espirrar (vi)	at nyse	[^ 'ny:sə]
desmaio (m)	besvimelse (f)	[be'svi'məlsə]
desmaiar (vi)	at besvime	[^ be'svi'mə]

nódoa (f) negra	blåt mærke (i)	['blʌt 'mæɐ̯kə]
galo (m)	bule (f)	['bu:lə]
magoar-se (vr)	at slå sig	[ʌ 'slɔ' saj]
pisadura (f)	blåt mærke (i)	['blʌt 'mæɐ̯kə]
aleijar-se (vr)	at støde sig	[ʌ 'sdø:ðə saj]

coxear (vi)	at halte	[ʌ 'haltə]
deslocação (f)	forvridning (f)	[fʌ'vʁið'nen]
deslocar (vt)	at forvride	[ʌ fʌ'vʁið'ə]
fratura (f)	brud (i), fraktur (f)	['bʁuð], [fʁak'tuɐ̯']
fraturar (vt)	at få et brud	[ʌ 'fɔ' ed 'bʁuð]

corte (m)	snitsår (i)	['snit‚sɒ']
cortar-se (vr)	at skære sig	[ʌ 'skɛ:ʌ saj]
hemorragia (f)	blødning (f)	['bløðnen]

queimadura (f)	brandsår (i)	['bʁan‚sɒ']
queimar-se (vr)	at brænde sig	[ʌ 'bʁanə saj]

picar (vt)	at stikke	[ʌ 'stekə]
picar-se (vr)	at stikke sig	[ʌ 'stekə saj]
lesionar (vt)	at skade	[ʌ 'skæ:ðə]
lesão (m)	skade (f)	['skæ:ðə]
ferida (f), ferimento (m)	sår (i)	['sɒ']
trauma (m)	traume, trauma (i)	['tʁawmə], ['tʁawma]

delirar (vi)	at tale i vildelse	[ʌ 'tæ:lə i 'vilelsə]
gaguejar (vi)	at stamme	[ʌ 'stamə]
insolação (f)	solstik (i)	['so:l‚stek]

70. Sintomas. Tratamentos. Parte 2

dor (f)	smerte (f)	['smæɐ̯tə]
farpa (no dedo)	splint (f)	['splen'tʔ]

suor (m)	sved (f)	['sveð']
suar (vi)	at svede	[ʌ 'sve:ðə]
vómito (m)	opkastning (f)	['ʌp‚kastnen]
convulsões (f pl)	kramper (f pl)	['kʁampʌ]

grávida	gravid	[gʁa'við']
nascer (vi)	at fødes	[ʌ 'fø:ðəs]
parto (m)	fødsel (f)	['føsəl]
dar à luz	at føde	[ʌ 'fø:ðə]
aborto (m)	abort (f)	[a'bɒ'tʔ]

respiração (f)	åndedræt (i)	['ʌnə‚dʁat]
inspiração (f)	indånding (f)	['en‚ʌn'en]
expiração (f)	udånding (f)	['uð‚ʌn'en]
expirar (vi)	at ånde ud	[ʌ 'ʌnə uð]
inspirar (vi)	at ånde ind	[ʌ 'ʌnə en']

inválido (m)	handikappet person (f)	['handi‚kapəð pæɐ̯'so'n]
aleijado (m)	krøbling (f)	['kʁœblen]

toxicodependente (m)	narkoman (f)	[nɑko'mæˀn]
surdo	døv	['døˀw]
mudo	stum	['stɔmˀ]
surdo-mudo	døvstum	['døwˌstɔmˀ]

louco (adj.)	gal, sindssyg	['gæˀl], ['senˀˌsyˀ]
louco (m)	gal mand (f)	['gæˀl 'manˀ]
louca (f)	gal kvinde (f)	['gæˀl 'kvenə]
ficar louco	at blive sindssyg	[ʌ 'bliːə 'senˀˌsyˀ]

gene (m)	gen (i)	['geˀn]
imunidade (f)	immunitet (f)	[imuni'teˀt]
hereditário	arvelig	['ɑːvəli]
congénito	medfødt	['mɛðˌføˀt]

vírus (m)	virus (i, f)	['viːʁus]
micróbio (m)	mikrobe (f)	[mi'kʁoːbə]
bactéria (f)	bakterie (f)	[bɑk'teɐ̯ˀiə]
infeção (f)	infektion (f)	[enfɛk'ɕoˀn]

71. Sintomas. Tratamentos. Parte 3

hospital (m)	sygehus (i)	['syːəˌhuˀs]
paciente (m)	patient (f)	[pa'ɕɛnˀt]

diagnóstico (m)	diagnose (f)	[dia'gnoːsə]
cura (f)	kur, behandling (f)	['kuɐ̯ˀ], [be'hanˀleŋ]
tratamento (m) médico	behandling (f)	[be'hanˀleŋ]
curar-se (vr)	at blive behandlet	[ʌ 'bliːə be'hanˀləð]
tratar (vt)	at behandle	[ʌ be'hanˀlə]
cuidar (pessoa)	at pleje	[ʌ 'plɑjə]
cuidados (m pl)	pleje (f)	['plɑjə]

operação (f)	operation (f)	[opeɐ̯a'ɕoˀn]
enfaixar (vt)	at forbinde	[ʌ fʌ'benˀə]
enfaixamento (m)	forbinding (f)	[fʌ'benˀeŋ]

vacinação (f)	vaccination (f)	[vagsina'ɕoˀn]
vacinar (vt)	at vaccinere	[ʌ vaksi'neˀʌ]
injeção (f)	injektion (f)	[enjɛk'ɕoˀn]
dar uma injeção	at give en sprøjte	[ʌ 'giˀ en 'spʁʌjtə]

ataque (~ de asma, etc.)	anfald (i)	['anˌfalˀ]
amputação (f)	amputation (f)	[ɑmputa'ɕoˀn]
amputar (vt)	at amputere	[ʌ ɑmpu'teˀʌ]
coma (f)	koma (f)	['koːma]
estar em coma	at ligge i koma	[ʌ 'legə i 'koːma]
reanimação (f)	intensivafdeling (f)	['entənˌsiwˀ 'awˌdeˀleŋ]

recuperar-se (vr)	at blive rask	[ʌ 'bliːə 'ʁask]
estado (~ de saúde)	tilstand (f)	['telˌstanˀ]
consciência (f)	bevidsthed (f)	[be'vestˌheðˀ]
memória (f)	hukommelse (f)	[hu'kʌmˀəlsə]
tirar (vt)	at trække ud	[ʌ 'tʁakə uðˀ]

| chumbo (m), obturação (f) | plombe (f) | ['plɔmbə] |
| chumbar, obturar (vt) | at plombere | [ʌ plɔm'be'ʌ] |

| hipnose (f) | hypnose (f) | [hyp'noːsə] |
| hipnotizar (vt) | at hypnotisere | [ʌ hypnoti'se'ʌ] |

72. Médicos

médico (m)	læge (f)	['lɛːjə]
enfermeira (f)	sygeplejerske (f)	['syːə,plɑj'ʌskə]
médico (m) pessoal	personlig læge (f)	[pæɡ'so'nli 'lɛːjə]

dentista (m)	tandlæge (f)	['tan,lɛːjə]
oculista (m)	øjenlæge (f)	['ʌjən,lɛːjə]
terapeuta (m)	terapeut (f)	[teɑ'pœw't]
cirurgião (m)	kirurg (f)	[ki'ʁuɡ'w]

psiquiatra (m)	psykiater (f)	[syki'æ'tʌ]
pediatra (m)	børnelæge (f)	['bœɡnə,lɛːjə]
psicólogo (m)	psykolog (f)	[syko'lo']
ginecologista (m)	gynækolog (f)	[gynɛko'lo']
cardiologista (m)	kardiolog (f)	[kɑdio'lo']

73. Medicina. Drogas. Acessórios

medicamento (m)	medicin (f)	[medi'si'n]
remédio (m)	middel (i)	['miðˀəl]
receitar (vt)	at ordinere	[ʌ ɒdi'ne'ʌ]
receita (f)	recept (f)	[ʁɛ'sɛpt]

comprimido (m)	tablet (f), pille (f)	[tab'lɛt], ['pelə]
pomada (f)	salve (f)	['salvə]
ampola (f)	ampul (f)	[ɑm'pul']
preparado (m)	mikstur (f)	[meks'tuɡ']
xarope (m)	sirup (f)	['si'ʁɔp]
cápsula (f)	pille (f)	['pelə]
remédio (m) em pó	pulver (i)	['pɔl'vʌ]

ligadura (f)	gazebind (i)	['gæːsə,ben']
algodão (m)	vat (i)	['vat]
iodo (m)	jod (i, f)	['joˀð]

penso (m) rápido	plaster (i)	['plastʌ]
conta-gotas (m)	pipette (f)	[pi'pɛtə]
termómetro (m)	termometer (i)	[tæɡmo'me'tʌ]
seringa (f)	sprøjte (f)	['spʁʌjtə]

| cadeira (f) de rodas | kørestol (f) | ['køːʌˌsto'l] |
| muletas (f pl) | krykker (f pl) | ['kʁœkə] |

| analgésico (m) | smertestillende medicin (i) | ['smæɡdəˌstelənə medi'si'n] |
| laxante (m) | laksativ (i) | [lɑksa'tiw'] |

álcool (m) etílico	sprit (f)	['spʁit]
ervas (f pl) medicinais	lægeurter (f pl)	['lɛːjə‚uɐ̯ˀtʌ]
de ervas (chá ~)	urte-	['uɐ̯tə-]

74. Fumar. Produtos tabágicos

tabaco (m)	tobak (f)	[to'bɑk]
cigarro (m)	cigaret (f)	[sigə'ʁat]
charuto (m)	cigar (f)	[si'gɑˀ]
cachimbo (m)	pibe (f)	['piːbə]
maço (~ de cigarros)	pakke (f)	['pɑkə]

fósforos (m pl)	tændstikker (f pl)	['tɛn‚stekʌ]
caixa (f) de fósforos	tændstikæske (f)	['tɛnstek‚ɛskə]
isqueiro (m)	lighter (f)	['lajtʌ]
cinzeiro (m)	askebæger (i)	['askə‚bɛːjʌ]
cigarreira (f)	cigaretetui (i)	[sigə'ʁat etu'i]

| boquilha (f) | mundstykke (i) | ['mɔn‚støkə] |
| filtro (m) | filter (i) | ['filˀtʌ] |

fumar (vi, vt)	at ryge	[ʌ 'ʁyːə]
acender um cigarro	at tænde en cigaret	[ʌ 'tɛnə en sigə'ʁat]
tabagismo (m)	rygning (f)	['ʁyːneŋ]
fumador (m)	ryger (f)	['ʁyːʌ]

beata (f)	stump (f), skod (i)	['stɔmˀp], ['skʌð]
fumo (m)	røg (f)	['ʁʌjˀ]
cinza (f)	aske (f)	['askə]

HABITAT HUMANO

Cidade

75. Cidade. Vida na cidade

cidade (f)	by (f)	['by']
capital (f)	hovedstad (f)	['ho:əð,staö]
aldeia (f)	landsby (f)	['lans,by']

mapa (m) da cidade	bykort (i)	['by,kɒ:t]
centro (m) da cidade	centrum (i) af byen	['sɛntʁɔm a 'byən]
subúrbio (m)	forstad (f)	['fɒ:,staö]
suburbano	forstads-	['fɒ:,staös-]

periferia (f)	udkant (f)	['uö,kan't]
arredores (m pl)	omegne (f pl)	['ʌm,aj'nə]
quarteirão (m)	kvarter (i)	[kvɑ'te'ɐ̯]
quarteirão (m) residencial	boligkvarter (i)	['bo:likvɑ'te'ɐ̯]

tráfego (m)	trafik (f)	[tʁɑ'fik]
semáforo (m)	trafiklys (i)	[tʁɑ'fik,ly's]
transporte (m) público	offentlig transport (f)	['ʌfəntli tʁɑns'pɒ:t]
cruzamento (m)	kryds (i, f)	['kʁys]

passadeira (f)	fodgængerovergang (f)	['foögɛɲʌ 'ɒwʌ,gaŋ']
passagem (f) subterrânea	gangtunnel (f)	['gaŋtu,nɛl']
cruzar, atravessar (vt)	at gå over	[ʌ gɔ' 'ɒw'ʌ]
peão (m)	fodgænger (f)	['foö,gɛɲʌ]
passeio (m)	fortov (i)	['fɒ:,tɒw]

ponte (f)	bro (f)	['bʁo']
margem (f) do rio	kaj (f)	['kɑj']
fonte (f)	springvand (i)	['spʁɛŋ,van']

alameda (f)	alle (f)	[a'le']
parque (m)	park (f)	['pɑ:k]
bulevar (m)	boulevard (f)	[bulə'vɑ'd]
praça (f)	torv (i)	['tɒ'w]
avenida (f)	avenue (f)	[avə'ny]
rua (f)	gade (f)	['gæ:öə]
travessa (f)	sidegade (f)	['si:öə,gæ:öə]
beco (m) sem saída	blindgyde (f)	['blen',gy:öə]

casa (f)	hus (i)	['hu's]
edifício, prédio (m)	bygning (f)	['bygneŋ]
arranha-céus (m)	skyskraber (f)	['sky,skʁɑ:bʌ]
fachada (f)	facade (f)	[fa'sæ:öə]
telhado (m)	tag (i)	['tæ'j]

janela (f)	**vindue** (i)	['vendu]
arco (m)	**bue** (f)	['bu:ə]
coluna (f)	**søjle** (f)	['sʌjlə]
esquina (f)	**hjørne** (i)	['jœɡ'nə]

montra (f)	**udstillingsvindue** (i)	['uð‚stel'eŋs 'vendu]
letreiro (m)	**skilt** (i)	['skel'̍t]
cartaz (m)	**plakat** (f)	[pla'kæ'̍t]
cartaz (m) publicitário	**reklameplakat** (f)	[ʁɛ'klæːmə‚pla'kæ'̍t]
painel (m) publicitário	**reklameskilt** (i)	[ʁɛ'klæːmə‚skel'̍t]

lixo (m)	**affald** (i)	['aw‚fal']
cesta (f) do lixo	**skraldespand** (f)	['skʁalə‚span']
jogar lixo na rua	**at smide affald**	[ʌ 'smiːðə 'aw‚fal']
aterro (m) sanitário	**losseplads** (f)	['lʌsə‚plas]

cabine (f) telefónica	**telefonboks** (f)	[telə'foːn‚bʌks]
candeeiro (m) de rua	**lygtepæl** (f)	['løgtə‚pɛ'l]
banco (m)	**bænk** (f)	['bɛŋ'k]

polícia (m)	**politibetjent** (f)	[poli'ti be'tjɛn'̍t]
polícia (instituição)	**politi** (i)	[poli'ti']
mendigo (m)	**tigger** (f)	['tegʌ]
sem-abrigo (m)	**hjemløs** (f)	['jɛm‚lø's]

76. Instituições urbanas

loja (f)	**forretning** (f), **butik** (f)	[fʌ'ʁatneŋ], [bu'tik]
farmácia (f)	**apotek** (i)	[apo'te'k]
ótica (f)	**optik** (f)	[ʌp'tik]
centro (m) comercial	**indkøbscenter** (i)	['en‚kø'bs ‚sɛn'tʌ]
supermercado (m)	**supermarked** (i)	['su'pʌ‚maːkəð]

padaria (f)	**bageri** (i)	[bæjʌ'ʁi']
padeiro (m)	**bager** (f)	['bæːjʌ]
pastelaria (f)	**konditori** (i)	[kʌnditʌ'ʁi']
mercearia (f)	**købmandsbutik** (f)	['kømans bu'tik]
talho (m)	**slagterbutik** (f)	['slagtʌ bu'tik]

loja (f) de legumes	**grønthandel** (f)	['gʁœnt‚han'əl]
mercado (m)	**marked** (i)	['maːkəð]

café (m)	**cafe, kaffebar** (f)	[ka'fe'], ['kafə‚ba']
restaurante (m)	**restaurant** (f)	[ʁɛsto'ʁaŋ]
bar (m), cervejaria (f)	**ølstue** (f)	['øl‚stu:ə]
pizzaria (f)	**pizzeria** (i)	[pidsə'ʁi:a]

salão (m) de cabeleireiro	**frisørsalon** (f)	[fʁi'søɡ sa‚lʌŋ]
correios (m pl)	**postkontor** (i)	['pʌst kɔn'to'ɡ]
lavandaria (f)	**renseri** (i)	[ʁansʌ'ʁi']
estúdio (m) fotográfico	**fotoatelier** (i)	['foto atəl'je]

sapataria (f)	**skotøjsforretning** (f)	['sko‚tʌjs fʌ'ʁatneŋ]
livraria (f)	**boghandel** (f)	['bɔw‚han'əl]

loja (f) de artigos de desporto	sportsforretning (f)	['spɔːts fʌ'ʁatnen]
reparação (f) de roupa	reparation (f) af tøj	[ʁɛpʁɑ'ɕoˀn a 'tʌj]
aluguer (m) de roupa	udlejning (f) af tøj	['uðˌlɑjˀnen a 'tʌj]
aluguer (m) de filmes	filmleje (f)	['filmˌlɑjə]

circo (m)	cirkus (i)	['siɐ̯kus]
jardim (m) zoológico	zoologisk have (f)	[soo'loˀisk 'hæːvə]
cinema (m)	biograf (f)	[bio'gʁɑˀf]
museu (m)	museum (i)	[mu'sɛːɔm]
biblioteca (f)	bibliotek (i)	[biblio'teˀk]

teatro (m)	teater (i)	[te'æˀtʌ]
ópera (f)	opera (f)	['oˀpəʁɑ]
clube (m) noturno	natklub (f)	['natˌklub]
casino (m)	kasino (i)	[ka'siːno]

mesquita (f)	moske (f)	[mo'skeˀ]
sinagoga (f)	synagoge (f)	[syna'goːə]
catedral (f)	katedral (f)	[katə'dʁɑˀl]
templo (m)	tempel (i)	['tɛmˀpəl]
igreja (f)	kirke (f)	['kiɐ̯kə]

instituto (m)	institut (i)	[ensdi'tut]
universidade (f)	universitet (i)	[univæɐ̯si'teˀt]
escola (f)	skole (f)	['skoːlə]

prefeitura (f)	præfektur (i)	[pʁɛfɛk'tuɐ̯ˀ]
câmara (f) municipal	rådhus (i)	['ʁɔðˌhuˀs]
hotel (m)	hotel (i)	[ho'tɛlˀ]
banco (m)	bank (f)	['baŋˀk]

embaixada (f)	ambassade (f)	[amba'sæːðə]
agência (f) de viagens	rejsebureau (i)	['ʁɑjsə byˌʁo]
agência (f) de informações	informationskontor (i)	[enfɒma'ɕons kɔn'toˀɐ̯]
casa (f) de câmbio	vekselkontor (i)	['vɛksəl kɔn'toˀɐ̯]

metro (m)	metro (f)	['meːtʁo]
hospital (m)	sygehus (i)	['syːəˌhuˀs]

posto (m) de gasolina	tankstation (f)	['taŋk sta'ɕˀon]
parque (m) de estacionamento	parkeringsplads (f)	[pɑ'keˀɐ̯eŋsˌplas]

77. Transportes urbanos

autocarro (m)	bus (f)	['bus]
elétrico (m)	sporvogn (f)	['spoɐ̯ˌvɒwˀn]
troleicarro (m)	trolleybus (f)	['tʁʌliˌbus]
itinerário (m)	rute (f)	['ʁuːtə]
número (m)	nummer (i)	['nɔmˀʌ]

ir de ... (carro, etc.)	at køre på ...	[ʌ 'køːʌ 'pɔˀ ...]
entrar (~ no autocarro)	at stå på ...	[ʌ stɔˀ 'pɔˀ ...]
descer de ...	at stå af ...	[ʌ stɔˀ 'æˀ ...]
paragem (f)	stop, stoppested (i)	['stʌp], ['stʌpəstɛð]

próxima paragem (f)	næste station (f)	['nɛstə sta'ɕo'n]
ponto (m) final	endestation (f)	['ɛnəsta'ɕo'n]
horário (m)	køreplan (f)	['kø:ʌ,plæ'n]
esperar (vt)	at vente	[ʌ 'vɛntə]

| bilhete (m) | billet (f) | [bi'lɛt] |
| custo (m) do bilhete | billetpris (f) | [bi'lɛt,pʁi's] |

bilheteiro (m)	kasserer (f)	[ka'se'ʌ]
controlo (m) dos bilhetes	billetkontrol (f)	[bi'lɛt kɔn'tʁʌl']
revisor (m)	kontrollør (f)	[kʌntʁo'lø'ɐ̯]

atrasar-se (vr)	at komme for sent	[ʌ 'kʌmə fʌ 'se'nt]
perder (o autocarro, etc.)	at komme for sent til ...	[ʌ 'kʌmə fʌ 'se'nt tel ...]
estar com pressa	at skynde sig	[ʌ 'skønə saj]

táxi (m)	taxi (f)	['taksi]
taxista (m)	taxichauffør (f)	['taksi ɕo'fø'ɐ̯]
de táxi (ir ~)	i taxi	[i 'taksi]
praça (f) de táxis	taxiholdeplads (f)	['taksi 'hʌlə,plas]
chamar um táxi	at bestille en taxi	[ʌ be'stel'ə en 'taksi]
apanhar um táxi	at tage en taxi	[ʌ 'tæ' en 'taksi]

tráfego (m)	trafik (f)	[tʁa'fik]
engarrafamento (m)	trafikprop (f)	[tʁa'fik,pʁʌp]
horas (f pl) de ponta	myldretid (f)	['mylʁʌ,tið']
estacionar (vi)	at parkere	[ʌ pa'ke'ʌ]
estacionar (vt)	at parkere	[ʌ pa'ke'ʌ]
parque (m) de estacionamento	parkeringsplads (f)	[pa'ke'ɐ̯eŋs,plas]

metro (m)	metro (f)	['me:tʁo]
estação (f)	station (f)	[sta'ɕo'n]
ir de metro	at køre med metroen	[ʌ 'kø:ʌ mɛ 'metʁo:ən]
comboio (m)	tog (i)	['tɔ'w]
estação (f)	banegård (f)	['bæ:nə,gɔ']

78. Turismo

monumento (m)	monument (i)	[monu'mɛn't]
fortaleza (f)	fæstning (f)	['fɛstnen]
palácio (m)	palads (i)	[pa'las]
castelo (m)	slot (i), borg (f)	['slʌt], ['bɒ'w]
torre (f)	tårn (i)	['tɒ'n]
mausoléu (m)	mausoleum (i)	[mawso'lɛ:ɔm]

arquitetura (f)	arkitektur (f)	[akitɛk'tuɐ̯']
medieval	middelalderlig	['miðəl,al'ʌli]
antigo	gammel	['gaməl]
nacional	national	[naɕo'næ'l]
conhecido	kendt, berømt	['kɛn't], [be'ʁœm't]

turista (m)	turist (f)	[tu'ʁist]
guia (pessoa)	guide (f)	['gajd]
excursão (f)	udflugt (f)	['uð,flɔgt]

| mostrar (vt) | at vise | [ʌ 'viːsə] |
| contar (vt) | at fortælle | [ʌ fʌ'tɛlˀə] |

encontrar (vt)	at finde	[ʌ 'fenə]
perder-se (vr)	at gå vild	[ʌ gɔˀ 'vilˀ]
mapa (~ do metrô)	kort (i)	['kɒːt]
mapa (~ da cidade)	kort (i)	['kɒːt]

lembrança (f), presente (m)	souvenir (f)	[suvə'niːɐ̯]
loja (f) de presentes	souvenirforretning (f)	[suvə'niːɐ̯ fʌ'ʁatnen]
fotografar (vt)	at fotografere	[ʌ fotogʁɑ'feˀʌ]
fotografar-se	at blive fotograferet	[ʌ 'bliːə fotogʁɑːˀfeˀʌð]

79. Compras

comprar (vt)	at købe	[ʌ 'køːbə]
compra (f)	indkøb (i)	['enˌkøˀb]
fazer compras	at gå på indkøb	[ʌ gɔˀ pɔ 'enˌkøˀb]
compras (f pl)	shopping (f)	['ɕʌpen]

| estar aberta (loja, etc.) | at være åben | [ʌ 'vɛːʌ 'ɔːbən] |
| estar fechada | at være lukket | [ʌ 'vɛːʌ 'lɔkəð] |

calçado (m)	sko (f)	['skoˀ]
roupa (f)	klæder (i pl)	['klɛːðʌ]
cosméticos (m pl)	kosmetik (f)	[kʌsmə'tik]
alimentos (m pl)	madvarer (f pl)	['maðvɑːʌ]
presente (m)	gave (f)	['gæːvə]

| vendedor (m) | sælger (f) | ['sɛljʌ] |
| vendedora (f) | sælger (f) | ['sɛljʌ] |

caixa (f)	kasse (f)	['kasə]
espelho (m)	spejl (i)	['spɑjˀl]
balcão (m)	disk (f)	['disk]
cabine (f) de provas	prøverum (i)	['pʁœːwəˌʁɔmˀ]

provar (vt)	at prøve	[ʌ 'pʁœːwə]
servir (vi)	at passe	[ʌ 'pasə]
gostar (apreciar)	at kunne lide	[ʌ 'kunə 'liːðə]

preço (m)	pris (f)	['pʁiˀs]
etiqueta (f) de preço	prismærke (i)	['pʁisˌmæɐ̯kə]
custar (vt)	at koste	[ʌ 'kʌstə]
Quanto?	Hvor meget?	[vɒˀ 'maɑð]
desconto (m)	rabat (f)	[ʁɑ'bat]

não caro	billig	['bili]
barato	billig	['bili]
caro	dyr	['dyɐ̯ˀ]
É caro	Det er dyrt	[de 'æɐ̯ 'dyɐ̯ˀt]

| aluguer (m) | leje (f) | ['lɑjə] |
| alugar (vestidos, etc.) | at leje | [ʌ 'lɑjə] |

| crédito (m) | kredit (f) | [kʁɛ'dit] |
| a crédito | på kredit | [pɔ kʁɛ'dit] |

80. Dinheiro

dinheiro (m)	penge (pl)	['pɛŋə]
câmbio (m)	veksling (f)	['vɛkslen]
taxa (f) de câmbio	kurs (f)	['kuɡ's]
Caixa Multibanco (m)	pengeautomat (f)	['pɛŋə awto'mæʔt]
moeda (f)	mønt (f)	['mønʔt]

| dólar (m) | dollar (f) | ['dʌlʌ] |
| euro (m) | euro (f) | ['œwʁo] |

lira (f)	lire (f)	['li:ʌ]
marco (m)	mark (f)	['mɑːk]
franco (m)	franc (f)	['fʁɑŋʔk]
libra (f) esterlina	engelske pund (i)	['ɛŋʔəlskə punʔ]
iene (m)	yen (f)	['jɛn]

dívida (f)	gæld (f)	['gɛlʔ]
devedor (m)	skyldner (f)	['skylnʌ]
emprestar (vt)	at låne ud	[ʌ 'lɔ:nə ˌuðʔ]
pedir emprestado	at låne	[ʌ 'lɔ:nə]

banco (m)	bank (f)	['bɑŋʔk]
conta (f)	konto (f)	['kʌnto]
depositar (vt)	at indsætte	[ʌ 'enˌsɛtə]
depositar na conta	at sætte ind på kontoen	[ʌ 'sɛtə 'enʔ pɔ 'kʌnto:ən]
levantar (vt)	at hæve fra kontoen	[ʌ 'hɛ:və fʁɑ 'kʌnto:ən]

cartão (m) de crédito	kreditkort (i)	[kʁɛ'dit kɒ:t]
dinheiro (m) vivo	kontanter (pl)	[kɔn'tanʔtʌ]
cheque (m)	check (f)	['ɕɛk]
passar um cheque	at skrive en check	[ʌ 'skʁi:və en 'ɕɛk]
livro (m) de cheques	checkhæfte (i)	['ɕɛkˌhɛftə]

carteira (f)	tegnebog (f)	['tajnəˌbɔʔw]
porta-moedas (m)	pung (f)	['pɔŋʔ]
cofre (m)	pengeskab (i)	['pɛŋəˌskæʔb]

herdeiro (m)	arving (f)	['ɑːveŋ]
herança (f)	arv (f)	['ɑʔw]
fortuna (riqueza)	formue (f)	['fɒːˌmu:ə]

arrendamento (m)	leje (f)	['lajə]
renda (f) de casa	husleje (f)	['husˌlajə]
alugar (vt)	at leje	[ʌ 'lajə]

preço (m)	pris (f)	['pʁiʔs]
custo (m)	omkostning (f)	['ʌmˌkʌstneŋ]
soma (f)	sum (f)	['sɔmʔ]
gastar (vt)	at bruge	[ʌ 'bʁu:ə]
gastos (m pl)	udgifter (f pl)	['uðˌgiftʌ]

| economizar (vi) | at spare | [ʌ 'spɑ:ɑ] |
| económico | sparsommelig | [spɑ'sʌm'əli] |

pagar (vt)	at betale	[ʌ be'tæ'lə]
pagamento (m)	betaling (f)	[be'tæ'leŋ]
troco (m)	byttepenge (pl)	['bytə,pɛŋə]

imposto (m)	skat (f)	['skat]
multa (f)	bøde (f)	['bø:ðə]
multar (vt)	at give bødestraf	[ʌ 'gi' 'bø:ðə,stʁaf]

81. Correios. Serviço postal

correios (m pl)	postkontor (i)	['pʌst kɔn'to'ɐ̯]
correio (m)	post (f)	['pʌst]
carteiro (m)	postbud (i)	['pʌst,buð]
horário (m)	åbningstid (f)	['ɔ:bneŋs,tið']

carta (f)	brev (i)	['bʁɛw']
carta (f) registada	rekommanderet brev (i)	[ʁɛkɔman'de'ʌð 'bʁɛw']
postal (m)	postkort (i)	['pʌst,kɒ:t]
telegrama (m)	telegram (i)	[telə'gʁam']
encomenda (f) postal	postpakke (f)	['pʌst,pakə]
remessa (f) de dinheiro	pengeoverførsel (f)	['pɛŋə 'ɒwʌ,føɐ̯'səl]

receber (vt)	at modtage	[ʌ 'moð,tæ']
enviar (vt)	at sende	[ʌ 'sɛnə]
envio (m)	afsendelse (f)	['ɑw,sɛn'əlsə]

endereço (m)	adresse (f)	[a'dʁasə]
código (m) postal	postnummer (i)	['pʌst,nɔm'ʌ]
remetente (m)	afsender (f)	['ɑw,sɛn'ʌ]
destinatário (m)	modtager (f)	['moð,tæ'jʌ]

| nome (m) | fornavn (i) | ['fɒ:,nɑw'n] |
| apelido (m) | efternavn (i) | ['ɛftʌ,nɑw'n] |

tarifa (f)	tarif (f)	[ta'ʁif]
ordinário	vanlig	['væ'nli]
económico	økonomisk	[øko'no'misk]

peso (m)	vægt (f)	['vɛgt]
pesar (estabelecer o peso)	at veje	[ʌ 'vajə]
envelope (m)	konvolut, kuvert (f)	[kɔnvo'lut], [ku'væɐ̯t]
selo (m)	frimærke (i)	['fʁi,mæɐ̯kə]
colar o selo	at frankere	[ʌ fʁaŋ'ke'ʌ]

Moradia. Casa. Lar

82. Casa. Habitação

casa (f)	hus (i)	['hu'ş]
em casa	hjemme	['jɛmə]
pátio (m)	gård (f)	['gɒ']
cerca (f)	hegn (i)	['hɑj'n]
tijolo (m)	tegl (i, f), mursten (f)	['tɑj'l], ['muɐ̯ˌste'n]
de tijolos	tegl-	['tɑjl-]
pedra (f)	sten (f)	['ste'n]
de pedra	sten-	['sten-]
betão (m)	beton (f)	[be'tʌŋ]
de betão	beton-	[be'tʌŋ-]
novo	ny	['ny']
velho	gammel	['gɑməl]
decrépito	faldefærdig	['falə̯ˌfæɐ̯'di]
moderno	moderne	[mo'dæɐ̯nə]
de muitos andares	fleretages-	['fleˌetæ'çəs-]
alto	høj	['hʌj']
andar (m)	etage (f)	[e'tæ'çə]
de um andar	enetages	['e:neˌtæ'çəs]
andar (m) de baixo	stue (f), stueetage (f)	['stu:ə], ['stu:ə e'tæ'çə]
andar (m) de cima	øverste etage (f)	['øw'ʌstə e'tæ'çə]
telhado (m)	tag (i)	['tæ'j]
chaminé (f)	skorsten (f)	['skɒːˌste'n]
telha (f)	tegl (i, f)	['tɑj'l]
de telha	tegl-	['tɑjl-]
sótão (m)	loft (i)	['lʌft]
janela (f)	vindue (i)	['vendu]
vidro (m)	glas (i)	['glas]
parapeito (m)	vindueskarm (f)	['vendusˌkɑ'm]
portadas (f pl)	vinduesskodder (f pl)	['vendusˌskʌðʌ]
parede (f)	mur (f), væg (f)	['muɐ̯'], ['vɛ'g]
varanda (f)	balkon, altan (f)	[bal'kʌŋ], [al'tæ'n]
tubo (m) de queda	nedløbsrør (i)	['neðløbsˌʁœ'ɐ̯]
em cima	oppe	['ʌpə]
subir (~ as escadas)	at gå ovenpå	[ʌ gɔ' 'ɒwənˌpɔ']
descer (vi)	at gå ned	[ʌ gɔ' 'neð']
mudar-se (vr)	at flytte	[ʌ 'fløtə]

83. Casa. Entrada. Elevador

entrada (f)	indgang (f)	['en‚gaŋˀ]
escada (f)	trappe (f)	['tʁɑpə]
degraus (m pl)	trin (i pl)	['tʁin]
corrimão (m)	gelænder (i)	[ge'lɛnˀʌ]
hall (m) de entrada	hall, lobby (f)	['hɒːl], ['lʌbi]
caixa (f) de correio	postkasse (f)	['pʌst‚kasə]
caixote (m) do lixo	skraldebøtte (f)	['skʁɑlə‚bøtə]
conduta (f) do lixo	nedfaldsskakt (f)	['neðfals‚skɑkt]
elevador (m)	elevator (f)	[ele'væːtʌ]
elevador (m) de carga	godselevator (f)	['gɔs ele'væːtʌ]
cabine (f)	elevatorstol (f)	[ele'væːtʌ 'stoˀl]
pegar o elevador	at tage elevatoren	[ʌ 'tæˀ ele'væːtɒɐ̯n]
apartamento (m)	lejlighed (f)	['lɑjli‚heðˀ]
moradores (m pl)	beboere (f pl)	[be'boˀʌ]
vizinho (m)	nabo (f)	['næːbo]
vizinha (f)	nabo (f)	['næːbo]
vizinhos (pl)	naboer (pl)	['næːboˀʌ]

84. Casa. Portas. Fechaduras

porta (f)	dør (f)	['dɶˀɐ̯]
portão (m)	port (f)	['poɐ̯ˀt]
maçaneta (f)	dørhåndtag (i)	['dɶɐ̯‚hʌnˀ‚tæˀj]
destrancar (vt)	at låse op	[ʌ 'lɔːsə 'ʌp]
abrir (vt)	at åbne	[ʌ 'ɔːbnə]
fechar (vt)	at lukke	[ʌ 'lɔkə]
chave (f)	nøgle (f)	['nʌjlə]
molho (m)	knippe (i)	['knepə]
ranger (vi)	at knirke	[ʌ 'kniɐ̯kə]
rangido (m)	knirken (f)	['kniɐ̯kən]
dobradiça (f)	hængsel (i)	['hɛŋˀsəl]
tapete (m) de entrada	dørmåtte (f)	['dɶɐ̯‚mʌtə]
fechadura (f)	dørlås (f)	['dɶɐ̯‚lɔˀs]
buraco (m) da fechadura	nøglehul (i)	['nʌjlə‚hɔl]
ferrolho (m)	slå, skudrigel (f)	['slɔˀ], ['skuð‚ʁiˀəl]
fecho (ferrolho pequeno)	slå, skudrigel (f)	['slɔˀ], ['skuð‚ʁiˀəl]
cadeado (m)	hængelås (f)	['hɛŋə‚lɔˀs]
tocar (vt)	at ringe	[ʌ 'ʁeŋə]
toque (m)	ringning (f)	['ʁeŋneŋ]
campainha (f)	ringeklokke (f)	['ʁeŋə‚klʌkə]
botão (m)	knap (f)	['knɑp]
batida (f)	banker (f pl)	['baŋkʌ]
bater (vi)	at banke	[ʌ 'baŋkə]
código (m)	kode (f)	['koːðə]
fechadura (f) de código	kodelås (f)	['koːðə‚lɔˀs]

telefone (m) de porta	dørtelefon (f)	['dɑɐ̯ˌtelə'fo'n]
número (m)	nummer (i)	['nɔm'ʌ]
placa (f) de porta	dørskilt (i)	['dɑˀɐ̯ˌskel'̩t]
vigia (f), olho (m) mágico	kighul (i)	['kigˌhɔl]

85. Casa de campo

aldeia (f)	landsby (f)	['lansˌby']
horta (f)	køkkenhave (f)	['køkənˌhæːvə]
cerca (f)	hegn (i)	['hɑj'n]
paliçada (f)	stakit (i)	[sta'kit]
cancela (f) do jardim	låge (f)	['lɔːwə]
celeiro (m)	kornmagasin (i)	['koɐ̯nˌmaga'si'n]
adega (f)	jordkælder (f)	['joɐ̯ˌkɛlʌ]
galpão, barracão (m)	skur (i)	['skuɐ̯']
poço (m)	brønd (f)	['bʁœn']
fogão (m)	ovn (f)	['ɒw'n]
atiçar o fogo	at fyre	[ʌ 'fyːʌ]
lenha (carvão ou ~)	brænde (i)	['bʁanə]
acha (lenha)	brændeknude (f)	['bʁanəˌknuːðə]
varanda (f)	veranda (f)	[ve'ʁanda]
alpendre (m)	terrasse (f)	[ta'ʁasə]
degraus (m pl) de entrada	trappe (f)	['tʁapə]
balouço (m)	gynge (f)	['gøŋʌ]

86. Castelo. Palácio

castelo (m)	slot (i), borg (f)	['slʌt], ['bɒˀw]
palácio (m)	palads (i)	[pa'las]
fortaleza (f)	fæstning (f)	['fɛstneŋ]
muralha (f)	mur (f)	['muɐ̯']
torre (f)	tårn (i)	['tɒ'n]
calabouço (m)	hovedtårn (i)	['hoːəðˌtɒ'n]
grade (f) levadiça	faldgitter (i)	['falˌgitʌ]
passagem (f) subterrânea	underjordisk gang (f)	['ɔnʌˌjoɐ̯'disk 'gaŋ']
fosso (m)	voldgrav (f)	['vʌlˌgʁɑˀw]
corrente, cadeia (f)	kæde (f)	['kɛːðə]
seteira (f)	skydeskår (i)	['skyːðəˌskɒ']
magnífico	pragtfuld	['pʁagtˌful']
majestoso	majestætisk	[majə'stɛˀtisk]
inexpugnável	uindtagelig	[uen'tæˀjəli]
medieval	middelalderlig	['miðəlˌal'ʌli]

87. Apartamento

apartamento (m)	lejlighed (f)	['lɑjliˌheðˀ]
quarto (m)	rum, værelse (i)	['ʁɔmˀ], ['væɐ̯ʌlsə]
quarto (m) de dormir	soveværelse (i)	['sɒwəˌvæɐ̯ʌlsə]
sala (f) de jantar	spisestue (f)	['spiːsəˌstuːə]
sala (f) de estar	dagligstue (f)	['dɑwliˌstuːə]
escritório (m)	arbejdsværelse (i)	['ɑːbɑjdsˌvæɐ̯ʌlsə]
antessala (f)	entre (f), forstue (f)	[ɑŋ'tʁɛ], ['fɒˌstuːə]
quarto (m) de banho	badeværelse (i)	['bæːðəˌvæɐ̯ʌlsə]
toilette (lavabo)	toilet (i)	[toa'lɛt]
teto (m)	loft (i)	['lʌft]
chão, soalho (m)	gulv (i)	['gɔl]
canto (m)	hjørne (i)	['jœɐ̯ˀnə]

88. Apartamento. Limpeza

arrumar, limpar (vt)	at rydde	[ʌ 'ʁyðə]
guardar (no armário, etc.)	at lægge væk	[ʌ 'lɛgə 'vɛk]
pó (m)	støv (i)	['støˀw]
empoeirado	støvet	['støːvəð]
limpar o pó	at tørre støv	[ʌ 'tœɐ̯ʌ 'støˀw]
aspirador (m)	støvsuger (f)	['støwˌsuˀʌ]
aspirar (vt)	at støvsuge	[ʌ 'støwˌsuˀə]
varrer (vt)	at feje	[ʌ 'fɑjə]
sujeira (f)	snavs (i)	['snɑwˀs]
arrumação (f), ordem (f)	orden (f)	['ɒˀdən]
desordem (f)	uorden (f)	['uˌɒˀdən]
esfregão (m)	moppe (f)	['mʌpə]
pano (m), trapo (m)	klud (f)	['kluðˀ]
vassoura (f)	fejekost (f)	['fɑjəˌkɔst]
pá (f) de lixo	fejeblad (i)	['fɑjəˌblɑð]

89. Mobiliário. Interior

mobiliário (m)	møbler (pl)	['møˀblʌ]
mesa (f)	bord (i)	['boˀɐ̯]
cadeira (f)	stol (f)	['stoˀl]
cama (f)	seng (f)	['sɛŋˀ]
divã (m)	sofa (f)	['soːfa]
cadeirão (m)	lænestol (f)	['lɛːnəˌstoˀl]
estante (f)	bogskab (i)	['bɔwˌskæːb]
prateleira (f)	hylde (f)	['hylə]
guarda-vestidos (m)	klædeskab (i)	['klɛːðəˌskæˀb]
cabide (m) de parede	knagerække (f)	['knæːjəˌʁakə]

cabide (m) de pé	stumtjener (f)	['stɔmˌtjɛːnʌ]
cómoda (f)	kommode (f)	[koˈmoːðə]
mesinha (f) de centro	sofabord (i)	['soːfaˌboˀɡ̊]

espelho (m)	spejl (i)	['spɑjˀl]
tapete (m)	tæppe (i)	['tɛpə]
tapete (m) pequeno	lille tæppe (i)	['lilə 'tɛpə]

lareira (f)	pejs (f), kamin (f)	['pɑjˀs], [kaˈmiˀn]
vela (f)	lys (i)	['lyˀs]
castiçal (m)	lysestage (f)	['lysəˌstæːjə]

cortinas (f pl)	gardiner (i pl)	[gɑˈdiˀnʌ]
papel (m) de parede	tapet (i)	[taˈpeˀt]
estores (f pl)	persienne (f)	[pæɡ̊ˈɕɛnə]

candeeiro (m) de mesa	bordlampe (f)	['boɡ̊ˌlampə]
candeeiro (m) de parede	væglampe (f)	['vɛɡ̊ˌlampə]
candeeiro (m) de pé	standerlampe (f)	['stanʌˌlampə]
lustre (m)	lysekrone (f)	['lysəˌkʁoːnə]

pé (de mesa, etc.)	ben (i)	['beˀn]
braço (m)	armlæn (i)	['ɑˀmˌlɛˀn]
costas (f pl)	ryg (f), ryglæn (i)	['ʁœɡ̊], ['ʁœɡ̊ˌlɛˀn]
gaveta (f)	skuffe (f)	['skɔfə]

90. Quarto de dormir

roupa (f) de cama	sengetøj (i)	['sɛŋəˌtʌj]
almofada (f)	pude (f)	['puːðə]
fronha (f)	pudebetræk (i)	['puːðə beˈtʁak]
cobertor (m)	dyne (f)	['dyːnə]
lençol (m)	lagen (i)	['læjˀən]
colcha (f)	sengetæppe (i)	['sɛŋəˌtɛpə]

91. Cozinha

cozinha (f)	køkken (i)	['køkən]
gás (m)	gas (f)	['gas]
fogão (m) a gás	gaskomfur (i)	['gasˌkɔmˈfuɡ̊ˀ]
fogão (m) elétrico	elkomfur (i)	['ɛlˌkɔmˈfuɡ̊ˀ]
forno (m)	bageovn (f)	['bæːjəˌɒwˀn]
forno (m) de micro-ondas	mikroovn (f)	['mikʁoˌɒwˀn]

frigorífico (m)	køleskab (i)	['køːləˌskæˀb]
congelador (m)	fryser (f)	['fʁyːsʌ]
máquina (f) de lavar louça	opvaskemaskine (f)	[ʌpˈvaskə maˈskiːnə]

moedor (m) de carne	kødhakker (f)	['køðˌhakʌ]
espremedor (m)	juicepresser (f)	['dʒuːsˌpʁasʌ]
torradeira (f)	brødrister, toaster (f)	['bʁœðˌʁɛstʌ], ['tɒwstʌ]
batedeira (f)	mikser, mixer (f)	['meksʌ]

84

máquina (f) de café	kaffemaskine (f)	['kafə ma'ski:nə]
cafeteira (f)	kaffekande (f)	['kafə‚kanə]
moinho (m) de café	kaffekværn (f)	['kafə‚kvæɡ'n]
chaleira (f)	kedel (f)	['keðəl]
bule (m)	tekande (f)	['te‚kanə]
tampa (f)	låg (i)	['lɔˀw]
coador (m) de chá	tesi (f)	['teˀ‚siˀ]
colher (f)	ske (f)	['skeˀ]
colher (f) de chá	teske (f)	['teˀ‚skeˀ]
colher (f) de sopa	spiseske (f)	['spi:sə‚skeˀ]
garfo (m)	gaffel (f)	['gafəl]
faca (f)	kniv (f)	['kniwˀ]
louça (f)	service (i)	[sæɡ'vi:sə]
prato (m)	tallerken (f)	[ta'læɡkən]
pires (m)	underkop (f)	['ɔnʌ‚kʌp]
cálice (m)	shotglas (i)	['ɕʌt‚glas]
copo (m)	glas (i)	['glas]
chávena (f)	kop (f)	['kʌp]
açucareiro (m)	sukkerskål (f)	['sɔkʌ‚skɔˀl]
saleiro (m)	saltbøsse (f)	['salt‚bøsə]
pimenteiro (m)	peberbøsse (f)	['pewʌ‚bøsə]
manteigueira (f)	smørskål (f)	['smœɡ‚skɔˀl]
panela, caçarola (f)	gryde (f)	['gʁy:ðə]
frigideira (f)	stegepande (f)	['stajə‚panə]
concha (f)	slev (f)	['slewˀ]
passador (m)	dørslag (i)	['dœɡ‚slæˀj]
bandeja (f)	bakke (f)	['bakə]
garrafa (f)	flaske (f)	['flaskə]
boião (m) de vidro	glasdåse (f)	['glas‚dɔ:sə]
lata (f)	dåse (f)	['dɔ:sə]
abre-garrafas (m)	oplukker (f)	['ʌp‚lɔkʌ]
abre-latas (m)	dåseåbner (f)	['dɔ:sə‚ɔ:bnʌ]
saca-rolhas (m)	proptrækker (f)	['pʁʌp‚tʁakʌ]
filtro (i)	filter (i)	['filˀtʌ]
filtrar (vt)	at filtrere	[ʌ filˀtʁɛˀʌ]
lixo (m)	affald, skrald (i)	['aw‚falˀ], ['skʁalˀ]
balde (m) do lixo	skraldespand (f)	['skʁalə‚spanˀ]

92. Casa de banho

quarto (m) de banho	badeværelse (i)	['bæ:ðə‚væɡʌlsə]
água (f)	vand (i)	['vanˀ]
torneira (f)	hane (f)	['hæ:nə]
água (f) quente	varmt vand (i)	['vaˀmt vanˀ]
água (f) fria	koldt vand (i)	['kʌlt vanˀ]

pasta (f) de dentes	tandpasta (f)	['tan͵pasta]
escovar os dentes	at børste tænder	[ʌ 'bœɐ̯stə 'tɛnʌ]
escova (f) de dentes	tandbørste (f)	['tan͵bœɐ̯stə]
barbear-se (vr)	at barbere sig	[ʌ bɑ'be'ʌ sɑj]
espuma (f) de barbear	barberskum (i)	[bɑ'be'g͵skɔm']
máquina (f) de barbear	skraber (f)	['skʁɑːbʌ]
lavar (vt)	at vaske	[ʌ 'vaskə]
lavar-se (vr)	at vaske sig	[ʌ 'vaskə saj]
duche (m)	brusebad (i)	['bʁuːsə͵bað]
tomar um duche	at tage brusebad	[ʌ 'tæ' 'bʁuːsə͵bað]
banheira (f)	badekar (i)	['bæːðə͵kɑ]
sanita (f)	toiletkumme (f)	[toa'lɛt 'kɔmə]
lavatório (m)	håndvask (f)	['hʌn'͵vask]
sabonete (m)	sæbe (f)	['sɛːbə]
saboneteira (f)	sæbeskål (f)	['sɛːbə͵skɔ'l]
esponja (f)	svamp (f)	['svɑm'p]
champô (m)	shampoo (f)	['ɕæːm͵puː]
toalha (f)	håndklæde (i)	['hʌn͵klɛːðə]
roupão (m) de banho	badekåbe (f)	['bæːðə͵kɔːbə]
lavagem (f)	vask (f)	['vask]
máquina (f) de lavar	vaskemaskine (f)	['vaskə ma'skiːnə]
lavar a roupa	at vaske tøj	[ʌ 'vaskə 'tʌj]
detergente (m)	vaskepulver (i)	['vaskə͵pɔl'vʌ]

93. Eletrodomésticos

televisor (m)	tv, fjernsyn (i)	['te'͵ve'], ['fjæɐ̯n͵sy'n]
gravador (m)	båndoptager (f)	['bɒn͵ʌbtæ'ʌ]
videogravador (m)	video (f)	['vi'djo]
rádio (m)	radio (i)	['ʁɑ'djo]
leitor (m)	afspiller (f)	['ɑw͵spel'ʌ]
projetor (m)	projektor (f)	[pʁo'ɕɛktʌ]
cinema (m) em casa	hjemmebio (f)	['jɛmə͵bi:o]
leitor (m) de DVD	dvd-afspiller (f)	[deve'de' ɑw'spel'ʌ]
amplificador (m)	forstærker (f)	[fʌ'stæɡkʌ]
console (f) de jogos	spillekonsol (f)	['spelə kɔn'sʌl']
câmara (f) de vídeo	videokamera (i)	['vi'djo ͵kæ'məʁɑ]
máquina (f) fotográfica	kamera (i)	['kæ'məʁɑ]
câmara (f) digital	digitalkamera (i)	[digi'tæ'l ͵kæ'məʁɑ]
aspirador (m)	støvsuger (f)	['støw͵su'ʌ]
ferro (m) de engomar	strygejern (i)	['stʁyə͵jæɡ'n]
tábua (f) de engomar	strygebræt (i)	['stʁyə͵bʁat]
telefone (m)	telefon (f)	[telə'fo'n]
telemóvel (m)	mobiltelefon (f)	[mo'bil telə'fo'n]

| máquina (f) de escrever | skrivemaskine (f) | ['skʁi:və ma'ski:nə] |
| máquina (f) de costura | symaskine (f) | ['syma₁ski:nə] |

microfone (m)	mikrofon (f)	[mikʁo'fo'n]
auscultadores (m pl)	hovedtelefoner (f pl)	['ho:əð telə'fo'nʌ]
controlo remoto (m)	fjernbetjening (f)	['fjæg̩n be'tjɛ'nen]

CD (m)	cd (f)	[se'de']
cassete (f)	kassette (f)	[ka'sɛtə]
disco (m) de vinil	plade (f)	['plæ:ðə]

94. Reparações. Renovação

renovação (f)	renovering (f)	[ʁeno've'g̩en]
renovar (vt), fazer obras	at renovere	[ʌ ʁeno've'ʌ]
reparar (vt)	at reparere	[ʌ ʁepə'ʁɛ'ʌ]
consertar (vt)	at bringe orden	[ʌ 'bʁeŋə 'ɒ'dən]
refazer (vt)	at gøre om	[ʌ 'gœːʌ 'ʌm']

tinta (f)	maling (f)	['mæ:len]
pintar (vt)	at male	[ʌ 'mæ:lə]
pintor (m)	maler (f)	['mæ:lʌ]
pincel (m)	pensel (f)	['pɛn'səl]

| cal (f) | hvidtekalk (f) | ['vidə₁kalk] |
| caiar (vt) | at hvidte | [ʌ 'vidə] |

papel (m) de parede	tapet (i)	[ta'pe't]
colocar papel de parede	at tapetsere	[ʌ tɑpə'se'ʌ]
verniz (m)	fernis (f)	['fæg̩nis]
envernizar (vt)	at lakere	[ʌ la'ke'ʌ]

95. Canalizações

água (f)	vand (i)	['van']
água (f) quente	varmt vand (i)	['vɑ'mt van']
água (f) fria	koldt vand (i)	['kʌlt van']
torneira (f)	hane (f)	['hæ:nə]

gota (f)	dråbe (f)	['dʁɔ:bə]
gotejar (vi)	at dryppe	[ʌ 'dʁœpə]
vazar (vt)	at lække	[ʌ 'lɛkə]
vazamento (m)	læk (f)	['lɛk]
poça (f)	pøl, pyt (f)	['pø'l], ['pyt]

tubo (m)	rør (i)	['ʁœ'g̩]
válvula (f)	ventil (f)	[vɛn'ti'l]
entupir-se (vr)	at blive tilstoppet	[ʌ 'bli:ə tel'stʌpəð]

ferramentas (f pl)	værktøjer (i pl)	['væg̩k₁tʌjʌ]
chave (f) inglesa	skiftenøgle (f)	['skiftə₁nʌjlə]
desenroscar (vt)	at skrue af	[ʌ 'skʁu:ə 'æ']

enroscar (vt)	at skrue fast	[ʌ 'skʁuːə 'fast]
desentupir (vt)	at rense	[ʌ 'ʁansə]
canalizador (m)	blikkenslager (f)	['blekənˌslæˀjʌ]
cave (f)	kælder (f)	['kɛlʌ]
sistema (m) de esgotos	afløb (i)	['awˌløˀb]

96. Fogo. Deflagração

incêndio (m)	ild (f)	['ilˀ]
chama (f)	flamme (f)	['flamə]
faísca (f)	gnist (f)	['gnist]
fumo (m)	røg (f)	['ʁʌj]
tocha (f)	fakkel (f)	['fakəl]
fogueira (f)	bål (i)	['bɔˀl]

gasolina (f)	benzin (f)	[bɛn'siˀn]
querosene (m)	petroleum (i, f)	[pe'tʁoˀljɔm]
inflamável	brændbar	['bʁanˌbaˀ]
explosivo	eksplosiv	['ɛksploˌsiwˀ]
PROIBIDO FUMAR!	RYGNING FORBUDT	['ʁyːneŋ fʌ'byˀð]

segurança (f)	sikkerhed (f)	['sekʌˌheðˀ]
perigo (m)	fare (f)	['faːɑ]
perigoso	farlig	['faːli]

incendiar-se (vr)	at gå ild i …	[ʌ gɔˀ 'ilˀ i …]
explosão (f)	eksplosion (f)	[ɛksplo'ɕoˀn]
incendiar (vt)	at sætte ild	[ʌ 'sɛtə ilˀ]
incendiário (m)	brandstifter (f)	['bʁanˌsteftʌ]
incêndio (m) criminoso	brandstiftelse (f)	['bʁanˌsteftəlsə]

arder (vi)	at flamme	[ʌ 'flamə]
queimar (vi)	at brænde	[ʌ 'bʁanə]
queimar tudo (vi)	at brænde ned	[ʌ 'bʁanə 'neðˀ]

chamar os bombeiros	at tilkalde brandvæsenet	[ʌ 'telˌkalˀə 'bʁanˌvɛˀsneð]
bombeiro (m)	brandmand (f)	['bʁanˌman]
carro (m) de bombeiros	brandbil (f)	['bʁanˌbiˀl]
corpo (m) de bombeiros	brandkorps (i)	['bʁanˌkɒːps]
escada (f) extensível	redningsstige (f)	['ʁɛðneŋsˌstiːə]

mangueira (f)	slange (f)	['slaŋə]
extintor (m)	brandslukker (f)	['bʁanˌslɔkʌ]
capacete (m)	hjelm (f)	['jɛlˀm]
sirene (f)	sirene (f)	[si'ʁɛːnə]

gritar (vi)	at skrige	[ʌ 'skʁiːə]
chamar por socorro	at råbe på hjælp	[ʌ 'ʁɔːbə pɔ 'jɛlˀp]
salvador (m)	redder (f)	['ʁɛðʌ]
salvar, resgatar (vt)	at redde	[ʌ 'ʁɛðə]

chegar (vi)	at ankomme	[ʌ 'anˌkʌmˀə]
apagar (vt)	at slukke	[ʌ 'slɔkə]
água (f)	vand (i)	['vanˀ]

areia (f)	**sand** (i)	['san']
ruínas (f pl)	**ruiner** (f pl)	[ʁu'i'nʌ]
ruir (vi)	**at styrte sammen**	[ʌ 'styɐ̯tə 'sɑm'ən]
desmoronar (vi)	**at styrte ned**	[ʌ 'styɐ̯tə 'neð']
desabar (vi)	**at styrte sammen**	[ʌ 'styɐ̯tə 'sɑm'ən]
fragmento (m)	**brokke** (f)	['bʁʌkə]
cinza (f)	**aske** (f)	['askə]
sufocar (vi)	**at kvæles**	[ʌ 'kvɛ:ləs]
perecer (vi)	**at omkomme**	[ʌ 'ʌmˌkʌm'ə]

ATIVIDADES HUMANAS

Emprego. Negócios. Parte 1

97. Banca

banco (m)	bank (f)	['baŋˀk]
sucursal, balcão (f)	afdeling (f)	['aw͜deˀleŋ]
consultor (m)	konsulent (f)	[kʌnsu'lɛnˀt]
gerente (m)	forretningsfører (f)	[fʌ'ʁatneŋsˌføːʌ]
conta (f)	bankkonto (f)	['baŋˀkˌkʌnto]
número (m) da conta	kontonummer (i)	['kʌntɒˌnɔmˀʌ]
conta (f) corrente	checkkonto (f)	['ɕɛkˌkʌnto]
conta (f) poupança	opsparingskonto (f)	['ʌpˌspaˀeŋs ˌkʌnto]
abrir uma conta	at åbne en konto	[ʌ 'ɔːbnə en 'kʌnto]
fechar uma conta	at lukke kontoen	[ʌ 'lɔkə 'kʌnto:ən]
depositar na conta	at sætte ind på kontoen	[ʌ 'sɛtə 'enˀ pɔ 'kʌnto:ən]
levantar (vt)	at hæve fra kontoen	[ʌ 'hɛːvə fʁa 'kʌnto:ən]
depósito (m)	indskud (i)	['enˌskuð]
fazer um depósito	at indsætte	[ʌ 'enˌsɛtə]
transferência (f) bancária	overførelse (f)	['ɒwʌˌføːʌlsə]
transferir (vt)	at overføre	[ʌ 'ɒwʌˌføˀʌ]
soma (f)	sum (f)	['sɔmˀ]
Quanto?	Hvor meget?	[vɒˀ 'maɑð]
assinatura (f)	signatur, underskrift (f)	[sina'tuɡˀ], ['ɔnʌˌskʁɛft]
assinar (vt)	at underskrive	[ʌ 'ɔnʌˌskʁiˀvə]
cartão (m) de crédito	kreditkort (i)	[kʁɛ'dit kɒːt]
código (m)	kode (f)	['ko:ðə]
número (m) do cartão de crédito	kreditkortnummer (i)	[kʁɛ'dit kɒːt 'nɔmˀʌ]
Caixa Multibanco (m)	pengeautomat (f)	['pɛŋə awto'mæˀt]
cheque (m)	check (f)	['ɕɛk]
passar um cheque	at skrive en check	[ʌ 'skʁiːvə en 'ɕɛk]
livro (m) de cheques	checkhæfte (i)	['ɕɛkˌhɛftə]
empréstimo (m)	lån (i)	['lɔˀn]
pedir um empréstimo	at ansøge om lån	[ʌ 'anˌsøːə ɒm 'lɔˀn]
obter um empréstimo	at få et lån	[ʌ 'fɔˀ et 'lɔˀn]
conceder um empréstimo	at yde et lån	[ʌ 'yːðə et 'lɔˀn]
garantia (f)	garanti (f)	[gaɑn'tiˀ]

98. Telefone. Conversação telefónica

telefone (m)	telefon (f)	[teləˈfoˀn]
telemóvel (m)	mobiltelefon (f)	[moˈbil teləˈfoˀn]
secretária (f) electrónica	telefonsvarer (f)	[teləˈfoːnˌsvaːɑ]
fazer uma chamada	at ringe	[ʌ ˈʁɛŋə]
chamada (f)	telefonsamtale (f)	[teləˈfoːn ˈsamˌtæːlə]
marcar um número	at taste et nummer	[ʌ ˈtastə et ˈnɔmˀʌ]
Alô!	Hallo!	[haˈlo]
perguntar (vt)	at spørge	[ʌ ˈspœɡʌ]
responder (vt)	at svare	[ʌ ˈsvaːɑ]
ouvir (vt)	at høre	[ʌ ˈhøːʌ]
bem	godt	[ˈgʌt]
mal	dårligt	[ˈdɒːlit]
ruído (m)	støj (f)	[ˈstʌjˀ]
auscultador (m)	telefonrør (i)	[teləˈfoːnˌʁœˀɡ]
pegar o telefone	at tage telefonen	[ʌ ˈtæˀ teləˈfoˀnən]
desligar (vi)	at lægge på	[ʌ ˈlɛgə pɔˀ]
ocupado	optaget	[ˈʌpˌtæˀj]
tocar (vi)	at ringe	[ʌ ˈʁɛŋə]
lista (f) telefónica	telefonbog (f)	[teləˈfoːnˌbɔˀw]
local	lokal-	[loˈkæl-]
chamada (f) local	lokalopkald (i)	[loˈkæˀl ˈʌpˌkalˀ]
de longa distância	fjern-	[ˈfjæɡn-]
chamada (f) de longa distância	fjernopkald (i)	[ˈfjæɡn ˈʌpˌkalˀ]
internacional	international	[ˈentʌnaɕoˌnæˀl]
chamada (f) internacional	internationalt opkald (i)	[ˈentʌnaɕoˌnæˀlt ˈʌpˌkalˀ]

99. Telefone móvel

telemóvel (m)	mobiltelefon (f)	[moˈbil teləˈfoˀn]
ecrã (m)	skærm (f)	[ˈskæɡˀm]
botão (m)	knap (f)	[ˈknap]
cartão SIM (m)	SIM-kort (i)	[ˈsemˌkɒːt]
bateria (f)	batteri (i)	[batʌˈʁiˀ]
descarregar-se	at blive afladet	[ʌ ˈbliːə ˈawˌlæˀðəð]
carregador (m)	oplader (f)	[ˈʌplˌlæˀðʌ]
menu (m)	menu (f)	[meˈny]
definições (f pl)	indstillinger (f pl)	[ˈenˌstelˀeŋʌ]
melodia (f)	melodi (f)	[meloˈdiˀ]
escolher (vt)	at vælge	[ʌ ˈvɛljə]
calculadora (f)	lommeregner (f)	[ˈlʌməˌʁajnʌ]
correio (m) de voz	telefonsvarer (f)	[teləˈfoːnˌsvaːɑ]

| despertador (m) | vækkeur (i) | ['vɛkə‚uɐ̯ˀ] |
| contatos (m pl) | kontakter (f pl) | [kɔn'taktʌ] |

| mensagem (f) de texto | SMS (f) | [ɛsɛm'ɛs] |
| assinante (m) | abonnent (f) | [abo'nɛnˀt] |

100. Estacionário

| caneta (f) | kuglepen (f) | ['kuːlə‚pɛnˀ] |
| caneta (f) tinteiro | fyldepen (f) | ['fylə‚pɛnˀ] |

lápis (m)	blyant (f)	['blyː‚anˀt]
marcador (m)	mærkepen (f)	[mɑ'køɐ̯‚pɛnˀ]
caneta (f) de feltro	tuschpen (f)	['tuɕ‚pɛnˀ]

| bloco (m) de notas | notesblok (f) | ['noːtəs‚blʌk] |
| agenda (f) | dagbog (f) | ['daw‚boˀw] |

régua (f)	lineal (f)	[line'æˀl]
calculadora (f)	regnemaskine (f)	['ʁɑjnə ma'skiːnə]
borracha (f)	viskelæder (i)	['veskə‚lɛðˀʌ]
pionés (m)	tegnestift (f)	['tajnə‚steft]
clipe (m)	clips (i)	['kleps]

cola (f)	lim (f)	['liˀm]
agrafador (m)	hæftemaskine (f)	['hɛfta ma'skiːnə]
furador (m)	hullemaskine (f)	['hɔlə ma'skiːnə]
afia-lápis (m)	blyantspidser (f)	['blyːant‚spesʌ]

Emprego. Negócios. Parte 2

101. Media

jornal (m)	avis (f)	[a'vi's]
revista (f)	magasin, tidsskrift (i)	[mɑga'si'n], ['tiðs‚skʁɛft]
imprensa (f)	presse (f)	['pʁasə]
rádio (m)	radio (f)	['ʁa'djo]
estação (f) de rádio	radiostation (f)	['ʁadjo sta'ɕo'n]
televisão (f)	fjernsyn (i), tv (i)	['fjæɐ̯n‚sy'n], ['te'‚ve']
apresentador (m)	studievært (f)	['stu:djə‚væɐ̯t]
locutor (m)	nyhedsoplæser (f)	['nyheðs 'ʌp‚lɛ's ʌ]
comentador (m)	kommentator (f)	[kɔmən'tæ:tʌ]
jornalista (m)	journalist (f)	[ɕoɐ̯na'list]
correspondente (m)	korrespondent (f)	[kɒɒspʌn'dɛn't]
repórter (m) fotográfico	pressefotograf (f)	['pʁasə foto'gʁɑ'f]
repórter (m)	reporter (f)	[ʁɛ'pɒ:tʌ]
redator (m)	redaktør (f)	[ʁɛdak'tø'ɐ̯]
redator-chefe (m)	chefredaktør (f)	['ɕɛf ʁɛdak'tø'ɐ̯]
assinar a ...	at abonnere	[ʌ abo'ne'ʌ]
assinatura (f)	abonnement (i)	[abɒnə'maŋ]
assinante (m)	abonnent (f)	[abo'nɛn't]
ler (vt)	at læse	[ʌ 'lɛ:sə]
leitor (m)	læser (f)	['lɛ:sʌ]
tiragem (f)	oplag (i)	['ʌp‚læ'j]
mensal	månedlig	['mɔ:nəðli]
semanal	ugentlig	['u:əntli]
número (jornal, revista)	nummer (i)	['nɔm'ʌ]
recente	ny, frisk	['ny'], ['fʁɛsk]
manchete (f)	overskrift (f)	['ɒwʌ‚skʁɛft]
pequeno artigo (m)	notits (f)	[no'tits]
coluna (~ semanal)	rubrik (f)	[ʁu'bʁɛk]
artigo (m)	artikel (f)	[ɑ'tikəl]
página (f)	side (f)	['si:ðə]
reportagem (f)	reportage (f)	[ʁɛpɒ'tæ:ɕə]
evento (m)	hændelse (f)	['hɛnəlsə]
sensação (f)	sensation (f)	[sɛnsa'ɕo'n]
escândalo (m)	skandale (f)	[skan'dæ:lə]
escandaloso	skandaløs	[skanda'lø's]
grande	stor	['sto'ɐ̯]
programa (m) de TV	program (i)	[pʁo'gʁam']
entrevista (f)	interview (i)	[entʌ'vju]

| transmissão (f) em direto | direkte udsendelse (f) | [di'ʁaktə 'uðˌsɛnˀəlsə] |
| canal (m) | kanal (f) | [ka'næˀl] |

102. Agricultura

agricultura (f)	landbrug (i)	['lanˌbʁuˀ]
camponês (m)	bonde (f)	['bɔnə]
camponesa (f)	bondekone (f)	['bɔnəˌko:nə]
agricultor (m)	landmand, bonde (f)	['lanˌmanˀ], ['bɔnə]

| trator (m) | traktor (f) | ['tʁaktʌ] |
| ceifeira-debulhadora (f) | mejetærsker (f) | ['majəˌtæɐ̯skʌ] |

arado (m)	plov (f)	['plɒwˀ]
arar (vt)	at pløje	[ʌ 'plʌjə]
campo (m) lavrado	pløjemark (f)	['plʌjəˌmɑ:k]
rego (m)	fure (f)	['fu:ʌ]

semear (vt)	at så	[ʌ 'sɔˀ]
semeadora (f)	såmaskine (f)	['sɔˀmaˌski:nə]
semeadura (f)	såning (f)	['sɔˀnen]

| gadanha (f) | le (f) | ['leˀ] |
| gadanhar (vt) | at meje, at slå | [ʌ 'majə], [ʌ 'slɔˀ] |

| pá (f) | spade (f) | ['spæ:ðə] |
| cavar (vt) | at grave | [ʌ 'gʁɑ:və] |

enxada (f)	hakke (f)	['hakə]
carpir (vt)	at hakke	[ʌ 'hakə]
erva (f) daninha	ukrudt (i)	[uk'ʁut]

regador (m)	vandkande (f)	['vanˌkanə]
regar (vt)	at vande	[ʌ 'vanə]
rega (f)	vanding (f)	['vanen]

| forquilha (f) | greb (f) | ['gʁɛˀb] |
| ancinho (m) | rive (f) | ['ʁi:wə] |

fertilizante (m)	gødning (f)	['gøðnen]
fertilizar (vt)	at gøde, at gødske	[ʌ 'gø:ðə], [ʌ 'gøskə]
estrume (m)	møg (i), gødning (f)	['mʌj], ['gøðnen]

campo (m)	mark (f), ager (f)	['mɑ:k], ['æˀjʌ]
prado (m)	eng (f)	['ɛŋˀ]
horta (f)	køkkenhave (f)	['køkənˌhæ:və]
pomar (m)	frugthave (f)	['fʁɔgtˌhæ:və]

pastar (vt)	at vogte	[ʌ 'vʌgtə]
pastor (m)	hyrde (f)	['hyɐ̯də]
pastagem (f)	græsgang (f)	['gʁasˌgɑŋˀ]

| pecuária (f) | kvægavl (f) | ['kvɛjˌawˀl] |
| criação (f) de ovelhas | fåreavl (f) | ['fɒːɒˌawˀl] |

plantação (f)	plantage (f)	[plan'tæ:çə]
canteiro (m)	række (f)	['ʁakə]
invernadouro (m)	drivhus (i)	['dʁiwˌhuˀs]

| seca (f) | tørke (f) | ['tœɐ̯kə] |
| seco (verão ~) | tør | ['tœˀɐ̯] |

cereal (m)	korn (i)	['koɐ̯ˀn]
cereais (m pl)	kornsorter (f pl)	['koɐ̯nˌsɒ:tʌ]
colher (vt)	at høste	[ʌ 'høstə]

moleiro (m)	møller (f)	['mølʌ]
moinho (m)	mølle (f)	['mølə]
moer (vt)	at male	[ʌ 'mæ:lə]
farinha (f)	mel (i)	['meˀl]
palha (f)	halm (f), strå (i)	['halˀm], ['stʁɔˀ]

103. Construção. Processo de construção

canteiro (m) de obras	byggeplads (f)	['bygəˌplas]
construir (vt)	at bygge	[ʌ 'bygə]
construtor (m)	bygningsarbejder (f)	['bygneŋs 'ɑːˌbajˀdʌ]

projeto (m)	projekt (i)	[pʁo'ɕɛkt]
arquiteto (m)	arkitekt (f)	[ɑki'tɛkt]
operário (m)	arbejder (f)	['ɑːˌbajˀdʌ]

fundação (f)	fundament (i)	[fɔnda'mɛnˀt]
telhado (m)	tag (i)	['tæˀj]
estaca (f)	pæl (f)	['pɛˀl]
parede (f)	mur (f), væg (f)	['muɐ̯ˀ], ['vɛˀg]

| varões (m pl) para betão | armeringsjern (i) | [ɑ'meˀɐ̯eŋs'jæɐ̯ˀn] |
| andaime (m) | stillads (i) | [ste'læˀs] |

betão (m)	beton (f)	[be'tʌŋ]
granito (m)	granit (f)	[gʁɑ'nit]
pedra (f)	sten (f)	['steˀn]
tijolo (m)	tegl (i, f), mursten (f)	['tajˀl], ['muɐ̯ˌsteˀn]

areia (f)	sand (i)	['sanˀ]
cimento (m)	cement (f)	[se'mɛnˀt]
emboço (m)	puds (i, f)	['pus]
emboçar (vt)	at pudse	[ʌ 'puse]

tinta (f)	maling (f)	['mæ:leŋ]
pintar (vt)	at male	[ʌ 'mæ:lə]
barril (m)	tønde (f)	['tɶnə]

grua (f), guindaste (m)	byggekran (f)	['bygəˌkʁɑˀn]
erguer (vt)	at løfte	[ʌ 'løftə]
baixar (vt)	at hejse ned	[ʌ 'hajsə 'neðˀ]
buldózer (m)	bulldozer (f)	['bulˌdo:sʌ]
escavadora (f)	gravemaskine (f)	['gʁɑ:və ma'ski:nə]

caçamba (f)	**skovl** (f)	['skɒw'l]
escavar (vt)	**at grave**	[ʌ 'gʁɑ:və]
capacete (m) de proteção	**hjelm** (f)	['jɛl'm]

Profissões e ocupações

104. Procura de emprego. Demissão

trabalho (m)	arbejde (i), job (i)	['ɑːˌbɑjˀdə], ['djʌb]
equipa (f)	ansatte (pl), stab (f)	['anˌsatə], ['stæˀb]
pessoal (m)	personale (i, f)	[pæɐ̯so'næːlə]
carreira (f)	karriere (f)	[kɑi'ɛːʌ]
perspetivas (f pl)	udsigter (f pl)	['uðˌsegtʌ]
mestria (f)	mesterskab (i)	['mɛstʌˌskæˀb]
seleção (f)	udvalg (i), udvælgelse (f)	['uðˌvalˀj], ['uðˌvɛlˀjəlsə]
agência (f) de emprego	arbejdsformidling (f)	['aːbɑjds fʌ'miðleŋ]
CV, currículo (m)	CV (i), curriculum vitæ (i)	[se've'], [ku'ʁikulɔm 'viːˌtɛˀ]
entrevista (f) de emprego	jobsamtale (f)	['djʌb 'samˌtæːlə]
vaga (f)	ledig stilling (f)	['leːði 'steleŋ]
salário (m)	løn (f)	['lœnˀ]
salário (m) fixo	fast løn (f)	['fast lœnˀ]
pagamento (m)	betaling (f)	[be'tæˀleŋ]
posto (m)	stilling (f)	['steleŋ]
dever (do empregado)	pligt (f)	['plegt]
gama (f) de deveres	arbejdspligter (f pl)	['aːbɑjds 'plegtʌ]
ocupado	optaget	['ʌpˌtæˀj]
despedir, demitir (vt)	at afskedige	[ʌ 'awˌskeˀðiə]
demissão (f)	afskedigelse (f)	['awˌskeˀðˌiˀəlsə]
desemprego (m)	arbejdsløshed (f)	['aːbɑjdsˌløːsheðˀ]
desempregado (m)	arbejdsløs (f)	['aːbɑjdsˌløˀs]
reforma (f)	pension (f)	[paŋ'ɕoˀn]
reformar-se	at gå på pension	[ʌ gɔˀ pɔ paŋ'ɕoˀn]

105. Gente de negócios

diretor (m)	direktør (f)	[diɐ̯ek'tøˀɐ̯]
gerente (m)	forretningsfører (f)	[fʌ'ʁatneŋsˌføːʌ]
patrão, chefe (m)	boss (f)	['bʌs]
superior (m)	overordnet (f)	['ɒwʌˌɒˀdnəð]
superiores (m pl)	overordnede (pl)	['ɒwʌˌɒˀdnəðə]
presidente (m)	præsident (f)	[pʁɛsi'dɛnˀt]
presidente (m) de direção	formand (f)	['fɔːˌmanˀ]
substituto (m)	stedfortræder (f)	['stɛð fʌˌtʁɛˀðʌ]
assistente (m)	assistent (f)	[asi'stɛnˀt]

| secretário (m) | sekretær (f) | [sekʁə'tɛˀɐ̯] |
| secretário (m) pessoal | privatsekretær (f) | [pʁi'væt sekʁə'tɛˀɐ̯] |

homem (m) de negócios	forretningsmand (f)	[fʌ'ʁatneŋsˌmanˀ]
empresário (m)	entreprenør (f)	[aŋtʁepʁɛ'nøˀɐ̯]
fundador (m)	grundlægger (f)	['gʁɔnˀˌlɛgʌ]
fundar (vt)	at grundlægge	[ʌ 'gʁɔnˀˌlɛgə]

fundador, sócio (m)	stifter (f)	['steftʌ]
parceiro, sócio (m)	partner (f)	['paːtnʌ]
acionista (m)	aktionær (f)	[akɕo'nɛˀɐ̯]

milionário (m)	millionær (f)	[miljo'nɛˀɐ̯]
bilionário (m)	milliardær (f)	[milja'dɛˀɐ̯]
proprietário (m)	ejer (f)	['ajʌ]
proprietário (m) de terras	jordbesidder (f)	['joɐ̯beˌsiðˀʌ]

cliente (m)	kunde (f)	['kɔnə]
cliente (m) habitual	stamkunde, fast kunde (f)	['stamˌkɔnə], ['fast ˌkɔnə]
comprador (m)	køber (f)	['køːbʌ]
visitante (m)	besøgende (f)	[be'søˀjənə]

profissional (m)	professionel (f)	[pʁo'fɛɕoˌnɛlˀ]
perito (m)	ekspert (f)	[ɛks'pæɡt]
especialista (m)	specialist (f)	[speɕa'list]

| banqueiro (m) | bankier (f) | [baŋ'kje] |
| corretor (m) | mægler (f) | ['mɛjlʌ] |

caixa (m, f)	kasserer (f)	[ka'seˀʌ]
contabilista (m)	bogholder (f)	['bɔwˌhʌlʌ]
guarda (m)	sikkerhedsvagt (f)	['sekʌˌheðs 'vagt]

investidor (m)	investor (f)	[en'vɛstʌ]
devedor (m)	skyldner (f)	['skylnʌ]
credor (m)	kreditor (f)	['kʁeditʌ]
mutuário (m)	låntager (f)	['lɔːnˌtæˀjʌ]

| importador (m) | importør (f) | [empɒ'tøˀɐ̯] |
| exportador (m) | eksportør (f) | [ɛkspɒ'tøˀɐ̯] |

produtor (m)	producent (f)	[pʁodu'sɛnˀt]
distribuidor (m)	distributør (f)	[distʁibu'tøˀɐ̯]
intermediário (m)	mellemmand (f)	['mɛləmˌmanˀ]

consultor (m)	konsulent (f)	[kʌnsu'lɛnˀt]
representante (m)	repræsentant (f)	[ʁepʁɛsən'tanˀt]
agente (m)	agent (f)	[a'gɛnˀt]
agente (m) de seguros	forsikringsagent (f)	[fʌ'sekʁɛŋs a'gɛnˀt]

106. Profissões de serviços

| cozinheiro (m) | kok (f) | ['kʌk] |
| cozinheiro chefe (m) | køkkenchef (f) | ['køkənˌɕɛˀf] |

padeiro (m)	bager (f)	['bæ:jʌ]
barman (m)	bartender (f)	['bɑ:ˌtɛndʌ]
empregado (m) de mesa	tjener (f)	['tjɛ:nʌ]
empregada (f) de mesa	servitrice (f)	[sæɐ̯vi'tɐi:sə]

advogado (m)	advokat (f)	[aðvo'kæˀt]
jurista (m)	jurist (f)	[ju'ɐist]
notário (m)	notar (f)	[no'tɑˀ]

eletricista (m)	elektriker (f)	[e'lɛktɐikʌ]
canalizador (m)	blikkenslager (f)	['blekənˌslæˀjʌ]
carpinteiro (m)	tømrer (f)	['tœmɐʌ]

massagista (m)	massør (f)	[ma'søˀɐ̯]
massagista (f)	massøse (f)	[ma'sø:sə]
médico (m)	læge (f)	['lɛ:jə]

taxista (m)	taxichauffør (f)	['tɑksi ɕo'føˀɐ̯]
condutor (automobilista)	chauffør (f)	[ɕo'føˀɐ̯]
entregador (m)	bud (i)	['buð]

camareira (f)	stuepige (f)	['stuəˌpi:ə]
guarda (m)	sikkerhedsvagt (f)	['sekʌˌheðs 'vagt]
hospedeira (f) de bordo	stewardesse (f)	[stjuɑ'dɛsə]

professor (m)	lærer (f)	['lɛ:ʌ]
bibliotecário (m)	bibliotekar (f)	[bibliotə'kɑˀ]
tradutor (m)	oversætter (f)	['ɒwʌˌsɛtʌ]
intérprete (m)	tolk (f)	['tʌlˀk]
guia (pessoa)	guide (f)	['gɑjd]

cabeleireiro (m)	frisør (f)	[fɐi'søˀɐ̯]
carteiro (m)	postbud (i)	['pʌstˌbuð]
vendedor (m)	sælger (f)	['sɛljʌ]

jardineiro (m)	gartner (f)	['gɑ:tnʌ]
criado (m)	tjener (f)	['tjɛ:nʌ]
criada (f)	tjenestepige (f)	['tjɛ:nəstəˌpi:ə]
empregada (f) de limpeza	rengøringskone (f)	['ɐɛ:nˌgœˀɐ̯eŋs 'ko:nə]

107. Profissões militares e postos

soldado (m) raso	menig (f)	['me:ni]
sargento (m)	sergent (f)	[sæɐ̯'ɕanˀt]
tenente (m)	løjtnant (f)	['lʌjtˌnanˀt]
capitão (m)	kaptajn (f)	[kɑp'tɑjˀn]

major (m)	major (f)	[ma'joˀɐ̯]
coronel (m)	oberst (f)	['oˀbʌst]
general (m)	general (f)	[genə'ɐɑˀl]
marechal (m)	marskal (f)	['mɑ:ˌɕalˀ]
almirante (m)	admiral (f)	[aðmi'ɐɑˀl]
militar (m)	militær (i)	[mili'tɛˀɐ̯]
soldado (m)	soldat (f)	[sol'dæˀt]

oficial (m)	officer (f)	[ʌfi'se'ɐ̯]
comandante (m)	befalingsmand (f)	[be'fæ'leŋs͵man']
guarda (m) fronteiriço	grænsevagt (f)	['gʁansə͵vagt]
operador (m) de rádio	radiooperatør (f)	['ʁadjo opəʁa'tø'ɐ̯]
explorador (m)	opklaringssoldat (f)	['ʌp͵kla'eŋs sol'dæ't]
sapador (m)	pioner (f)	[pio'ne'ɐ̯]
atirador (m)	skytte (f)	['skøtə]
navegador (m)	styrmand (f)	['styɐ̯͵man']

108. Oficiais. Padres

rei (m)	konge (f)	['kʌŋə]
rainha (f)	dronning (f)	['dʁʌneŋ]
príncipe (m)	prins (f)	['pʁɛn's]
princesa (f)	prinsesse (f)	[pʁɛn'sɛsə]
czar (m)	tsar (f)	['sɑ']
czarina (f)	tsarina (f)	[sa'ʁi:na]
presidente (m)	præsident (f)	[pʁɛsi'dɛn't]
ministro (m)	minister (f)	[mi'nistʌ]
primeiro-ministro (m)	statsminister (f)	['stæts mi'nistʌ]
senador (m)	senator (f)	[se'næ:tʌ]
diplomata (m)	diplomat (f)	[diplo'mæ't]
cônsul (m)	konsul (f)	['kʌn͵su'l]
embaixador (m)	ambassadør (f)	[ambasa'dø'ɐ̯]
conselheiro (m)	rådgiver (f)	['ʁɔ'ð͵gi'vʌ]
funcionário (m)	embedsmand (f)	['ɛmbeðs͵man']
prefeito (m)	præfekt (f)	[pʁɛ'fɛkt]
Presidente (m) da Câmara	borgmester (f)	[bɒw'mɛstʌ]
juiz (m)	dommer (f)	['dʌmʌ]
procurador (m)	anklager (f)	['an͵klæ'jʌ]
missionário (m)	missionær (f)	[miɕo'nɛ'ɐ̯]
monge (m)	munk (f)	['mɔŋ'k]
abade (m)	abbed (f)	['abeð]
rabino (m)	rabbiner (f)	[ʁa'bi'nʌ]
vizir (m)	vesir (f)	[ve'siɐ̯']
xá (m)	shah (f)	['ɕæ']
xeque (m)	sheik (f)	['ɕaj'k]

109. Profissões agrícolas

apicultor (m)	biavler (f)	['bi͵awlʌ]
pastor (m)	hyrde (f)	['hyɐ̯də]
agrónomo (m)	agronom (f)	[agʁo'no'm]

criador (m) de gado	kvægavler (f)	['kvɛjˌawlʌ]
veterinário (m)	dyrlæge (f)	['dyɐ̯ˌlɛːjə]

agricultor (m)	landmand, bonde (f)	['lanˌmanʔ], ['bɔnə]
vinicultor (m)	vinavler (f)	['viːnˌawlʌ]
zoólogo (m)	zoolog (f)	[soo'loʔ]
cowboy (m)	cowboy (f)	['kɒwˌbʌj]

110. Profissões artísticas

ator (m)	skuespiller (f)	['skuːəˌspelʌ]
atriz (f)	skuespillerinde (f)	['skuːəˌspelʌ'enə]

cantor (m)	sanger (f)	['saŋʌ]
cantora (f)	sangerinde (f)	[saŋʌ'enə]

bailarino (m)	danser (f)	['dansʌ]
bailarina (f)	danserinde (f)	[dansʌ'enə]

artista (m)	skuespiller (f)	['skuːəˌspelʌ]
artista (f)	skuespillerinde (f)	['skuːəˌspelʌ'enə]

músico (m)	musiker (f)	['muʔsikʌ]
pianista (m)	pianist (f)	[pia'nist]
guitarrista (m)	guitarist (f)	[gita'ʁist]

maestro (m)	dirigent (f)	[diɐ̯i'gɛnʔt]
compositor (m)	komponist (f)	[kɔmpo'nist]
empresário (m)	impresario (f)	[empʁə'saʔio]

realizador (m)	filminstruktør (f)	['film enstʁuk'tøʔɐ̯]
produtor (m)	producer (f)	[pʁo'dju:sʌ]
argumentista (m)	manuskriptforfatter (f)	[manu'skʁɛpt fʌ'fatʌ]
crítico (m)	kritiker (f)	['kʁitikʌ]

escritor (m)	forfatter (f)	[fʌ'fatʌ]
poeta (m)	poet (f), digter (f)	[po'eʔt], ['degtʌ]
escultor (m)	skulptør (f)	[skulp'tøʔɐ̯]
pintor (m)	kunstner (f)	['kɔnstnʌ]

malabarista (m)	jonglør (f)	[ɕʌŋ'løʔɐ̯]
palhaço (m)	klovn (f)	['klɒwʔn]
acrobata (m)	akrobat (f)	[akʁo'bæʔt]
mágico (m)	tryllekunstner (f)	['tʁylэˌkɔnʔstnʌ]

111. Várias profissões

médico (m)	læge (f)	['lɛːjə]
enfermeira (f)	sygeplejerske (f)	['syːэˌplajʔʌskэ]
psiquiatra (m)	psykiater (f)	[syki'æʔtʌ]
estomatologista (m)	tandlæge (f)	['tanˌlɛːjə]
cirurgião (m)	kirurg (f)	[ki'ʁuɐ̯ʔw]

astronauta (m)	astronaut (f)	[astʁo'nɑwˀt]
astrónomo (m)	astronom (f)	[astʁo'noˀm]
piloto (m)	pilot (f)	[pi'loˀt]

motorista (m)	fører (f)	['føːʌ]
maquinista (m)	togfører (f)	['tɔwˌføːʌ]
mecânico (m)	mekaniker (f)	[me'kæˀnikʌ]

mineiro (m)	minearbejder (f)	['miːnəˈɑːˌbɑjˀdʌ]
operário (m)	arbejder (f)	['ɑːˌbɑjˀdʌ]
serralheiro (m)	låsesmed (f)	['lɔːsəˌsmeð]
marceneiro (m)	snedker (f)	['sneˀkʌ]
torneiro (m)	drejer (f)	['dʁɑjʌ]
construtor (m)	bygningsarbejder (f)	['bygneŋs 'ɑːˌbɑjˀdʌ]
soldador (m)	svejser (f)	['svɑjsʌ]

professor (m) catedrático	professor (f)	[pʁo'fɛsʌ]
arquiteto (m)	arkitekt (f)	[ɑki'tɛkt]
historiador (m)	historiker (f)	[hi'stoˀʁikʌ]
cientista (m)	videnskabsmand (f)	['viðenˌskæˀbs manˀ]
físico (m)	fysiker (f)	['fyˀsikʌ]
químico (m)	kemiker (f)	['keˀmikʌ]

arqueólogo (m)	arkæolog (f)	[ˌɑːkɛo'loˀ]
geólogo (m)	geolog (f)	[geo'loˀ]
pesquisador (cientista)	forsker (f)	['fɒːskʌ]

babysitter (f)	barnepige (f)	['bɑːnəˌpiːə]
professor (m)	pædagog (f)	[pɛda'goˀ]

redator (m)	redaktør (f)	[ʁɛdak'tøˀɡ]
redator-chefe (m)	chefredaktør (f)	['ɕɛf ʁɛdak'tøˀɡ]
correspondente (m)	korrespondent (f)	[kɒɒspʌn'dɛnˀt]
datilógrafa (f)	maskinskriverske (f)	[ma'skiːn 'skʁiˀvʌskə]

designer (m)	designer (f)	[de'sɑjnʌ]
especialista (m) em informática	computer-ekspert (f)	[kʌm'pjuːtʌ ɛks'pæɡt]
programador (m)	programmør (f)	[pʁogʁa'møˀɡ]
engenheiro (m)	ingeniør (f)	[enɕən'jøˀɡ]

marujo (m)	sømand (f)	['søˌmanˀ]
marinheiro (m)	matros (f)	[ma'tʁoˀs]
salvador (m)	redder (f)	['ʁɛðʌ]

bombeiro (m)	brandmand (f)	['bʁanˌman]
polícia (m)	politibetjent (f)	[poli'ti be'tjɛnˀt]
guarda-noturno (m)	nattevagt, vægter (f)	['natəˌvagt], ['vɛgtʌ]
detetive (m)	detektiv, opdager (f)	[detek'tiwˀ], ['ʌpˌdæˀjʌ]

funcionário (m) da alfândega	toldbetjent (f)	['tʌl be'tjɛnˀt]
guarda-costas (m)	livvagt (f)	['liwˌvagt]
guarda (m) prisional	fangevogter (f)	['faŋəˌvʌgtʌ]
inspetor (m)	inspektør (f)	[enspək'tøˀɡ]
desportista (m)	idrætsmand (f)	['idʁatsˌmanˀ]
treinador (m)	træner (f)	['tʁɛːnʌ]

talhante (m)	slagter (f)	['slagtʌ]
sapateiro (m)	skomager (f)	['skoˌmæʔjʌ]
comerciante (m)	handelsmand (f)	['hanəlsˌmanʔ]
carregador (m)	lastearbejder (f)	['lastə'ɑːˌbɑjʔdʌ]

| estilista (m) | modedesigner (f) | ['moːðə de'sɑjnʌ] |
| modelo (f) | model (f) | [mo'dɛlʔ] |

112. Ocupações. Estatuto social

| aluno, escolar (m) | skoleelev (f) | ['skoːlə e'leʔw] |
| estudante (~ universitária) | studerende (f) | [stu'deʔʌnə] |

filósofo (m)	filosof (f)	[filo'sʌf]
economista (m)	økonom (f)	[øko'noʔm]
inventor (m)	opfinder (f)	['ʌpˌfenʔʌ]

desempregado (m)	arbejdsløs (f)	['ɑːbɑjdsˌløʔs]
reformado (m)	pensionist (f)	[paŋɕo'nist]
espião (m)	spion (f)	[spi'oʔn]

preso (m)	fange (f)	['faŋə]
grevista (m)	strejkende (f)	['stʁɑjkɛnə]
burocrata (m)	bureaukrat (f)	[byo'kʁɑʔt]
viajante (m)	rejsende (f)	['ʁɑjsənə]

homossexual (m)	homoseksuel (f)	['hoːmosɛksu'ɛlʔ]
hacker (m)	hacker (f)	['hakʌ]
hippie	hippie (f)	['hipi]

bandido (m)	bandit (f)	[ban'dit]
assassino (m) a soldo	lejemorder (f)	['lajəˌmoɡdʌ]
toxicodependente (m)	narkoman (f)	[nɑko'mæʔn]
traficante (m)	narkohandler (f)	['nɑːkoˌhanlʌ]
prostituta (f)	prostitueret (f)	[pʁostitu'eʔʌð]
chulo (m)	alfons (f)	[al'fʌŋs]

bruxo (m)	troldmand (f)	['tʁʌlˌmanʔ]
bruxa (f)	troldkvinde (f)	['tʁʌlˌkvenə]
pirata (m)	pirat, sørøver (f)	[pi'ʁɑʔt], ['søˌʁœːvʌ]
escravo (m)	slave (f)	['slæːvə]
samurai (m)	samurai (f)	[samu'ʁɑjʔ]
selvagem (m)	vildmand (f)	['vilˌmanʔ]

Desportos

113. Tipos de desportos. Desportistas

desportista (m)	idrætsmand (f)	['idʁats‚man']
tipo (m) de desporto	idrætsgren (f)	['idʁats‚gʁɛ'n]
basquetebol (m)	basketball (f)	['bɑːskət‚bɒːl]
jogador (m) de basquetebol	basketballspiller (f)	['bɑːskət‚bɒːl ‚spelʌ]
beisebol (m)	baseball (f)	['bɛjs‚bɒːl]
jogador (m) de beisebol	baseballspiller (f)	['bɛjs‚bɒːl ‚spelʌ]
futebol (m)	fodbold (f)	['foð‚bʌl'd]
futebolista (m)	fodboldspiller (f)	['foðbʌld‚spelʌ]
guarda-redes (m)	målmand (f)	['mɔːl‚man']
hóquei (m)	ishockey (f)	['is‚hʌki]
jogador (m) de hóquei	ishockeyspiller (f)	['is‚hʌki ‚spelʌ]
voleibol (m)	volleyball (f)	['vʌli‚bɒːl]
jogador (m) de voleibol	volleyballspiller (f)	['vʌli‚bɒːl 'spelʌ]
boxe (m)	boksning (f)	['bʌksneŋ]
boxeador, pugilista (m)	bokser (f)	['bʌksʌ]
luta (f)	brydning (f)	['bʁyðneŋ]
lutador (m)	bryder (f)	['bʁyːðʌ]
karaté (m)	karate (f)	[kɑ'ʁɑːtə]
karateca (m)	karateudøver (f)	[kɑ'ʁɑːtə‚udø'vʌ]
judo (m)	judo (f)	['juːdo]
judoca (m)	judokæmper (f)	['juːdo 'kɛmpʌ]
ténis (m)	tennis (f)	['tɛnis]
tenista (m)	tennisspiller (f)	['tɛnis‚spelʌ]
natação (f)	svømning (f)	['svœmneŋ]
nadador (m)	svømmer (f)	['svœmʌ]
esgrima (f)	fægtning (f)	['fɛgtneŋ]
esgrimista (m)	fægter (f)	['fɛgtʌ]
xadrez (m)	skak (f)	['skɑk]
xadrezista (m)	skakspiller (f)	['skɑk‚spelʌ]
alpinismo (m)	alpinisme (f)	[alpi'nismə]
alpinista (m)	alpinist (f)	[alpi'nist]
corrida (f)	løb (i)	['løˀb]

corredor (m)	løber (f)	['lø:bʌ]
atletismo (m)	atletik, fri idræt (f)	[atlə'tik], ['fʁi' 'i̩dʁat]
atleta (m)	atlet (f)	[at'leˀt]
hipismo (m)	ridesport (f)	['ʁi:ðə̩spɒ:t]
cavaleiro (m)	rytter (f)	['ʁytʌ]
patinagem (f) artística	kunstskøjteløb (i)	['kɔnst̩skʌjtələˀb]
patinador (m)	kunstskøjteløber (f)	['kɔnst̩skʌjtələ:bʌ]
patinadora (f)	kunstskøjteløber (f)	['kɔnst̩skʌjtələ:bʌ]
halterofilismo (m)	vægtløftning (f)	['vɛgt̩løftneŋ]
halterofilista (m)	vægtløfter (f)	['vɛgt̩løftʌ]
corrida (f) de carros	motorløb (i)	['mo:tʌ̩løˀb]
piloto (m)	racerkører (f)	['ʁɛ:sʌ̩kø:ʌ]
ciclismo (m)	cykelsport (f)	['sykəl̩spɒ:t]
ciclista (m)	cyklist (f)	[syk'list]
salto (m) em comprimento	længdespring (i)	['lɛŋdə̩spʁɛŋˀ]
salto (m) à vara	stangspring (i)	['stɑŋ̩spʁɛŋˀ]
atleta (m) de saltos	springer (f)	['spʁɛŋʌ]

114. Tipos de desportos. Diversos

futebol (m) americano	amerikansk fodbold (f)	[amʁi'kaˀnsk 'foð̩bʌlˀd]
badminton (m)	badminton (f)	['badmentʌn]
biatlo (m)	skiskydning (f)	['ski̩skyðneŋ]
bilhar (m)	billard (i, f)	['bili̩ɑˀd]
bobsled (m)	bobslæde (f)	['bʌb̩slɛ:ðə]
musculação (f)	bodybuilding (f)	['bʌdi̩bilden]
polo (m) aquático	vandpolo (f)	['van̩po:lo]
andebol (m)	håndbold (f)	['hʌn̩bʌlˀd]
golfe (m)	golf (f)	['gʌlˀf]
remo (m)	roning (f)	['ʁoˀneŋ]
mergulho (m)	dykning (f)	['døkneŋ]
corrida (f) de esqui	langrend (i)	['lɑŋ̩ʁanˀ]
ténis (m) de mesa	bordtennis (f)	['boʁ̩tɛnis]
vela (f)	sejlsport (f)	['sɑjl̩spɒ:t]
rali (m)	rally (i)	['ʁali]
râguebi (m)	rugby (f)	['ʁʌgbi]
snowboard (m)	snowboard (i)	['snɔw̩bɒ:d]
tiro (m) com arco	bueskydning (f)	['bu:ə̩skyðneŋ]

115. Ginásio

barra (f)	vægtstang (f)	['vɛgt̩stɑŋˀ]
halteres (m pl)	håndvægte (f pl)	['hʌn̩vɛgtə]

aparelho (m) de musculaçao	træningsmaskine (f)	['tʁɛːneŋs maˈskiːnə]
bicicleta (f) ergométrica	motionscykel (f)	[moˈɕⱰnsˌsykəl]
passadeira (f) de corrida	løbebånd (i)	['løːbəˌbʌnʔ]
barra (f) fixa	reck (f)	['ʁak]
barras (f) paralelas	barre (f)	['bɑːɑ]
cavalo (m)	hest (f)	['hɛst]
tapete (m) de ginástica	måtte (f)	['mʌtə]
corda (f) de saltar	sjippetov (i)	['ɕipəˌtɒw]
aeróbica (f)	aerobic (f)	[ɛˈʁʌbik]
ioga (f)	yoga (f)	['joːga]

116. Desportos. Diversos

Jogos (m pl) Olímpicos	de olympiske lege	[di oˈlømʔpiskə ˈlajʔə]
vencedor (m)	sejrherre (f)	['sajʌˌhæʔʌ]
vencer (vi)	at vinde, at sejre	[ʌ ˈvenə], [ʌ ˈsajʁʌ]
vencer, ganhar (vi)	at vinde	[ʌ ˈvenə]
líder (m)	leder (f)	['leːðʌ]
liderar (vt)	at lede	[ʌ ˈleːðə]
primeiro lugar (m)	førsteplads (f)	['fœɐ̯stəˌplas]
segundo lugar (m)	andenplads (f)	['anənˌplas]
terceiro lugar (m)	tredjeplads (f)	['tʁɛðjəˌplas]
medalha (f)	medalje (f)	[meˈdaljə]
troféu (m)	trofæ (i)	[tʁoˈfɛʔ]
taça (f)	pokal (f)	[poˈkæʔl]
prémio (m)	pris (f)	['pʁiʔs]
prémio (m) principal	hovedpris (f)	['hoːəðˌpʁiʔs]
recorde (m)	rekord (f)	[ʁɛˈkɒːd]
estabelecer um recorde	at sætte rekord	[ʌ ˈsɛtə ʁɛˈkɒːd]
final (m)	finale (f)	[fiˈnæːlə]
final	finale-	[fiˈnæːlə-]
campeão (m)	mester (f)	['mɛstʌ]
campeonato (m)	mesterskab (i)	['mɛstʌˌskæʔb]
estádio (m)	stadion (i)	['stæʔdjʌn]
bancadas (f pl)	tribune (f)	[tʁiˈbyːnə]
fã, adepto (m)	fan (f)	['fæːn]
adversário (m)	modstander (f)	['moðˌstanʔʌ]
partida (f)	start (f)	['staʔt]
chegada, meta (f)	mål (i), målstreg (f)	['mɔʔl], ['mɔʔlˌstʁajʔ]
derrota (f)	nederlag (i)	['neðʌˌlæʔj]
perder (vt)	at tabe	[ʌ ˈtæːbə]
árbitro (m)	dommer (f)	['dʌmʌ]
júri (m)	jury (f)	['djuːɐ̯i]

resultado (m)	resultat (i)	[ʁɛsul'tæ't]
empate (m)	uafgjorte resultat (i)	['uɑwˌgjoɐ̯'tə ʁɛsul'tæ'ft]
empatar (vi)	at spille uafgjort	[ʌ 'spelə 'uɑwˌgjoɐ̯'t]
ponto (m)	point (i)	[po'ɛŋ]
resultado (m) final	resultat (i)	[ʁɛsul'tæ'ft]

tempo, período (m)	periode (f)	[pæɐ̯i'o:ðə]
intervalo (m)	halvtid (f)	['halˌtið']
doping (m)	doping (f)	['do:peŋ]
penalizar (vt)	at straffe	[ʌ 'stʁɑfə]
desqualificar (vt)	at diskvalificere	[ʌ 'diskvalifiˌse'ʌ]

aparelho (m)	redskab (i)	['ʁɛðˌskæ'b]
dardo (m)	spyd (i)	['spyð]
peso (m)	kugle (f)	['ku:lə]
bola (f)	kugle (f)	['ku:lə]

alvo, objetivo (m)	mål (i)	['mɔ'l]
alvo (~ de papel)	skydeskive (f)	['sky:ðəˌski:və]
atirar, disparar (vi)	at skyde	[ʌ 'sky:ðə]
preciso (tiro ~)	fuldtræffer	['fulˌtʁɑfʌ]

treinador (m)	træner (f)	['tʁɛ:nʌ]
treinar (vt)	at træne	[ʌ 'tʁɛ:nə]
treinar-se (vr)	at træne	[ʌ 'tʁɛ:nə]
treino (m)	træning (f)	['tʁɛ:neŋ]

ginásio (m)	sportshal (f)	['spɒ:tsˌhal']
exercício (m)	øvelse (f)	['ø:vəlsə]
aquecimento (m)	opvarmning (f)	['ʌpˌva'mneŋ]

Educação

117. Escola

escola (f)	skole (f)	['sko:lə]
diretor (m) de escola	skoleinspektør (f)	['sko:lə enspək'tø'g̊]
aluno (m)	elev (f)	[e'le'w]
aluna (f)	elev (f)	[e'le'w]
escolar (m)	skoleelev (f)	['sko:lə e'le'w]
escolar (f)	skoleelev (f)	['sko:lə e'le'w]
ensinar (vt)	at undervise	[ʌ 'ɔnʌˌvi'sə]
aprender (vt)	at lære	[ʌ 'lɛ:ʌ]
aprender de cor	at lære udenad	[ʌ 'lɛ:ʌ 'uðən'að]
estudar (vi)	at lære	[ʌ 'lɛ:ʌ]
andar na escola	at gå i skole	[ʌ gɔ' i 'sko:lə]
ir à escola	at gå i skole	[ʌ gɔ' i 'sko:lə]
alfabeto (m)	alfabet (i)	[alfa'be't]
disciplina (f)	fag (i)	['fæ'j]
sala (f) de aula	klasseværelse (i)	['klasəˌvæg̊ʌlsə]
lição (f)	time (f)	['ti:mə]
recreio (m)	frikvarter (i)	['fʁikvaˌte'g̊]
toque (m)	skoleklokke (f)	['sko:ləˌklʌkə]
carteira (f)	skolebord (i)	['sko:ləˌbo'g̊]
quadro (m) negro	tavle (f)	['tawlə]
nota (f)	karakter (f)	[kɑɑk'te'g̊]
boa nota (f)	høj karakter (f)	['hʌj kɑɑk'te'g̊]
nota (f) baixa	dårlig karakter (f)	['dɔ:li kɑɑk'te'g̊]
dar uma nota	at give karakter	[ʌ 'gi' kɑɑk'te'g̊]
erro (m)	fejl (f)	['faj'l]
fazer erros	at lave fejl	[ʌ 'læ:və 'faj'l]
corrigir (vt)	at rette	[ʌ 'ʁatə]
cábula (f)	snydeseddel (f)	['sny:ðəˌsɛð'əl]
dever (m) de casa	hjemmeopgave (f)	['jɛmə 'ʌpˌgæ:və]
exercício (m)	øvelse (f)	['ø:vəlsə]
estar presente	at være til stede	[ʌ 'vɛ:ʌ tel 'stɛ:ðə]
estar ausente	at være fraværende	[ʌ 'vɛ:ʌ 'fʁɑˌvɛ'ʌnə]
faltar às aulas	at forsømme skolen	[ʌ fʌ'sœm'ə 'sko:lən]
punir (vt)	at straffe	[ʌ 'stʁafə]
punição (f)	straf (f), afstraffelse (f)	['stʁaf], ['awˌstʁafəlsə]
comportamento (m)	opførsel (f)	['ʌpˌføg̊'səl]

boletim (m) escolar	karakterbog (f)	[kɑɑk'teɡ,bɔ'w]
lápis (m)	blyant (f)	['bly:,an'̩t]
borracha (f)	viskelæder (i)	['veskə,lɛð'ʌ]
giz (m)	kridt (i)	['kʁit]
estojo (m)	penalhus (i)	[pe'næ'l,hu's]

pasta (f) escolar	skoletaske (f)	['sko:lə ,taskə]
caneta (f)	pen (f)	['pɛn']
caderno (m)	hæfte (i)	['hɛftə]
manual (m) escolar	lærebog (f)	['lɛ:ʌ,bɔ'w]
compasso (m)	passer (f)	['pasʌ]

| traçar (vt) | at tegne | [ʌ 'tɑjnə] |
| desenho (m) técnico | teknisk tegning (f) | ['tɛknisk 'tɑjneŋ] |

poesia (f)	digt (i)	['degt]
de cor	udenad	['uðən'að]
aprender de cor	at lære udenad	[ʌ 'lɛ:ʌ 'uðən'að]

férias (f pl)	skoleferie (f)	['sko:lə,feɡ'iə]
estar de férias	at holde ferie	[ʌ 'hʌlə 'feɡ'iə]
passar as férias	at tilbringe ferien	[ʌ 'tel,bʁɛŋ'ə 'feɡ'iən]

teste (m)	prøve (f)	['pʁœ:wə]
composição, redação (f)	skolestil (f)	['sko:lə ,sti'l]
ditado (m)	diktat (i, f)	[dik'tæ't]
exame (m)	eksamen (f)	[ɛk'sæ'mən]
fazer exame	at tage en eksamen	[ʌ 'aw'lɛgə en ɛk'sæ'mən]
experiência (~ química)	forsøg (i)	[fʌ'sø'j]

118. Colégio. Universidade

academia (f)	akademi (i)	[akadə'mi']
universidade (f)	universitet (i)	[univæɡsi'te't]
faculdade (f)	fakultet (i)	[fakul'te't]

estudante (m)	studerende (f)	[stu'de'ʌnə]
estudante (f)	kvindelig studerende (f)	['kvenəli stu'de'ʌnə]
professor (m)	lærer, forelæser (f)	['lɛ:ʌ], ['fɔ:ɒ,lɛ'sʌ]

| sala (f) de palestras | forelæsningssal (f) | ['fɔ:ɒ,lɛ'sneŋ,sæ'l] |
| graduado (m) | alumne (f) | [a'lɔmnə] |

| diploma (m) | diplom (i) | [di'plo'm] |
| tese (f) | afhandling (f) | ['aw,han'leŋ] |

| estudo (obra) | studie (i, f) | ['stu'djə] |
| laboratório (m) | laboratorium (i) | [labɒʁa'toɡ'jom] |

| palestra (f) | forelæsning (f) | ['fɔ:ɒ,lɛ'sneŋ] |
| colega (m) de curso | studiekammerat (f) | ['stu'djə kamə'ʁɑ't] |

| bolsa (f) de estudos | stipendium (i) | [sti'pɛn'djom] |
| grau (m) académico | akademisk grad (f) | [aka'de'misk 'gʁa'ð] |

119. Ciências. Disciplinas

matemática (f)	matematik (f)	[matəma'tik]
álgebra (f)	algebra (f)	['algə‚bʁɑˀ]
geometria (f)	geometri (f)	[geomə'tʁiˀ]
astronomia (f)	astronomi (f)	[astʁo'noˀm]
biologia (f)	biologi (f)	[biolo'giˀ]
geografia (f)	geografi (f)	[geogʁɑ'fiˀ]
geologia (f)	geologi (f)	[geolo'giˀ]
história (f)	historie (f)	[hi'stoʁˀiə]
medicina (f)	medicin (f)	[medi'siˀn]
pedagogia (f)	pædagogik (f)	[pɛdago'gik]
direito (m)	ret (f)	['ʁat]
física (f)	fysik (f)	[fy'sik]
química (f)	kemi (f)	[ke'miˀ]
filosofia (f)	filosofi (f)	[filoso'fiˀ]
psicologia (f)	psykologi (f)	[sykolo'giˀ]

120. Sistema de escrita. Ortografia

gramática (f)	grammatik (f)	[gʁama'tik]
vocabulário (m)	ordforråd (i)	['oʁfo‚ʁoˀð]
fonética (f)	fonetik (f)	[fonə'tik]
substantivo (m)	substantiv (i)	['substan‚tiwˀ]
adjetivo (m)	adjektiv (i)	['aðjɛk‚tiwˀ]
verbo (m)	verbum (i)	['væɐ̯bɔm]
advérbio (m)	adverbium (i)	[að'væɐ̯ˀbjɔm]
pronome (m)	pronomen (i)	[pʁo'no:mən]
interjeição (f)	interjektion (f)	[entʌjɛk'ɕoˀn]
preposição (f)	præposition (f)	[pʁɛposi'ɕoˀn]
raiz (f) da palavra	rod (f)	['ʁoˀð]
terminação (f)	endelse (f)	['ɛnəlsə]
prefixo (m)	præfiks (i)	[pʁɛ'fiks]
sílaba (f)	stavelse (f)	['stæ:vəlsə]
sufixo (m)	suffiks (i)	[su'fiks]
acento (m)	betoning (f), tryk (i)	[be'toˀneŋ], ['tʁœk]
apóstrofo (m)	apostrof (f)	[apo'stʁʌf]
ponto (m)	punktum (i)	['pɔŋtɔm]
vírgula (f)	komma (i)	['kʌma]
ponto e vírgula (m)	semikolon (i)	[semi'ko:lʌn]
dois pontos (m pl)	kolon (i)	['ko:lʌn]
reticências (f pl)	tre prikker (f pl)	['tʁɛ: 'pʁɛkʌ]
ponto (m) de interrogação	spørgsmålstegn (i)	['spœɐ̯s‚mɔls tɑjˀn]
ponto (m) de exclamação	udråbstegn (i)	['uðʁɔbs‚tɑjˀn]

aspas (f pl)	anførselstegn (i pl)	['anˌføɡsəlsˌtaj²n]
entre aspas	i anførselstegn	[i 'anˌføɡsəlsˌtaj²n]
parênteses (m pl)	parentes (f)	[pɑɑn'te²s]
entre parênteses	i parentes	[i pɑɑn'te²s]

hífen (m)	bindestreg (f)	['benəstʁaj]
travessão (m)	tankestreg (f)	['taŋkəˌstʁaj²]
espaço (m)	mellemrum (i)	['mɛləmˌʁɔm²]

letra (f)	bogstav (i)	['bɔwˌstæw]
letra (f) maiúscula	stort bogstav (i)	['sto²ɡt 'bɔgstæw]

vogal (f)	vokal (f)	[vo'kæ²l]
consoante (f)	konsonant (f)	[kʌnso'nan²t]

frase (f)	sætning (f)	['sɛtneŋ]
sujeito (m)	subjekt (i)	[sub'jɛkt]
predicado (m)	prædikat (i)	[pʁɛdi'kæ²t]

linha (f)	linje (f)	['linjə]
em uma nova linha	på ny linje	[pɔ ny 'linjə]
parágrafo (m)	afsnit (i)	['awˌsnit]

palavra (f)	ord (i)	['o²ɡ]
grupo (m) de palavras	ordgruppe (f)	['oɡˌgʁupə]
expressão (f)	udtryk (i)	['uðˌtʁœk]
sinónimo (m)	synonym (i)	[syno'ny²m]
antónimo (m)	antonym (i)	[anto'ny²m]

regra (f)	regel (f)	['ʁɛj²əl]
exceção (f)	undtagelse (f)	['ɔnˌtæ²jəlsə]
correto	rigtig	['ʁɛgti]

conjugação (f)	bøjning (f)	['bʌjneŋ]
declinação (f)	bøjning (f)	['bʌjneŋ]
caso (m)	kasus (f)	['kæ:sus]
pergunta (f)	spørgsmål (i)	['spœɡsˌmɔ²l]
sublinhar (vt)	at understrege	[ʌ 'ɔnʌˌsdʁajə]
linha (f) pontilhada	punkteret linje (f)	[pɔŋ'te²ʌð 'linjə]

121. Línguas estrangeiras

língua (f)	sprog (i)	['spʁɔ²w]
estrangeiro	fremmed-	['fʁaməð-]
língua (f) estrangeira	fremmedsprog (i)	['fʁaməð'spʁɔ²w]
estudar (vt)	at studere	[ʌ stu'de²ʌ]
aprender (vt)	at lære	[ʌ 'lɛ:ʌ]

ler (vt)	at læse	[ʌ 'lɛ:sə]
falar (vi)	at tale	[ʌ 'tæ:lə]
compreender (vt)	at forstå	[ʌ fʌ'stɔ²]
escrever (vt)	at skrive	[ʌ 'skʁi:və]
rapidamente	hurtigt	['hoɡtit]
devagar	langsomt	['laŋˌsʌmt]

fluentemente	**flydende**	['fly:ðənə]
regras (f pl)	**regler** (f pl)	['ʁɛjlʌ]
gramática (f)	**grammatik** (f)	[gʁama'tik]
vocabulário (m)	**ordforråd** (i)	['oɐfɒˌʁɔˀð]
fonética (f)	**fonetik** (f)	[fonə'tik]

manual (m) escolar	**lærebog** (f)	['lɛ:ʌˌbɔˀw]
dicionário (m)	**ordbog** (f)	['oɐˌbɔˀw]
manual (m) de autoaprendizagem	**lærebog** (f) **til selvstudium**	['lɛ:ʌˌbɔˀw tel 'sɛlˌstuˀdjɔm]
guia (m) de conversação	**parlør** (f)	[pɑ'lœ:ɐ]

cassete (f)	**kassette** (f)	[ka'sɛtə]
vídeo cassete (m)	**videokassette** (f)	['viˀdjo ka'sɛtə]
CD (m)	**cd** (f)	[se'deˀ]
DVD (m)	**dvd** (f)	[deve'deˀ]

alfabeto (m)	**alfabet** (i)	[alfa'beˀt]
soletrar (vt)	**at stave**	[ʌ 'stæ:və]
pronúncia (f)	**udtale** (f)	['uðˌtæ:lə]

sotaque (m)	**accent** (f)	[ak'saŋ]
com sotaque	**med accent**	[mɛ ak'saŋ]
sem sotaque	**uden accent**	['uðən ak'saŋ]

| palavra (f) | **ord** (i) | ['oˀɐ] |
| sentido (m) | **betydning** (f) | [be'tyðˀneŋ] |

cursos (m pl)	**kursus** (i)	['kuɐsʌ]
inscrever-se (vr)	**at indmelde sig**	[ʌ 'enlˌmɛlˀə saj]
professor (m)	**lærer** (f)	['lɛ:ʌ]

tradução (processo)	**oversættelse** (f)	['ɒwʌˌsɛtəlsə]
tradução (texto)	**oversættelse** (f)	['ɒwʌˌsɛtəlsə]
tradutor (m)	**oversætter** (f)	['ɒwʌˌsɛtʌ]
intérprete (m)	**tolk** (f)	['tʌlˀk]

| poliglota (m) | **polyglot** (f) | [poly'glʌt] |
| memória (f) | **hukommelse** (f) | [hu'kʌmˀəlsə] |

122. Personagens de contos de fadas

Pai (m) Natal	**Julemanden**	['ju:ləˌmanˀ]
Cinderela (f)	**Askepot**	['askəˌpʌt]
sereia (f)	**havfrue** (f)	['hɑwˌfʁu:ə]
Neptuno (m)	**Neptun**	[nɛp'tuˀn]

mago (m)	**troldmand** (f)	['tʁʌlˌmanˀ]
fada (f)	**fe** (f)	['feˀ]
mágico	**trylle-**	['tʁylə-]
varinha (f) mágica	**tryllestav** (f)	['tʁyləˌstæˀw]

| conto (m) de fadas | **eventyr** (i) | ['ɛ:vənˌtyɐ̯ˀ] |
| milagre (m) | **mirakel** (i) | [mi'ʁakəl] |

anão (m)	dværg (f)	['dvæɐ̯ˀw]
transformar-se em ...	at forvandle sig til ...	[ʌ fʌ'vanˀlə saj tel ...]

fantasma (m)	fantom (i)	[fan'toˀm]
espetro (m)	spøgelse (i)	['spø:jəlsə]
monstro (m)	monster (i)	['mʌnˀstʌ]
dragão (m)	drage (f)	['dʁɑ:wə]
gigante (m)	gigant, kæmpe (f)	[gi'ganˀt], ['kɛmpə]

123. Signos do Zodíaco

Carneiro	Vædderen	['vɛðˀʌən]
Touro	Tyren	['tyɐ̯ˀən]
Gémeos	Tvillingerne	['tvileŋʌnə]
Caranguejo	Krebsen	['kʁabsən]
Leão	Løven	['lø:vən]
Virgem (f)	Jomfruen	['jʌmfʁu:ən]

Balança	Vægten	['vɛgtən]
Escorpião	Skorpionen	[skɒpi'oˀnən]
Sagitário	Skytten	['skøtən]
Capricórnio	Stenbukken	['ste:n,bɔkn]
Aquário	Vandmanden	['van,manən]
Peixes	Fiskene	['feskənə]

caráter (m)	karakter (f)	[kɑɑk'teˀɐ̯]
traços (m pl) do caráter	karaktertræk (i pl)	[kɑɑk'teɐ̯,tʁak]
comportamento (m)	opførsel (f)	['ʌp,føɐ̯ˀsəl]
predizer (vt)	at spå	[ʌ 'spɔˀ]
adivinha (f)	spåkone (f)	['spʌ,ko:nə]
horóscopo (m)	horoskop (i)	[hoo'skoˀp]

Artes

124. Teatro

teatro (m)	teater (i)	[te'æ'tʌ]
ópera (f)	opera (f)	['oʼpɐʁɑ]
opereta (f)	operette (f)	[opəˈʁatə]
balé (m)	ballet (f)	[baˈlɛt]

cartaz (m)	teaterplakat (f)	[teˈætʌ plaˈkæʼt]
companhia (f) teatral	teatertrup (f)	[teˈætʌˌtʁup]
turné (digressão)	turne, turné (f)	[toɐ̯ˈne]
estar em turné	at være på turné	[ʌ ˈvɛːʌ pɔʼ toɐ̯ˈne]
ensaiar (vt)	at repetere	[ʌ ʁɛpəˈteʼʌ]
ensaio (m)	repetition (f)	[ʁɛpətiˈɕoʼn]
repertório (m)	repertoire (i)	[ʁɛpæɐ̯toˈɑː]

apresentação (f)	forestilling (f)	[ˈfɔːɒˌstelʼeŋ]
espetáculo (m)	teaterstykke (i)	[teˈætʌˌstøkə]
peça (f)	skuespil (i)	[ˈskuːəˌspel]

bilhete (m)	billet (f)	[biˈlɛt]
bilheteira (f)	billetsalg (i)	[biˈlɛtˌsalʼ]
hall (m)	lobby, foyer (f)	[ˈlʌbi], [fwaˈje]
guarda-roupa (m)	garderobe (f)	[gadəˈʁoːbə]
senha (f) numerada	mærke (i)	[ˈmæɐ̯kə]
binóculo (m)	kikkert (f)	[ˈkikʌt]
lanterninha (m)	kontrollør (f)	[kʌntʁoˈløʼɐ̯]

plateia (f)	parket (i)	[paˈkɛt]
balcão (m)	balkon (f)	[balˈkʌŋ]
primeiro balcão (m)	første række (f)	[ˈfœɐ̯stəˌʁakə]
camarote (m)	loge (f)	[ˈloːɕə]
fila (f)	række (f)	[ˈʁakə]
assento (m)	plads (f)	[ˈplas]

público (m)	publikum (i)	[ˈpublikɔm]
espetador (m)	tilskuer (f)	[ˈtelˌskuʼʌ]
aplaudir (vt)	at klappe	[ʌ ˈklapə]
aplausos (m pl)	applaus (f)	[aˈplawʼs]
ovação (f)	bifald (i)	[ˈbiˌfalʼ]

palco (m)	scene (f)	[ˈseːnə]
pano (m) de boca	tæppe (i)	[ˈtɛpə]
cenário (m)	dekoration (f)	[dekoʁaˈɕoʼn]
bastidores (m pl)	kulisser (f pl)	[kuˈlisʌ]

cena (f)	scene (f)	[ˈseːnə]
ato (m)	akt (f)	[ˈakt]
entreato (m)	pause, mellemakt (f)	[ˈpawsə], [ˈmɛləmˌakt]

125. Cinema

| ator (m) | skuespiller (f) | ['sku:ə,spelʌ] |
| atriz (f) | skuespillerinde (f) | ['sku:ə,spelʌ'enə] |

cinema (m)	filmindustri (f)	['film endu'stʁi']
filme (m)	film (f)	['fil'm]
episódio (m)	del (f)	['de'l]

filme (m) policial	kriminalfilm (f)	[kʁimi'næ'l,fil'm]
filme (m) de ação	actionfilm (f)	['akҫən,fil'm]
filme (m) de aventuras	eventyrfilm (f)	['ɛ:vən,tyɐ 'fil'm]
filme (m) de ficção científica	science fiction film (f)	[sajəns'fekҫən 'fil'm]
filme (m) de terror	skrækfilm (f)	['sgʁak,fil'm]

comédia (f)	komedie (f), lystspil (i)	[ko'með'jə], ['løst,spel]
melodrama (m)	melodrama (i)	[melo'dʁɑ:ma]
drama (m)	drama (i)	['dʁɑ:ma]

filme (m) ficcional	spillefilm (f)	['spelə,fil'm]
documentário (m)	dokumentarfilm (f)	[dokumɛn'ta' 'fil'm]
desenho (m) animado	tegnefilm (f)	['tajnə,fil'm]
cinema (m) mudo	stumfilm (f)	['stɔm,fil'm]

papel (m)	rolle (f)	['ʁʌlə]
papel (m) principal	hovedrolle (f)	['ho:əð,ʁʌlə]
representar (vt)	at spille	[ʌ 'spelə]

estrela (f) de cinema	filmstjerne (f)	['film,stjæɐnə]
conhecido	kendt, berømt	['kɛn't], [be'ʁœm't]
famoso	berømt	[be'ʁœm't]
popular	populær	[popu'lɛ'ɐ]

argumento (m)	manuskript (i)	[manu'skʁɛpt]
argumentista (m)	manuskriptforfatter (f)	[manu'skʁɛpt fʌ'fatʌ]
realizador (m)	filminstruktør (f)	['film enstʁuk'tø'ɐ]
produtor (m)	producer (f)	[pʁo'dju:sʌ]
assistente (m)	assistent (f)	[asi'stɛn't]
diretor (m) de fotografia	kameramand (f)	['kæ'məʁa,man']
duplo (m)	stuntmand (f)	['stʌnt,man']
duplo (m) de corpo	dubleant (f)	[duble'an't]

filmar (vt)	at indspille en film	[ʌ 'en,spel'ə ən fil'm]
audição (f)	prøve (f)	['pʁœ:wə]
filmagem (f)	filmoptagelse (f)	['film ʌp,tæ'jəlsə]
equipe (f) de filmagem	filmhold (i)	['film,hʌl']
set (m) de filmagem	optagelsessted (i)	['ʌp,tæ'jəlsə,stɛð]
câmara (f)	filmkamera (i)	['film,kæ'məʁa]

cinema (m)	biograf (f)	[bio'gʁa'f]
ecrã (m), tela (f)	filmlærred (i)	['film,læɐʌð]
exibir um filme	at vise en film	[ʌ 'vi:sə en fil'm]

| pista (f) sonora | lydspor (i) | ['lyð,spo'ɐ] |
| efeitos (m pl) especiais | specialeffekter (f pl) | ['spɛҫəl e'fɛktʌ] |

legendas (f pl)	undertekster (f pl)	['ɔnʌˌtɛkstʌ]
crédito (m)	rulletekst (f)	['ʁuləˌtɛkst]
tradução (f)	oversættelse (f)	['ɒwʌˌsɛtəlsə]

126. Pintura

arte (f)	kunst (f)	['kɔnˀst]
belas-artes (f pl)	de skønne kunster	[di 'skœnə 'kɔnˀstʌ]
galeria (f) de arte	kunstgalleri (i)	['kɔnˀst galʌ'ʁiˀ]
exposição (f) de arte	kunstudstilling (f)	['kɔnst uðˌstelˀeŋ]

pintura (f)	maleri (i)	[ˌmæːlʌ'ʁiˀ]
arte (f) gráfica	grafik (f)	[gʁɑ'fik]
arte (f) abstrata	abstrakt kunst (f)	[ab'stʁɑkt 'kɔnˀst]
impressionismo (m)	impressionisme (f)	[empʁɛɕo'nismə]

pintura (f), quadro (m)	maleri (i)	[ˌmæːlʌ'ʁiˀ]
desenho (m)	tegning (f)	['tɑjneŋ]
cartaz, póster (m)	poster (f)	['pɒwstʌ]

ilustração (f)	illustration (f)	[ilustʁɑ'ɕoˀn]
miniatura (f)	miniature (f)	[minjɑ'tyːʌ]
cópia (f)	kopi (f)	[ko'piˀ]
reprodução (f)	reproduktion (f)	[ʁɛpʁoduk'ɕoˀn]

mosaico (m)	mosaik (f)	[mosa'ik]
vitral (m)	glasmaleri (i)	['glas ˌmæːlʌ'ʁiˀ]
fresco (m)	fresko (f)	['fʁasko]
gravura (f)	gravure (f)	[gʁɑ'vyːʌ]

busto (m)	buste (f)	['bystə]
escultura (f)	skulptur (f)	[skulp'tuɐ̯ˀ]
estátua (f)	statue (f)	['stæˀtuə]
gesso (m)	gips (f)	['gips]
em gesso	gips-	['gips-]

retrato (m)	portræt (i)	[pɒ'tʁat]
autorretrato (m)	selvportræt (i)	['sɛlˌpɒtʁat]
paisagem (f)	landskabsmaleri (i)	['lanˌskæbsˌmæːlʌ'ʁiˀ]
natureza (f) morta	stilleben (i)	['stelˌleːbən]
caricatura (f)	karikatur (f)	[kɑika'tuɐ̯ˀ]
esboço (m)	skitse (f)	['skitsə]

tinta (f)	maling (f)	['mæːleŋ]
aguarela (f)	akvarel (f)	[ɑkvɑ'ʁalˀ]
óleo (m)	olie (f)	['oljə]
lápis (m)	blyant (f)	['blyːˌanˀt]
tinta da China (f)	tusch (f)	['tuɕ]
carvão (m)	kul (i)	['kɔl]

desenhar (vt)	at tegne	[ʌ 'tɑjnə]
pintar (vt)	at male	[ʌ 'mæːlə]
posar (vi)	at posere	[ʌ po'seˀʌ]
modelo (m)	model (f)	[mo'dɛlˀ]

modelo (f)	model (f)	[mo'dɛl']
pintor (m)	kunstner (f)	['kɔnstnʌ]
obra (f)	kunstværk (i)	['kɔnstˌvæɐ̯k]
obra-prima (f)	mesterværk (i)	['mɛstʌˌvæɐ̯k]
estúdio (m)	atelier (i)	[atəl'je]

tela (f)	kanvas (i, f), lærred (i)	['kanvas], ['læɐ̯ʌð]
cavalete (m)	staffeli (i)	[stɑfə'li']
paleta (f)	palet (f)	[pa'lɛt]

moldura (f)	ramme (f)	['ʁamə]
restauração (f)	restaurering (f)	[ʁɛstɑw'ʁɛ'ɡen]
restaurar (vt)	at restaurere	[ʌ ʁɛstɑw'ʁɛ'ʌ]

127. Literatura & Poesia

literatura (f)	litteratur (f)	[litəʁɑ'tuɐ̯']
autor (m)	forfatter (f)	[fʌ'fatʌ]
pseudónimo (m)	pseudonym (i)	[sœwdo'ny'm]

livro (m)	bog (f)	['bɔ'w]
volume (m)	bind (i)	['ben']
índice (m)	indholdsfortegnelse (f)	['enhʌls fʌ'taj'nəlsə]
página (f)	side (f)	['si:ðə]
protagonista (m)	hovedperson (f)	['hoːəð pæɐ̯'so'n]
autógrafo (m)	autograf (f)	[ɑwto'gʁɑ'f]

conto (m)	novelle (f)	[no'vɛlə]
novela (f)	kortroman (f)	['kɔːd ʁo'mæ'n]
romance (m)	roman (f)	[ʁo'mæ'n]
obra (f)	værk (i)	['væɐ̯k]
fábula (m)	fabel (f)	['fæ'bəl]
romance (m) policial	kriminalroman (f)	[kʁimi'næl ʁo'mæ'n]

poesia (obra)	digt (i)	['degt]
poesia (arte)	poesi (f)	[poə'si']
poema (m)	epos (i)	[po'e'm]
poeta (m)	poet (f), digter (f)	[po'e't], ['degtʌ]

ficção (f) científica	science fiktion (f)	[sajəns'fekçən]
aventuras (f pl)	eventyr (i pl)	['ɛːvənˌtyɐ̯']
literatura (f) didática	undervisningslitteratur (f)	['ɔnʌˌvi'snɘŋs litəʁɑ'tuɐ̯']
literatura (f) infantil	børnelitteratur (f)	['bœɐ̯nə litəʁɑ'tuɐ̯']

128. Circo

circo (m)	cirkus (i)	['siɐ̯kus]
circo (m) ambulante	omrejsende cirkus (i)	['ʌmˌʁaj'sənə 'siɐ̯kus]
programa (m)	program (i)	[pʁo'gʁɑm']
apresentação (f)	forestilling (f)	['fɔːɒˌstel'eŋ]
número (m)	nummer (i)	['nɔm'ʌ]
arena (f)	arena (f)	[ɑ'ʁɛ:na]

pantomima (f)	**pantomime** (f)	[panto'mi:mə]
palhaço (m)	**klovn** (f)	['klɒwˀn]
acrobata (m)	**akrobat** (f)	[akʁo'bæˀt]
acrobacia (f)	**akrobatik** (f)	[akʁoba'tik]
ginasta (m)	**gymnast** (f)	[gym'nast]
ginástica (f)	**gymnastik** (f)	[gymna'stik]
salto (m) mortal	**salto** (f)	['salto]
homem forte (m)	**atlet** (f)	[at'leˀt]
domador (m)	**dyretæmmer** (f)	['dyɐ̯ˌtɛmʌ]
cavaleiro (m) equilibrista	**rytter** (f)	['ʁytʌ]
assistente (m)	**assistent** (f)	[asi'stɛnˀt]
truque (m)	**trick** (i)	['tʁɛk]
truque (m) de mágica	**trylletrick** (i)	['tʁylə,tʁɛk]
mágico (m)	**tryllekunstner** (f)	['tʁylə,kɔnˀstnʌ]
malabarista (m)	**jonglør** (f)	[ɕʌŋ'løˀɡ̊]
fazer malabarismos	**at jonglere**	[ʌ ɕʌŋ'leˀʌ]
domador (m)	**dressør** (f)	[dʁɛ'søˀɡ̊]
adestramento (m)	**dressur** (f)	[dʁɛ'suɡ̊ˀ]
adestrar (vt)	**at dressere**	[ʌ dʁɛ'seˀʌ]

129. Música. Música popular

música (f)	**musik** (f)	[mu'sik]
músico (m)	**musiker** (f)	['muˀsikʌ]
instrumento (m) musical	**musikinstrument** (i)	[mu'sik enstʁu'mɛnˀt]
tocar ...	**at spille ...**	[ʌ 'spelə ...]
guitarra (f)	**guitar** (f)	['gi,taˀ]
violino (m)	**violin** (f)	[vio'liˀn]
violoncelo (m)	**cello** (f)	['sɛlo]
contrabaixo (m)	**kontrabas** (f)	['kʌntʁɑˌbas]
harpa (f)	**harpe** (f)	['hɑːpə]
piano (m)	**piano** (i)	[pi'æːno]
piano (m) de cauda	**flygel** (i)	['flyˀəl]
órgão (m)	**orgel** (i)	['ɒˀwəl]
instrumentos (m pl) de sopro	**blæseinstrumenter** (i pl)	['blɛˀsˌenstʁu'mɛnˀtʌ]
oboé (m)	**obo** (f)	[o'boˀ]
saxofone (m)	**saxofon** (f)	[sakso'foˀn]
clarinete (m)	**klarinet** (f)	[klɑi'nɛt]
flauta (f)	**fløjte** (f)	['flʌjtə]
trompete (m)	**trompet** (f)	[tʁɔm'peˀt]
acordeão (m)	**akkordeon** (i)	[a'kɒˀdjʌn]
tambor (m)	**tromme** (f)	['tʁɔmə]
duo, dueto (m)	**duet** (f)	[du'ɛt]
trio (m)	**trio** (f)	['tʁiːo]
quarteto (m)	**kvartet** (f)	[kva'tɛt]

| coro (m) | kor (i) | ['ko'ɐ̯] |
| orquestra (f) | orkester (i) | [ɒ'kɛstʌ] |

música (f) pop	popmusik (f)	['pʌp mu'sik]
música (f) rock	rockmusik (f)	['ʁʌk mu'sik]
grupo (m) de rock	rockgruppe (f)	['ʁʌk ˌgʁupə]
jazz (m)	jazz (f)	['djas]

| ídolo (m) | idol (i) | [i'do'l] |
| fã, admirador (m) | beundrer (f) | [be'ɔn'dʁʌ] |

concerto (m)	koncert (f)	[kɔn'sæɐ̯t]
sinfonia (f)	symfoni (f)	[symfo'ni']
composição (f)	komposition (f)	[kɔmposi'ɕo'n]
compor (vt)	at komponere	[ʌ kɔmpo'ne'ʌ]

canto (m)	sang (f)	['sɑŋ']
canção (f)	sang (f)	['sɑŋ']
melodia (f)	melodi (f)	[melo'di']
ritmo (m)	rytme (f)	['ʁytmə]
blues (m)	blues (f)	['blu:s]

notas (f pl)	noder (pl)	['no:ðʌ]
batuta (f)	taktstok (f)	['taktˌstʌk]
arco (m)	bue (f)	['bu:ə]
corda (f)	streng (f)	['stʁaŋ']
estojo (m)	kasse (f)	['kasə]

Descanso. Entretenimento. Viagens

130. Viagens

turismo (m)	turisme (f)	[tu'ʁismə]
turista (m)	turist (f)	[tu'ʁist]
viagem (f)	rejse (f)	['ʁajsə]
aventura (f)	eventyr (i)	['ɛ:vənˌtyɐ̯ʔ]
viagem (f)	rejse (f)	['ʁajsə]
férias (f pl)	ferie (f)	['feɐ̯ʔiə]
estar de férias	at holde ferie	[ʌ 'hʌlə 'feɐ̯ʔiə]
descanso (m)	ophold (i), hvile (f)	['ʌpˌhʌlʔ], ['vi:lə]
comboio (m)	tog (i)	['tɔʔw]
de comboio (chegar ~)	med tog	[mɛ 'tɔʔw]
avião (m)	fly (i)	['flyʔ]
de avião	med fly	[mɛ 'flyʔ]
de carro	med bil	[mɛ 'biʔl]
de navio	med skib	[mɛ 'skiʔb]
bagagem (f)	bagage (f)	[ba'gæ:ɕə]
mala (f)	kuffert (f)	['kɔfʌt]
carrinho (m)	bagagevogn (f)	[ba'gæ:ɕəˌvɒwʔn]
passaporte (m)	pas (i)	['pas]
visto (m)	visum (i)	['vi:sɔm]
bilhete (m)	billet (f)	[bi'lɛt]
bilhete (m) de avião	flybillet (f)	['fly bi'lɛt]
guia (m) de viagem	rejsehåndbog (f)	['ʁajsəˌhʌnbɔʔw]
mapa (m)	kort (i)	['kɒ:t]
local (m), area (f)	område (i)	['ʌmˌʁɔ:ðə]
lugar, sítio (m)	sted (i)	['stɛð]
exótico	eksotisk	[ɛk'soʔtisk]
surpreendente	forunderlig	[fʌ'ɔnʔʌli]
grupo (m)	gruppe (f)	['gʁupə]
excursão (f)	udflugt (f)	['uðˌflɔgt]
guia (m)	guide (f)	['gajd]

131. Hotel

hotel (m)	hotel (i)	[ho'tɛlʔ]
motel (m)	motel (i)	[mo'tɛlʔ]
três estrelas	trestjernet	['tʁɛˌstjæɐ̯ʔnəð]
cinco estrelas	femstjernet	['fɛmˌstjæɐ̯ʔnəð]

ficar (~ num hotel)	at bo	[ʌ 'boˀ]
quarto (m)	værelse (i)	['væɐ̯ʌlsə]
quarto (m) individual	enkeltværelse (i)	['ɛŋˀkəlt̩væɐ̯ʌlsə]
quarto (m) duplo	dobbeltværelse (i)	['dʌbəlt̩væɐ̯ʌlsə]
reservar um quarto	at booke et værelse	[ʌ 'bukə et 'væɐ̯ʌlsə]

| meia pensão (f) | halvpension (f) | ['halˀ paŋ'ɕoˀn] |
| pensão (f) completa | helpension (f) | ['heˀl paŋ'ɕoˀn] |

com banheira	med badekar	[mɛ 'bæːðə̩ka]
com duche	med brusebad	[mɛ 'bʁuːsə̩bað]
televisão (m) satélite	satellit-tv (i)	[satə'lit 'teˀ̩veˀ]
ar (m) condicionado	klimaanlæg (i)	['kliːma'an̩lɛˀg]
toalha (f)	håndklæde (i)	['hʌn̩klɛːðə]
chave (f)	nøgle (f)	['nʌjlə]

administrador (m)	administrator (f)	[aðmini'stʁaːtʌ]
camareira (f)	stuepige (f)	['stuə̩piːə]
bagageiro (m)	drager (f)	['dʁɑːwʌ]
porteiro (m)	portier (f)	[pɒ'tje]

restaurante (m)	restaurant (f)	[ʁɛsto'ʁɑŋ]
bar (m)	bar (f)	['baˀ]
pequeno-almoço (m)	morgenmad (f)	['mɒːɒn̩mað]
jantar (m)	aftensmad (f)	['ɑftəns̩mað]
buffet (m)	buffet (f)	[by'fe]

| hall (m) de entrada | hall, lobby (f) | ['hɒːl], ['lʌbi] |
| elevador (m) | elevator (f) | [elə'væːtʌ] |

| NÃO PERTURBE | VIL IKKE FORSTYRRES | ['vel 'ekə fʌ'styɐ̯ˀʌs] |
| PROIBIDO FUMAR! | RYGNING FORBUDT | ['ʁyːneŋ fʌ'byˀð] |

132. Livros. Leitura

livro (m)	bog (f)	['boˀw]
autor (m)	forfatter (f)	[fʌ'fatʌ]
escritor (m)	forfatter (f)	[fʌ'fatʌ]
escrever (vt)	at skrive	[ʌ 'skʁiːvə]

leitor (m)	læser (f)	['lɛːsʌ]
ler (vt)	at læse	[ʌ 'lɛːsə]
leitura (f)	læsning (f)	['lɛːsneŋ]

| para si | for sig selv | [fʌ saj 'sɛlˀv] |
| em voz alta | højt | ['hɒjˀt] |

publicar (vt)	at publicere	[ʌ publi'seˀʌ]
publicação (f)	publicering (f)	[publi'seˀʁeŋ]
editor (m)	forlægger (f)	['fɒː̩lɛgʌ]
editora (f)	forlag (i)	['fɒː̩læˀj]

| sair (vi) | at udkomme | [ʌ 'uð̩kʌmə] |
| lançamento (m) | udgivelse (f) | ['uð̩giˀwəlsə] |

tiragem (f)	oplag (i)	['ʌpˌlæʔj]
livraria (f)	boghandel (f)	['bɔwˌhanʔəl]
biblioteca (f)	bibliotek (i)	[biblio'teʔk]
novela (f)	kortroman (f)	['kɒːd ʁo'mæʔn]
conto (m)	novelle (f)	[no'vɛlə]
romance (m)	roman (f)	[ʁo'mæʔn]
romance (m) policial	kriminalroman (f)	[kʁimi'næl ʁo'mæʔn]
memórias (f pl)	memoirer (pl)	[memo'ɑːɑ]
lenda (f)	legende (f), sagn (i)	[le'gɛndə], ['sɑwʔn]
mito (m)	myte (f)	['myːtə]
poesia (f)	digte (i pl)	['degtə]
autobiografia (f)	selvbiografi (f)	[ˌsɛlbiogʁa'fiʔ]
obras (f pl) escolhidas	udvalgte værker (i pl)	['uðˌval'tə 'væɐ̯kʌ]
ficção (f) científica	science fiction (f)	[sajəns'fekçən]
título (m)	titel (f)	['titəl]
introdução (f)	indledning (f)	['enˌleðʔneŋ]
folha (f) de rosto	titelblad (i)	['titəlˌblað]
capítulo (m)	kapitel (i)	[ka'pitəl]
excerto (m)	uddrag (i)	['uðˌdʁɑʔw]
episódio (m)	episode (f)	[epi'soːðə]
tema (m)	handling (f)	['hanleŋ]
conteúdo (m)	indhold (i)	['enˌhʌlʔ]
índice (m)	indholdsfortegnelse (f)	['enhʌls fʌ'tajʔnəlsə]
protagonista (m)	hovedperson (f)	['hoːəð pæɐ̯'soʔn]
tomo, volume (m)	bind (i)	['benʔ]
capa (f)	omslag (i)	['ʌmˌslæʔj]
encadernação (f)	bogbind (i)	['bɔwˌbenʔ]
marcador (m) de livro	bogmærke (i)	['bɔwˌmæɐ̯kə]
página (f)	side (f)	['siːðə]
folhear (vt)	at bladre	[ʌ 'blaðʁʌ]
margem (f)	marginer (f pl)	['mɑʔginʌ]
anotação (f)	annotation (f)	[anota'çoʔn]
nota (f) de rodapé	anmærkning (f)	['anˌmæɐ̯kneŋ]
texto (m)	tekst (f)	['tɛkst]
fonte (f)	skrifttype (f)	['skʁɛftˌtyːpə]
gralha (f)	trykfejl (f)	['tʁœkˌfɑjʔl]
tradução (f)	oversættelse (f)	['ɒwʌˌsɛtəlsə]
traduzir (vt)	at oversætte	[ʌ 'ɒwʌˌsɛtə]
original (m)	original (f)	[ɒigi'næʔl]
famoso	berømt	[be'ʁœmʔt]
desconhecido	ukendt	['uˌkɛnʔt]
interessante	interessant	[entʁə'sanʔt]
best-seller (m)	bestseller (f)	['bɛstˌsɛlʌ]
dicionário (m)	ordbog (f)	['ogˌbɔʔw]
manual (m) escolar	lærebog (f)	['lɛːʌˌbɔʔw]
enciclopédia (f)	encyklopædi (f)	[ɛnsyklopə'diʔ]

133. Caça. Pesca

caça (f)	jagt (f)	['jɑgt]
caçar (vi)	at jage	[ʌ 'jæːjə]
caçador (m)	jæger (f)	['jɛːjʌ]
atirar (vi)	at skyde	[ʌ 'skyːðə]
caçadeira (f)	gevær (i)	[ge'vɛʔɐ̯]
cartucho (m)	patron (f)	[pa'tʁoʔn]
chumbo (m) de caça	hagl (i)	['hɑwʔl]
armadilha (f)	saks (f), fælde (f)	['sɑks], ['fɛlə]
armadilha (com corda)	fælde (f)	['fɛlə]
cair na armadilha	at gå i fælden	[ʌ gɔʔ i 'fɛlən]
pôr a armadilha	at sætte en fælde	[ʌ 'sɛtə en 'fɛlə]
caçador (m) furtivo	krybskytte (f)	['kʁybˌskøtə]
caça (f)	vildt (i)	['vilʔt]
cão (m) de caça	jagthund (f)	['jɑgtˌhunʔ]
safári (m)	safari (f)	[sa'faːi]
animal (m) empalhado	udstoppet dyr (i)	['uðˌstʌpəð ˌdyɐ̯ʔ]
pescador (m)	fisker (f)	['feskʌ]
pesca (f)	fiskeri (i)	[feskʌ'ʁiʔ]
pescar (vt)	at fiske	[ʌ 'feskə]
cana (f) de pesca	fiskestang (f)	['feskəˌstɑŋʔ]
linha (f) de pesca	fiskesnøre (f)	['feskəˌsnœːʌ]
anzol (m)	krog (f)	['kʁɔʔw]
boia (f)	flyder (f)	['flyːðʌ]
isca (f)	agn (f)	['ɑwʔn]
lançar a linha	at kaste ud	[ʌ 'kastə uðʔ]
morder (vt)	at bide (på)	[ʌ 'biːðə pɔʔ]
pesca (f)	fangst (f)	['fɑŋʔst]
buraco (m) no gelo	hul (i) i isen	['hɔl i ˌisən]
rede (f)	net (i)	['nɛt]
barco (m)	båd (f)	['bɔʔð]
pescar com rede	at fiske med net	[ʌ 'feskə 'mɛ nɛt]
lançar a rede	at kaste nettet	[ʌ 'kastə 'nɛtəð]
puxar a rede	at hale nettet ind	[ʌ 'hæːlə 'nɛtəð enʔ]
cair nas malhas	at blive fanget i nettet	[ʌ 'bliːə 'fɑŋəð i 'nɛtəð]
baleeiro (m)	hvalfanger (f)	['væːlˌfɑŋʌ]
baleeira (f)	hvalfangerbåd (f)	['væːlfɑŋʌˌbɔʔð]
arpão (m)	harpun (f)	[ha'puʔn]

134. Jogos. Bilhar

bilhar (m)	billard (i, f)	['biliˌɑʔd]
sala (f) de bilhar	billard salon (f)	['biliˌɑʔd sa'lʌŋ]
bola (f) de bilhar	billardkugle (f)	['biliˌɑʔd 'kuːlə]

embolsar uma bola	at skyde en bal	[ʌ 'sky:ðə en bal]
taco (m)	kø (f), billardkø (f)	['kø'], ['biliˌaˀd 'kø']
caçapa (f)	hul (i)	['hɔl]

135. Jogos. Jogar cartas

ouros (m pl)	ruder (f)	['ʁu:ðʌ]
espadas (f pl)	spar (f)	['spaˀ]
copas (f pl)	hjerter (f)	['jæɐ̯tʌ]
paus (m pl)	klør (f)	['kløˀɐ̯]
ás (m)	es (i)	['ɛs]
rei (m)	konge (f)	['kʌŋə]
dama (f)	dame (f)	['dæ:mə]
valete (m)	knægt (f)	['knɛgt]
carta (f) de jogar	kort, spillekort (i)	['kɒ:t], ['speləˌkɒ:t]
cartas (f pl)	kort (i pl)	['kɒ:t]
trunfo (m)	trumf (f)	['tʁɔmˀf]
baralho (m)	sæt (i) spillekort	['sɛt 'speləˌkɒ:t]
ponto (m)	point (i)	[po'ɛŋ]
dar, distribuir (vt)	at give, at dele ud	[ʌ 'giˀ], [ʌ 'de:lə uðˀ]
embaralhar (vt)	at blande	[ʌ 'blanə]
vez, jogada (f)	træk (i)	['tʁak]
batoteiro (m)	falskspiller (f)	['falˀskˌspelʌ]

136. Descanso. Jogos. Diversos

passear (vi)	at spadsere	[ʌ spa'seˀʌ]
passeio (m)	spadseretur (f)	[spa'seʌˌtuɐ̯ˀ]
viagem (f) de carro	køretur (f)	['kø:ʌˌtuɐ̯ˀ]
aventura (f)	eventyr (i)	['ɛ:vənˌtyɐ̯ˀ]
piquenique (m)	picnic (f)	['piknik]
jogo (m)	spil (i)	['spel]
jogador (m)	spiller (f)	['spelʌ]
partida (f)	parti (i)	[pɑ'tiˀ]
colecionador (m)	samler (f)	['samlʌ]
colecionar (vt)	at samle på	[ʌ 'samlə 'pɔˀ]
coleção (f)	samling (f)	['samleŋ]
palavras (f pl) cruzadas	krydsord (i, f)	['kʁysˌoˀɐ̯]
hipódromo (m)	galopbane (f)	[ga'lʌpˌbæ:nə]
discoteca (f)	diskotek (i)	[disko'teˀk]
sauna (f)	sauna (f)	['sɑwna]
lotaria (f)	lotteri (i)	[lʌtʌ'ʁiˀ]
campismo (m)	campingtur (f)	['kæ:mpeŋˌtuɐ̯ˀ]
acampamento (m)	lejr (f)	['lajˀʌ]

tenda (f)	telt (i)	['tɛl²t]
bússola (f)	kompas (i)	[kɔm'pas]
campista (m)	campist (f)	[kɑm'pist]

ver (vt), assistir à ...	at se	[ʌ 'se²]
telespectador (m)	tv-seer (f)	['te‚ve 'se²ʌ]
programa (m) de TV	tv-show (i)	['te‚ve 'çɔ:w]

137. Fotografia

máquina (f) fotográfica	kamera (i)	['kæ²məʁa]
foto, fotografia (f)	foto (i), fotografi (i, f)	['foto], [fotogʁa'fi²]

fotógrafo (m)	fotograf (f)	[foto'gʁa²f]
estúdio (m) fotográfico	fotoatelier (i)	['foto atəl'je]
álbum (m) de fotografias	fotoalbum (i)	['foto‚albɔm]

objetiva (f)	objektiv (i)	[ʌbjək'tiw²]
teleobjetiva (f)	teleobjektiv (i)	['te:lə ʌbjək'tiw²]
filtro (m)	filter (i)	['fil²tʌ]
lente (f)	linse (f)	['lensə]

ótica (f)	optik (f)	[ʌp'tik]
abertura (f)	blænder (f)	['blɛnʌ]
exposição (f)	eksponeringstid (f)	[ɛkspo'neɡ²eŋs‚tið²]
visor (m)	søger (f)	['sø:jʌ]

câmara (f) digital	digitalkamera (i)	[digi'tæ²l ‚kæ²məʁa]
tripé (m)	stativ (i)	[sta'tiw²]
flash (m)	blitz (f)	['blits]
fotografar (vt)	at fotografere	[ʌ fotogʁa'fe²ʌ]
tirar fotos	at tage billeder	[ʌ 'tæ² 'beləðə]
fotografar-se	at blive fotograferet	[ʌ 'bli:ə fotogʁa:'fe²ʌð]

foco (m)	fokus (i, f)	['fo:kus]
focar (vt)	at stille skarpt	[ʌ 'stelə 'skɑ:pt]
nítido	skarp	['skɑ:p]
nitidez (f)	skarphed (f)	['skɑ:p‚heð²]

contraste (m)	kontrast (f)	[kʌn'tʁɑst]
contrastante	kontrast-	[kʌn'tʁɑst-]

retrato (m)	billede (i)	['beləðə]
negativo (m)	negativ (i)	['nega‚tiw²]
filme (m)	film (f)	['fil²m]
fotograma (m)	billede (i)	['beləðə]
imprimir (vt)	at skrive ud	[ʌ 'skʁi:və uð²]

138. Praia. Natação

praia (f)	badestrand (f)	['bæ:ðə‚sdʁɑn²]
areia (f)	sand (i)	['san²]

deserto	øde	['ø:ðə]
bronzeado (m)	solbrændthed (f)	['so:l‚bʁantheð']
bronzear-se (vr)	at sole sig	[ʌ 'so:lə saj]
bronzeado	solbrændt	['so:l‚bʁan't]
protetor (m) solar	solcreme (f)	['so:l‚kʁɛ'm]

biquíni (m)	bikini (f)	[bi'kini]
fato (m) de banho	badedragt (f)	['bæ:ðə‚dʁɑgt]
calção (m) de banho	badebukser (pl)	['bæ:ðə‚bɔksʌ]

piscina (f)	svømmebassin (i)	['svœməba‚sɛŋ]
nadar (vi)	at svømme	[ʌ 'svœmə]
duche (m)	brusebad (i)	['bʁu:sə‚bað]
mudar de roupa	at klæde sig om	[ʌ 'klɛ:ðə saj ‚ʌm']
toalha (f)	håndklæde (i)	['hʌn‚klɛ:ðə]

barco (m)	båd (f)	['bɔ'ð]
lancha (f)	motorbåd (f)	['mo:tʌ‚bɔ'ð]

esqui (m) aquático	vandski (f pl)	['van‚ski']
barco (m) de pedais	vandcykel (f)	['van‚sykəl]
surf (m)	surfing (f)	['sœ:feŋ]
surfista (m)	surfer (f)	['sœ:fʌ]

equipamento (m) de mergulho	SCUBA-sæt (i)	['sku:bə'sɛt]
barbatanas (f pl)	svømmefødder (f pl)	['svœmə‚føð'ʌ]
máscara (f)	maske (f)	['maskə]
mergulhador (m)	dykker (f)	['døkʌ]
mergulhar (vi)	at dykke	[ʌ 'døkə]
debaixo d'água	under vandet	['ɔnʌ 'vanəð]

guarda-sol (m)	parasol (f)	[pɑɑ'sʌl']
espreguiçadeira (f)	liggestol (f)	['legə‚sto'l]
óculos (m pl) de sol	solbriller (pl)	['so:l‚bʁɛlʌ]
colchão (m) de ar	luftmadras (f)	['lɔftma'dʁɑs]

brincar (vi)	at lege	[ʌ 'lɑjə]
ir nadar	at bade	[ʌ 'bæ'ðə]

bola (f) de praia	bold (f)	['bʌl'd]
encher (vt)	at puste op	[ʌ 'pu:stə ʌp]
inflável, de ar	oppustelig	[ʌp'pu'stəli]

onda (f)	bølge (f)	['bøljə]
boia (f)	bøje (f)	['bʌjə]
afogar-se (pessoa)	at drukne	[ʌ 'dʁɔknə]

salvar (vt)	at redde	[ʌ 'ʁɛðə]
colete (m) salva-vidas	redningsvest (f)	['ʁɛðneŋs‚vɛst]
observar (vt)	at observere	[ʌ ʌbsæɡ've'ʌ]
nadador-salvador (m)	livredder (f)	['liw‚ʁɛðʌ]

EQUIPAMENTO TÉCNICO. TRANSPORTES

Equipamento técnico. Transportes

139. Computador

computador (m)	computer (f)	[kʌm'pjuːtʌ]
portátil (m)	bærbar, laptop (f)	['bɛɡˌbɑ'], ['lapˌtʌp]
ligar (vt)	at tænde	[ʌ 'tɛnə]
desligar (vt)	at slukke	[ʌ 'slɔkə]
teclado (m)	tastatur (i)	[tasta'tuɡ']
tecla (f)	tast (f)	['tast]
rato (m)	mus (f)	['mu' s]
tapete (m) de rato	musemåtte (f)	['muːsəˌmʌtə]
botão (m)	knap (f)	['knap]
cursor (m)	markør (f)	[mɑ'kø'ɡ]
monitor (m)	monitor, skærm (f)	['mʌnitʌ], ['skæɡ'm]
ecrã (m)	skærm (f)	['skæɡ'm]
disco (m) rígido	harddisk (f)	['hɑːdˌdesk]
capacidade (f) do disco rígido	harddisk kapacitet (f)	['hɑːdˌdesk kapasi'te't]
memória (f)	hukommelse (f)	[hu'kʌm'əlsə]
memória RAM (f)	RAM, arbejdslager (i)	['ʁam'], ['ɑːbɑjdsˌlæ'jʌ]
ficheiro (m)	fil (f)	['fi'l]
pasta (f)	mappe (f)	['mɑpə]
abrir (vt)	at åbne	[ʌ 'ɔːbnə]
fechar (vt)	at lukke	[ʌ 'lɔkə]
guardar (vt)	at bevare	[ʌ be'vɑ'ɑ]
apagar, eliminar (vt)	at slette, at fjerne	[ʌ 'slɛtə], [ʌ 'fjæɡnə]
copiar (vt)	at kopiere	[ʌ ko'pje'ʌ]
ordenar (vt)	at sortere	[ʌ sɒ'te'ʌ]
copiar (vt)	at overføre	[ʌ 'ɒwʌˌfø'ʌ]
programa (m)	program (i)	[pʁo'gʁam']
software (m)	programmel (i)	[pʁogʁa'mɛl']
programador (m)	programmør (f)	[pʁogʁa'mø'ɡ]
programar (vt)	at programmere	[ʌ pʁogʁa'me'ʌ]
hacker (m)	hacker (f)	['hakʌ]
senha (f)	adgangskode (f)	['aðgɑŋsˌkoːðə]
vírus (m)	virus (i, f)	['viːʁus]
detetar (vt)	at opdage	[ʌ 'ʌpˌdæ'jə]
byte (m)	byte (f)	['bɑjt]

127

megabyte (m)	megabyte (f)	['me:ga͵bɑjt]
dados (m pl)	data (i pl)	['dæ:ta]
base (f) de dados	database (f)	['dæ:ta͵bæ:sə]

cabo (m)	kabel (i)	['kæ'bəl]
desconectar (vt)	at koble fra	[ʌ 'kʌblə fʁɑ']
conetar (vt)	at koble	[ʌ 'kʌblə 'te]

140. Internet. E-mail

internet (f)	internet (i)	['entʌ͵nɛt]
browser (m)	browser (f)	['bɹɑwsʌ]
motor (m) de busca	søgemaskine (f)	['sø:ma͵ski:nə]
provedor (m)	leverandør (f)	[levəʁan'dø'ɐ̯]

webmaster (m)	webmaster (f)	['wɛb͵ma:stʌ]
website, sítio web (m)	website (i, f)	['wɛb͵sɑjt]
página (f) web	webside (f)	['wɛb͵si:ðə]

endereço (m)	adresse (f)	[a'dʁasə]
livro (m) de endereços	adressebog (f)	[a'dʁasə͵bɔ'w]

caixa (f) de correio	postkasse (f)	['pʌst͵kasə]
correio (m)	post (f)	['pʌst]
cheia (caixa de correio)	fuld	['ful']

mensagem (f)	meddelelse (f)	['mɛð͵de'ləlsə]
mensagens (f pl) recebidas	indgående meddelelser (f pl)	['en͵gɔ'ənə 'mɛð͵de'ləlsʌ]
mensagens (f pl) enviadas	udgående meddelelser (f pl)	['uð͵gɔ:ənə 'mɛð͵de'ləlsʌ]

remetente (m)	afsender (f)	['ɑw͵sɛn'ʌ]
enviar (vt)	at sende	[ʌ 'sɛnə]
envio (m)	afsendelse (f)	['ɑw͵sɛn'əlsə]

destinatário (m)	modtager (f)	['moð͵tæ'jʌ]
receber (vt)	at modtage	[ʌ 'moð͵tæ']

correspondência (f)	korrespondance (f)	[kɒspʌn'dɑŋsə]
corresponder-se (vr)	at brevveksle	[ʌ 'bʁɛw͵vɛkslə]

ficheiro (m)	fil (f)	['fi'l]
fazer download, baixar	at downloade	[ʌ 'dɑwn͵lɔwdə]
criar (vt)	at oprette, at skabe	[ʌ 'ʌb͵ʁatə], [ʌ 'skæ:bə]
apagar, eliminar (vt)	at slette, at fjerne	[ʌ 'slɛtə], [ʌ 'fjæg̊nə]
eliminado	slettet	['slɛtəð]

conexão (f)	forbindelse (f)	[fʌ'ben'əlsə]
velocidade (f)	hastighed (f)	['hasti͵heð']
modem (m)	modem (i)	['mo:dɛm]
acesso (m)	adgang (f)	['að͵gɑŋ']
porta (f)	port (f)	['pog̊'t]

conexão (f)	tilkobling (f)	['tel͵kʌbleŋ]
conetar (vi)	at koblet op til ...	[ʌ 'kʌblə 'ʌp tel ...]

| escolher (vt) | **at vælge** | [ʌ 'vɛljə] |
| buscar (vt) | **at søge efter ...** | [ʌ 'sø:ə 'ɛftʌ ...] |

Transportes

141. Avião

avião (m)	**fly** (i)	['fly']
bilhete (m) de avião	**flybillet** (f)	['fly bi'lɛt]
companhia (f) aérea	**flyselskab** (i)	['fly'sɛl̩skæ'b]
aeroporto (m)	**lufthavn** (f)	['lɔft̩haw'n]
supersónico	**overlyds-**	['ɒwʌ̩lyðs-]
comandante (m) do avião	**kaptajn** (f)	[kap'taj'n]
tripulação (f)	**besætning** (f)	[be'sɛtnen]
piloto (m)	**pilot** (f)	[pi'lo'̩t]
hospedeira (f) de bordo	**stewardesse** (f)	[stjuɑ'dɛsə]
copiloto (m)	**styrmand** (f)	['styɐ̯̩man']
asas (f pl)	**vinger** (f pl)	['veŋʌ]
cauda (f)	**hale** (f)	['hæ:lə]
cabine (f) de pilotagem	**cockpit** (i)	['kʌk̩pit]
motor (m)	**motor** (f)	['mo:tʌ]
trem (m) de aterragem	**landingshjul** (i)	['laneŋs̩ju'l]
turbina (f)	**turbine** (f)	[tuɡ̯'bi:nə]
hélice (f)	**propel** (f)	[pʁo'pɛl']
caixa-preta (f)	**sort boks** (f)	['soɡ̯t 'bʌks]
coluna (f) de controlo	**rat** (i)	['ʁat]
combustível (m)	**brændstof** (i)	['bʁan̩stʌf]
instruções (f pl) de segurança	**sikkerhedsinstruks** (f)	['sekʌ̩heð' en'stʁuks]
máscara (f) de oxigénio	**iltmaske** (f)	['ilt̩maskə]
uniforme (m)	**uniform** (f)	[uni'fɒ'm]
colete (m) salva-vidas	**redningsvest** (f)	['ʁɛðneŋs̩vɛst]
paraquedas (m)	**faldskærm** (f)	['fal̩skæɡ̯'m]
descolagem (f)	**start** (f)	['stɑ'̩t]
descolar (vi)	**at lette**	[ʌ 'lɛtə]
pista (f) de descolagem	**startbane** (f)	['stɑ:t̩bæ:nə]
visibilidade (f)	**sigtbarhed** (f)	['segtbɑ̩heð']
voo (m)	**flyvning** (f)	['flywneŋ]
altura (f)	**højde** (f)	['hʌj'də]
poço (m) de ar	**lufthul** (i)	['lɔft̩hɔl]
assento (m)	**plads** (f)	['plas]
auscultadores (m pl)	**hovedtelefoner** (f pl)	['ho:əð telə'fo'nʌ]
mesa (f) rebatível	**klapbord** (i)	['klɑp̩bo'ɡ̯]
vigia (f)	**vindue** (i)	['vendu]
passagem (f)	**midtergang** (f)	['metʌ̩gɑŋ']

142. Comboio

comboio (m)	tog (i)	['tɔˀw]
comboio (m) suburbano	lokaltog (i)	[lo'kæˀl̩ˌtɔˀw]
comboio (m) rápido	lyntog, eksprestog (i)	['ly:n̩ˌtɔˀw], [ɛks'pʁasˌtɔˀw]
locomotiva (f) diesel	diesellokomotiv (i)	['diˀsəl lokomo'tiwˀ]
locomotiva (f) a vapor	damplokomotiv (i)	['damp lokomo'tiwˀ]

carruagem (f)	vogn (f)	['vɒwˀn]
carruagem restaurante (f)	spisevogn (f)	['spi:səˌvɒwˀn]

carris (m pl)	skinner (f pl)	['skenʌ]
caminho de ferro (m)	jernbane (f)	['jæɐ̯ˀn̩ˌbæːnə]
travessa (f)	svelle (f)	['svɛlə]

plataforma (f)	perron (f)	[pa'ʁʌŋ]
linha (f)	spor (i)	['spoˀɐ̯]
semáforo (m)	semafor (f)	[sema'foˀɐ̯]
estação (f)	station (f)	[sta'ɕoˀn]

maquinista (m)	togfører (f)	['tɔwˌføːʌ]
bagageiro (m)	drager (f)	['dʁaːwʌ]
hospedeiro, -a (da carruagem)	togbetjent (f)	['tɔw be'tjɛnˀt]

passageiro (m)	passager (f)	[pasa'ɕeˀɐ̯]
revisor (m)	kontrollør (f)	[kʌntʁo'løˀɐ̯]

corredor (m)	korridor (f)	[kɒi'doˀɐ̯]
freio (m) de emergência	nødbremse (f)	['nøðˌbʁamsə]
compartimento (m)	kupe, kupé (f)	[ku'peˀ]
cama (f)	køje (f)	['kʌjə]
cama (f) de cima	overkøje (f)	['ɒwʌˌkʌjə]
cama (f) de baixo	underkøje (f)	['ɔnʌˌkʌjə]
roupa (f) de cama	sengetøj (i)	['sɛŋəˌtʌj]

bilhete (m)	billet (f)	[bi'lɛt]
horário (m)	køreplan (f)	['køːʌˌplæˀn]
painel (m) de informação	informationstavle (f)	[enfɒma'ɕons ˌtawlə]

partir (vt)	at afgå	[ʌ 'awˌgɔˀ]
partida (f)	afgang (f)	['awˌgaŋˀ]
chegar (vi)	at ankomme	[ʌ 'anˌkʌmˀə]
chegada (f)	ankomst (f)	['anˌkʌmˀst]

chegar de comboio	at ankomme med toget	[ʌ 'anˌkʌmˀə mɛ 'tɔˀwəð]
apanhar o comboio	at stå på toget	[ʌ 'sti:ə pɔ 'tɔˀwəð]
sair do comboio	at stå af toget	[ʌ 'sti:ə a 'tɔˀwəð]

acidente (m) ferroviário	togulykke (f)	['tɔw uˌløkə]
descarrilar (vi)	at afspore	[ʌ 'awˌspoˀʌ]

locomotiva (f) a vapor	damplokomotiv (i)	['damp lokomo'tiwˀ]
fogueiro (m)	fyrbøder (f)	['fyɐ̯ˌbøðʌ]
fornalha (f)	fyrrum (i)	['fyɐ̯ˌʁomˀ]
carvão (m)	kul (i)	['kɔl]

143. Barco

navio (m)	skib (i)	['ski'b]
embarcação (f)	fartøj (i)	['fɑːˌtʌj]
vapor (m)	dampskib (i)	['dɑmpˌski'b]
navio (m)	flodbåd (f)	['floðˌbɔ'ð]
transatlântico (m)	cruiseskib (i)	['kʁuːsˌski'b]
cruzador (m)	krydser (f)	['kʁysʌ]
iate (m)	yacht (f)	['jɑgt]
rebocador (m)	bugserbåd (f)	[bug'seɐ̯ˌbɔ'ð]
barcaça (f)	pram (f)	['pʁɑm']
ferry (m)	færge (f)	['fæɐ̯wə]
veleiro (m)	sejlbåd (f)	['sɑjlˌbɔ'ð]
bergantim (m)	brigantine (f)	[bʁigan'tiːnə]
quebra-gelo (m)	isbryder (f)	['isˌbʁyðʌ]
submarino (m)	u-båd (f)	['u'ˌbɔð]
bote, barco (m)	båd (f)	['bɔ'ð]
bote, dingue (m)	jolle (f)	['jʌlə]
bote (m) salva-vidas	redningsbåd (f)	['ʁɛðneŋsˌbɔ'ð]
lancha (f)	motorbåd (f)	['moːtʌˌbɔ'ð]
capitão (m)	kaptajn (f)	[kɑp'tɑj'n]
marinheiro (m)	matros (f)	[mɑ'tʁo's]
marujo (m)	sømand (f)	['søˌman']
tripulação (f)	besætning (f)	[be'sɛtneŋ]
contramestre (m)	bådsmand (f)	['bɔðsˌman']
grumete (m)	skibsdreng, jungmand (f)	['skibsˌdʁaŋ'], ['jʌŋˌman']
cozinheiro (m) de bordo	kok (f)	['kʌk]
médico (m) de bordo	skibslæge (f)	['skibsˌlɛːjə]
convés (m)	dæk (i)	['dɛk]
mastro (m)	mast (f)	['mast]
vela (f)	sejl (i)	['sɑj'l]
porão (m)	lastrum (i)	['lastˌʁɔm']
proa (f)	bov (f)	['bɒw']
popa (f)	agterende (f)	['agtʌˌʁanə]
remo (m)	åre (f)	['ɒːɒ]
hélice (f)	propel (f)	[pʁo'pɛl']
camarote (m)	kahyt (f)	[kɑ'hyt]
sala (f) dos oficiais	officersmesse (f)	[ʌfi'seɐ̯s ˌmɛsə]
sala (f) das máquinas	maskinrum (i)	[mɑ'skiːnˌʁɔm']
ponte (m) de comando	kommandobro (f)	[kɒ'mandoˌbʁo']
sala (f) de comunicações	radiorum (i)	['ʁadjoˌʁɔm']
onda (f) de rádio	bølge (f)	['bøljə]
diário (m) de bordo	logbog (f)	['lʌgˌbɔ'w]
luneta (f)	kikkert (f)	['kikʌt]
sino (m)	klokke (f)	['klʌkə]

bandeira (f)	flag (i)	['flæˀj]
cabo (m)	trosse (f)	['tʁʌsə]
nó (m)	knob (i)	['knoˀb]

| corrimão (m) | håndlister (pl) | ['hʌnˌlestʌ] |
| prancha (f) de embarque | landgang (f) | ['lanˌgaŋˀ] |

âncora (f)	anker (i)	['aŋkʌ]
recolher a âncora	at lette anker	[ʌ 'lɛtə 'aŋkʌ]
lançar a âncora	at kaste anker	[ʌ 'kastə 'aŋkʌ]
amarra (f)	ankerkæde (f)	['aŋkʌˌkɛ:ðə]

porto (m)	havn (f)	['hawˀn]
cais, amarradouro (m)	kaj (f)	['kajˀ]
atracar (vi)	at fortøje	[ʌ fʌ'tʌjˀə]
desatracar (vi)	at kaste los	[ʌ 'kastə 'lʌs]

viagem (f)	rejse (f)	['ʁajsə]
cruzeiro (m)	krydstogt (i)	['kʁysˌtʌgt]
rumo (m), rota (f)	kurs (f)	['kuɐ̯s]
itinerário (m)	rute (f)	['ʁu:tə]

canal (m) navegável	sejlrende (f)	['sajlˌʁanə]
banco (m) de areia	grund (f)	['gʁʌnˀ]
encalhar (vt)	at gå på grund	[ʌ 'gɔˀ pɔ 'gʁʌnˀ]

tempestade (f)	storm (f)	['stɒˀm]
sinal (m)	signal (i)	[si'næˀl]
afundar-se (vr)	at synke	[ʌ 'søŋkə]
Homem ao mar!	Mand over bord!	['manˀ 'ɒwʌ ˌboˀɐ̯]
SOS	SOS	[ɛso'ɛs]
boia (f) salva-vidas	redningskrans (f)	['ʁɛðneŋsˌkʁanˀs]

144. Aeroporto

aeroporto (m)	lufthavn (f)	['lɔftˌhawˀn]
avião (m)	fly (i)	['flyˀ]
companhia (f) aérea	flyselskab (i)	['flyˀsɛlˌskæˀb]
controlador (m) de tráfego aéreo	flyveleder (f)	['fly:vəˌle:ðʌ]

partida (f)	afgang (f)	['awˌgaŋˀ]
chegada (f)	ankomst (f)	['anˌkʌmˀst]
chegar (~ de avião)	at ankomme	[ʌ 'anˌkʌmˀə]

| hora (f) de partida | afgangstid (f) | ['awgaŋsˌtiðˀ] |
| hora (f) de chegada | ankomsttid (f) | ['ankʌmˀstˌtið] |

| estar atrasado | at blive forsinke | [ʌ 'bli:ə fʌ'senˀ²kə] |
| atraso (m) de voo | afgangsforsinkelse (f) | ['awˌgaŋs fʌ'seŋkəlsə] |

painel (m) de informação	informationstavle (f)	[enfɒma'çons ˌtawlə]
informação (f)	information (f)	[enfɒma'çoˀn]
anunciar (vt)	at meddele	[ʌ 'mɛðˌdeˀlə]

voo (m)	flight (f)	['flɑjt]
alfândega (f)	told (f)	['tʌlˀ]
funcionário (m) da alfândega	toldbetjent (f)	['tʌl be'tjɛnˀt]

declaração (f) alfandegária	tolddeklaration (f)	['tʌl deklɑɑˌɕoˀn]
preencher (vt)	at udfylde	[ʌ 'uðˌfylˀə]
preencher a declaração	at udfylde	[ʌ 'uðˌfylˀə
	en tolddeklaration	en 'tʌlˀdeklɑɑ'ɕoˀn]
controlo (m) de passaportes	paskontrol (f)	['paskɔnˌtʁʌlˀ]

bagagem (f)	bagage (f)	[ba'gæːɕə]
bagagem (f) de mão	håndbagage (f)	['hʌn ba'gæːɕə]
carrinho (m)	bagagevogn (f)	[ba'gæːɕəˌvɒwˀn]

aterragem (f)	landing (f)	['lanɛŋ]
pista (f) de aterragem	landingsbane (f)	['lanɛŋsˌbæːnə]
aterrar (vi)	at lande	[ʌ 'lanə]
escada (f) de avião	trappe (f)	['tʁapə]

check-in (m)	check-in (f)	[tjɛk'en]
balcão (m) do check-in	check-in-skranke (f)	[tjɛk'enˌskʁaŋkə]
fazer o check-in	at tjekke ind	[ʌ 'tjɛkə 'enˀ]
cartão (m) de embarque	boardingkort (i)	['bɒːdeŋˌkɒːt]
porta (f) de embarque	gate (f)	['gɛjt]

trânsito (m)	transit (f)	[tʁan'sit]
esperar (vi, vt)	at vente	[ʌ 'vɛntə]
sala (f) de espera	ventesal (f)	['vɛntəˌsæˀl]
despedir-se de ...	at vinke farvel	[ʌ 'veŋkə fa'vɛl]
despedir-se (vr)	at sige farvel	[ʌ 'siː fa'vɛl]

145. Bicicleta. Motocicleta

bicicleta (f)	cykel (f)	['sykəl]
scotter, lambreta (f)	scooter (f)	['skuːtʌ]
mota (f)	motorcykel (f)	['moːtʌˌsykəl]

ir de bicicleta	at cykle	[ʌ 'syklə]
guiador (m)	styr (i)	['styɐ̯ˀ]
pedal (m)	pedal (f)	[pe'dæˀl]
travões (m pl)	bremser (f pl)	['bʁamsʌ]
selim (m)	sadel (f)	['saðəl]

bomba (f) de ar	pumpe (f)	['pɔmpə]
porta-bagagens (m)	bagagebærer (f)	[ba'gæːɕəˌbɛːʌ]
lanterna (f)	lygte (f)	['løgtə]
capacete (m)	hjelm (f)	['jɛlˀm]

roda (f)	hjul (i)	['juˀl]
guarda-lamas (m)	skærm (f)	['skæɐ̯ˀm]
aro (m)	fælg (f)	['fɛlˀj]
raio (m)	eger (f)	['ejˀʌ]

Carros

146. Tipos de carros

carro, automóvel (m)	**bil** (f)	['bi'l]
carro (m) desportivo	**sportsbil** (f)	['spɒ:ts‚bi'l]
limusine (f)	**limousine** (f)	[limu'si:nə]
todo o terreno (m)	**terrænbil** (f)	[ta'ʁaŋ‚bi'l]
descapotável (m)	**cabriolet** (f)	[kabʁio'lɛ]
minibus (m)	**minibus** (f)	['mini‚bus]
ambulância (f)	**ambulance** (f)	[ambu'laŋsə]
limpa-neve (m)	**sneplov** (f)	['sne‚plɒw']
camião (m)	**lastbil** (f)	['last‚bi'l]
camião-cisterna (m)	**tankbil** (f)	['taŋk‚bi'l]
carrinha (f)	**varevogn** (f)	['va:a‚vɒw'n]
camião-trator (m)	**trækker** (f)	['tʁakʌ]
atrelado (m)	**påhængsvogn** (f)	['pʌhɛŋs‚vɒw'n]
confortável	**komfortabel**	[kʌmfɒ'tæ'bəl]
usado	**brugt**	['bʁɔgt]

147. Carros. Carroçaria

capô (m)	**motorhjelm** (f)	['mo:tʌjɛl'm]
guarda-lamas (m)	**skærm** (f)	['skæɡ'm]
tejadilho (m)	**tag** (i)	['tæ'j]
para-brisa (m)	**forrude** (f)	['fɒ:ʁu:ðə]
espelho (m) retrovisor	**bakspejl** (i)	['bak‚spaj'l]
lavador (m)	**sprinkler** (f)	['spʁɛŋklʌ]
limpa-para-brisas (m)	**viskere** (f pl)	['veskʌe]
vidro (m) lateral	**siderude** (f)	['si:ðə‚ʁu:ðə]
elevador (m) do vidro	**rudeoptræk** (i)	['ʁu:ðə 'ʌp‚tʁak]
antena (f)	**antenne** (f)	[an'tɛnə]
teto solar (m)	**soltag** (i)	['so:l‚tæ'j]
para-choques (m pl)	**kofanger** (f)	[ko'faŋʌ]
bagageira (f)	**bagagerum** (i)	[ba'gæ:ɕə‚ʁɔm]
bagageira (f) de tejadilho	**tagbagagebærer** (f)	['taw ba'gæ:ɕə 'bɛ:ʌ]
porta (f)	**dør** (f)	['dœ'ɡ]
maçaneta (f)	**dørhåndtag** (i)	['dœɡ‚hʌn'‚tæ'j]
fechadura (f)	**dørlås** (f)	['dœɡ‚lɔ's]
matrícula (f)	**nummerplade** (f)	['nɔmʌ‚plæ:ðə]
silenciador (m)	**lyddæmper** (f)	['lyð‚dɛmpʌ]

tanque (m) de gasolina	benzintank (f)	[bɛn'sin,taŋˀk]
tubo (m) de escape	udstødningsrør (i)	['uð,støðˀneŋs ,ʁœˀɐ̯]

acelerador (m)	gas (f)	['gas]
pedal (m)	pedal (f)	[pe'dæˀl]
pedal (m) do acelerador	gaspedal (f)	['gas pe'dæˀl]

travão (m)	bremse (f)	['bʁamsə]
pedal (m) do travão	bremsepedal (f)	['bʁamsə pe'dæˀl]
travar (vt)	at bremse	[ʌ 'bʁamsə]
travão (m) de mão	håndbremse (f)	['hʌn,bʁamsə]

embraiagem (f)	kobling (f)	['kʌbleŋ]
pedal (m) da embraiagem	koblingspedal (f)	['kʌbleŋs,pe'dæˀl]
disco (m) de embraiagem	koblingsplade (f)	['kʌbleŋs,plæːðə]
amortecedor (m)	støddæmper (f)	['støð,dɛmpʌ]

roda (f)	hjul (i)	['juˀl]
pneu (m) sobresselente	reservehjul (i)	[ʁɛ'sæɐ̯və,juˀl]
pneu (m)	dæk (i)	['dɛk]
tampão (m) de roda	hjulkapsel (f)	['juːl,kapsəl]

rodas (f pl) motrizes	drivhjul (i pl)	['dʁiw,juˀl]
de tração dianteira	forhjulstrukket	['fɒːjuls,tʁɔkəð]
de tração traseira	baghjulstrukket	['bawjuls,tʁɔkəð]
de tração às 4 rodas	firehjulstrukket	['fiɐ̯juls,tʁɔkəð]

caixa (f) de mudanças	gearkasse (f)	['giɐ̯,kasə]
automático	automatisk	[awto'mæˀtisk]
mecânico	mekanisk	[me'kæˀnisk]
alavanca (f) das mudanças	gearstang (f)	['giɐ̯,staŋˀ]

farol (m)	forlygte (f)	['fɒː,løgtə]
faróis, luzes	forlygter (f pl)	['fɒː,løgtʌ]

médios (m pl)	nærlys (i)	['nɛɐ̯,lyˀs]
máximos (m pl)	fjernlys (i)	['fjæɐ̯ˀn,lyˀs]
luzes (f pl) de stop	stoplys (i)	['stʌp,lyˀs]

mínimos (m pl)	positionslys (i)	[posi'ɕons,lyˀs]
luzes (f pl) de emergência	havariblink (i pl)	[hava'ʁi,bleŋˀk]
faróis (m pl) antinevoeiro	tågelygter (f pl)	['tɔːwə,løgtʌ]
pisca-pisca (m)	blinklys (i)	['bleŋk,lyˀs]
luz (f) de marcha atrás	baklys (i)	['bak,lyˀs]

148. Carros. Habitáculo

interior (m) do carro	interiør (i), indretning (f)	[entæɐ̯i'œːɐ̯], ['en,ʁatnen]
de couro, de pele	læder-	['lɛðʌ-]
de veludo	velour-	[ve'luːɐ̯-]
estofos (m pl)	betræk (i)	[be'tʁak]

indicador (m)	instrument (i)	[enstʁu'mɛnˀt]
painel (m) de instrumentos	instrumentpanel (i)	[enstʁu'mɛnˀt pa'neːl]

| velocímetro (m) | speedometer (i) | [spido'me²tʌ] |
| ponteiro (m) | viser (f) | ['viːsʌ] |

conta-quilómetros (m)	kilometertæller (f)	[kilo'me²tʌˌtɛlʌ]
sensor (m)	indikator (f)	[endi'kæːtʌ]
nível (m)	niveau (i)	[ni'vo]
luz (f) avisadora	advarselslampe (f)	['aðˌvaːsəlsˌlampə]

volante (m)	rat (i)	['ʁat]
buzina (f)	horn (i)	['hoɡ²n]
botão (m)	knap (f)	['knap]
interruptor (m)	omskifter (f)	['ʌmˌskiftʌ]

assento (m)	sæde (i)	['sɛːðə]
costas (f pl) do assento	ryglæn (i)	['ʁœgˌlɛ²n]
cabeceira (f)	nakkestøtte (f)	['nakəˌstøtə]
cinto (m) de segurança	sikkerhedssele (f)	['sekʌˌheðs 'seːlə]
apertar o cinto	at spænde sikkerhedsselen	[ʌ 'spɛnə 'sekʌheð²ˌselən]
regulação (f)	justering (f)	[ju'ste²ɡeŋ]

| airbag (m) | airbag (f) | ['ɛɡˌbæːg] |
| ar (m) condicionado | klimaanlæg (i) | ['kliːma'anˌlɛ²g] |

rádio (m)	radio (f)	['ʁa²djo]
leitor (m) de CD	cd-afspiller (f)	[se'de 'awˌspel²ʌ]
ligar (vt)	at tænde	[ʌ 'tɛnə]
antena (f)	antenne (f)	[an'tɛnə]
porta-luvas (m)	handskerum (i)	['hanskəˌʁɔm²]
cinzeiro (m)	askebæger (i)	['askəˌbɛːjʌ]

149. Carros. Motor

motor (m)	motor (f)	['moːtʌ]
diesel	diesel-	['disəl-]
a gasolina	benzin-	[bɛn'sin-]

cilindrada (f)	motorvolumen (i, f)	['moːtʌ vo'luːmən]
potência (f)	styrke (f)	['styɡkə]
cavalo-vapor (m)	hestekraft (f)	['hɛstəˌkʁaft]
pistão (m)	stempel (i)	['stɛm²pəl]
cilindro (m)	cylinder (f)	[sy'len²dʌ]
válvula (f)	ventil (f)	[vɛn'ti²l]

injetor (m)	injektor (f)	[en'jɛktʌ]
gerador (m)	generator (f)	[genə'ʁaːtʌ]
carburador (m)	karburator (f)	[kabu'ʁaːtʌ]
óleo (m) para motor	motorolie (f)	['moːtʌˌoljə]

radiador (m)	radiator (f)	[ʁadi'æːtʌ]
refrigerante (m)	kølervæske (f)	['køːlʌˌvɛskə]
ventilador (m)	ventilator (f)	[vɛnti'læːtʌ]

| bateria (f) | batteri (i) | [batʌ'ʁi²] |
| dispositivo (m) de arranque | starter (f) | ['staːtʌ] |

| ignição (f) | tænding (f) | ['tɛneŋ] |
| vela (f) de ignição | tændrør (i) | ['tɛnˌʁɶˀɐ̯] |

borne (m)	klemme (f)	['klɛmə]
borne (m) positivo	plusklemme (f)	['plusˌklɛmə]
borne (m) negativo	minusklemme (f)	['mi:nusˌklɛmə]
fusível (m)	sikring (f)	['sekʁɛŋ]

filtro (m) de ar	luftfilter (i)	['lɔftˌfilˀtʌ]
filtro (m) de óleo	oliefilter (i)	['oljəˌfilˀtʌ]
filtro (m) de combustível	brændselsfilter (i)	['bʁanˀsəlˌfilˀtʌ]

150. Carros. Batidas. Reparação

acidente (m) de carro	bilulykke (f)	['bil 'uˌløkə]
acidente (m) rodoviário	færdselsuheld (i)	['fæɐ̯səlsˌuhɛlˀ]
ir contra ...	at køre ind i ...	[ʌ 'kø:ʌ en i ...]
sofrer um acidente	at havarere	[ʌ hɑvɑ'ʁɛˀʌ]
danos (m pl)	skade (f)	['skæ:ðə]
intato	uskadt	['uˌskat]

avaria (no motor, etc.)	havari (i)	[hɑvɑ'ʁiˀ]
avariar (vi)	at bryde sammen	[ʌ 'bʁy:ðə 'samˀən]
cabo (m) de reboque	slæbetov (i)	['slɛːbəˌtɒw]

furo (m)	punktering (f)	[pɔŋ'teˀʁeŋ]
estar furado	at være punkteret	[ʌ 'vɛːʌ pɔŋ'teˀʌð]
encher (vt)	at pumpe op	[ʌ 'pompə ʌp]
pressão (f)	tryk (i)	['tʁœk]
verificar (vt)	at tjekke	[ʌ 'tjɛkə]

reparação (f)	reparation (f)	[ʁɛpʁɑ'ɕoˀn]
oficina (f) de reparação de carros	bilværksted (i)	['bil 'væɐ̯kˌstɛð]
peça (f) sobresselente	reservedel (f)	[ʁɛ'sæɐ̯vəˌdeˀl]
peça (f)	del (f)	['deˀl]

parafuso (m)	bolt (f)	['bʌlˀt]
parafuso (m)	skrue (f)	['skʁuːə]
porca (f)	møtrik (f)	['møtʁɛk]
anilha (f)	spændskive (f)	['sbɛnˌski:və]
rolamento (m)	leje (i)	['lɑjə]

tubo (m)	rør (i)	['ʁɶˀɐ̯]
junta (f)	pakning (f)	['pakneŋ]
fio, cabo (m)	ledning (f)	['leðneŋ]

macaco (m)	donkraft (f)	['dɔnˌkʁɑft]
chave (f) de boca	skruenøgle (f)	['skʁuːəˌnʌjlə]
martelo (m)	hammer (f)	['hɑmʌ]
bomba (f)	pumpe (f)	['pompə]
chave (f) de fendas	skruetrækker (f)	['skʁuːəˌtʁakʌ]
extintor (m)	brandslukker (f)	['bʁanˌslɔkʌ]
triângulo (m) de emergência	advarselstrekant (f)	['aðˌvɑːsəls 'tʁɛˌkanˀt]

parar (vi) (motor)	at gå i stå	[ʌ gɔˀ i 'stɔˀ]
paragem (f)	stå (f), stop (i)	['stɔˀ], ['stʌp]
estar quebrado	at være ødelagt	[ʌ 'vɛːʌ 'øːðə͵lagt]

superaquecer-se (vr)	at blive overophedet	[ʌ 'bliːə 'ɒwʌ 'ʌb͵heˀðət]
entupir-se (vr)	at blive tilstoppet	[ʌ 'bliːə tel'stʌpəð]
congelar-se (vr)	at fryse	[ʌ 'fʁyːsə]
rebentar (vi)	at sprække, at briste	[ʌ 'spʁakə], [ʌ 'bʁɛstə]

pressão (f)	tryk (i)	['tʁœk]
nível (m)	niveau (i)	[ni'vo]
frouxo	slap	['slap]

mossa (f)	bule (f)	['buːlə]
ruído (m)	bankelyd (f)	['baŋkə͵lyðˀ]
fissura (f)	sprække (f)	['spʁakə]
arranhão (m)	ridse (f)	['ʁisə]

151. Carros. Estrada

estrada (f)	vej (f)	['vajˀ]
autoestrada (f)	hovedvej (f)	['hoːəð͵vajˀ]
rodovia (f)	motorvej (f)	['moːtʌ͵vajˀ]
direção (f)	retning (f)	['ʁatneŋ]
distância (f)	afstand (f)	['aw͵stanˀ]

ponte (f)	bro (f)	['bʁoˀ]
parque (m) de estacionamento	parkeringsplads (f)	[pɑ'keˀɡeŋs͵plas]
praça (f)	torv (i)	['tɒˀw]
nó (m) rodoviário	motorvejskryds (i)	['moːtʌvaj͵kʁys]
túnel (m)	tunnel (f)	['tɔnˀəl]

posto (m) de gasolina	tankstation (f)	['taŋk sta'ɕˀon]
parque (m) de estacionamento	parkeringsplads (f)	[pɑ'keˀɡeŋs͵plas]
bomba (f) de gasolina	benzinpumpe (f)	[bɛn'sin͵pɔmpə]
oficina (f) de reparação de carros	bilværksted (i)	['bil 'væɡ̊k͵stɛð]
abastecer (vt)	at tanke op	[ʌ 'taŋkə ʌp]
combustível (m)	brændstof (i)	['bʁan͵stʌf]
bidão (m) de gasolina	dunk (f)	['dɔŋˀk]

asfalto (m)	asfalt (f)	['as͵falˀt]
marcação (f) de estradas	vejafmærkning (f)	['vaj 'aw͵mæɡ̊kneŋ]
lancil (m)	fortovskant (f)	['fɒːtɒws͵kanˀt]
proteção (f) guard-rail	autoværn (i)	['awto͵væɡ̊ˀn]
valeta (f)	vejgrøft (f)	['vaj͵gʁœft]
berma (f) da estrada	vejkant (f)	['vaj͵kanˀt]
poste (m) de luz	lygtepæl (f)	['løgtə͵pɛˀl]

conduzir, guiar (vt)	at køre	[ʌ 'køːʌ]
virar (ex. ~ à direita)	at svinge	[ʌ 'sveŋə]
dar retorno	at lave en U-vending	[ʌ 'læːvə en 'uˀ͵vɛneŋ]
marcha-atrás (f)	bakgear (i)	['bak͵giɡ̊ˀ]
buzinar (vi)	at dytte	[ʌ 'dytə]

buzina (f)	dyt (i)	['dyt]
atolar-se (vr)	at køre fast	[ʌ 'køːʌ 'fast]
patinar (na lama)	at spinne, at spinde	[ʌ 'spenə]
desligar (vt)	at standse	[ʌ 'stansə]
velocidade (f)	hastighed (f)	['hastiˌheðˀ]
exceder a velocidade	at overskride fartgrænsen	[ʌ 'ɒwʌˌskʁiðˀə 'fɑtˌgʁansən]
multar (vt)	at give en bøde	[ʌ 'giˀ en 'bøːðə]
semáforo (m)	trafiklys (i)	[tʁɑ'fikˌlyˀs]
carta (f) de condução	kørekort (i)	['køːʌˌkɒːt]
passagem (f) de nível	overskæring (f)	['ɒwʌˌskɛˀɡ̊eŋ]
cruzamento (m)	kryds (i, f)	['kʁys]
passadeira (f)	fodgængerovergang (f)	['foðgɛŋʌ 'ɒwʌˌgɑŋˀ]
curva (f)	kurve (f)	['kuɡ̊wə]
zona (f) pedonal	gågade (f)	['gɔːˌgæːðə]

PESSOAS. EVENTOS

Eventos

152. Férias. Evento

festa (f)	fest (f)	['fɛst]
festa (f) nacional	nationaldag (f)	[naɕo'næʔlˌdæʔ]
feriado (m)	festdag (f)	['fɛstˌdæʔ]
festejar (vt)	at fejre	[ʌ 'fajʁʌ]
evento (festa, etc.)	begivenhed (f)	[be'giʔvənˌheð']
evento (banquete, etc.)	arrangement (i)	[aɑŋɕə'maŋ]
banquete (m)	banket (f)	[baŋ'kɛt]
receção (f)	reception (f)	[ʁɛsəp'ɕoʔn]
festim (m)	fest (f)	['fɛst]
aniversário (m)	årsdag (f)	['ɒʔsˌdæʔ]
jubileu (m)	jubilæum (i)	[jubi'lɛːɔm]
celebrar (vt)	at fejre	[ʌ 'fajʁʌ]
Ano (m) Novo	nytår (i)	['nytˌɒʔ]
Feliz Ano Novo!	Godt nytår!	['gʌt 'nytˌɒʔ]
Pai (m) Natal	Julemanden	['juːləˌmanʔ]
Natal (m)	jul (f)	['juʔl]
Feliz Natal!	Glædelig Jul!, God Jul!	['glɛːðəli 'juʔl], [goð 'juʔl]
árvore (f) de Natal	juletræ (i)	['juːləˌtʁɛʔ]
fogo (m) de artifício	fyrværkeri (i)	[fyɐ̯vægkʌ'ʁiʔ]
boda (f)	bryllup (i)	['bʁœlʌp]
noivo (m)	brudgom (f)	['bʁuðˌgʌmʔ]
noiva (f)	brud (f)	['bʁuð]
convidar (vt)	at indbyde, at invitere	[ʌ 'enˌbyʔðə], [ʌ envi'teʔʌ]
convite (m)	indbydelse (f)	[en'byʔðəlsə]
convidado (m)	gæst (f)	['gɛst]
visitar (vt)	at besøge	[ʌ be'søʔjə]
receber os hóspedes	at hilse på gæsterne	[ʌ 'hilsə pɔ 'gɛstɐnə]
presente (m)	gave (f)	['gæːvə]
oferecer (vt)	at give	[ʌ 'giʔ]
receber presentes	at få gaver	[ʌ 'fɔʔ 'gæːvə]
ramo (m) de flores	buket (f)	[bu'kɛt]
felicitações (f pl)	lykønskning (f)	['løkˌønʔsknen]
felicitar (dar os parabéns)	at gratulere	[ʌ gʁatu'leʔʌ]
cartão (m) de parabéns	lykønskningskort (i)	['løkˌønʔsknens 'kɒːt]

| enviar um postal | at sende et postkort | [ʌ 'sɛnə et 'pʌstˌkɒ:t] |
| receber um postal | at få et postkort | [ʌ 'fɔ' et 'pʌstˌkɒ:t] |

brinde (m)	skål (f)	['skɔ'l]
oferecer (vt)	at byde på	[ʌ 'by:ðə pɔ']
champanhe (m)	champagne (f)	[ɕɑm'panjə]

divertir-se (vr)	at more sig	[ʌ 'mo:ʌ saj]
diversão (f)	munterhed (f)	['mɔntʌˌheð']
alegria (f)	glæde (f)	['glɛ:ðə]

| dança (f) | dans (f) | ['dan's] |
| dançar (vi) | at danse | [ʌ 'dansə] |

| valsa (f) | vals (f) | ['val's] |
| tango (m) | tango (f) | ['tɑŋgo] |

153. Funerais. Enterro

cemitério (m)	kirkegård (f)	['kiᵉkəˌgɒ']
sepultura (f), túmulo (m)	grav (f)	['gʁɑ'w]
cruz (f)	kors (i)	['kɒ:s]
lápide (f)	gravsten (f)	['gʁɑwˌste'n]
cerca (f)	hegn (i)	['haj'n]
capela (f)	kapel (i)	[ka'pɛl']

morte (f)	død (f)	['døð']
morrer (vi)	at dø	[ʌ 'dø']
defunto (m)	den afdøde	[dən aw'dø:ðə]
luto (m)	sorg (f)	['sɒ'w]

enterrar, sepultar (vt)	at begrave	[ʌ be'gʁɑ'və]
agência (f) funerária	begravelseskontor (i)	[be'gʁɑ'wəlsəs kɔn'to'ɐ̯]
funeral (m)	begravelse (f)	[be'gʁɑ'wəlsə]

coroa (f) de flores	krans (f)	['kʁɑn's]
caixão (m)	ligkiste (f)	['li:ˌki:stə]
carro (m) funerário	rustvogn (f)	['ʁɔstˌvɒw'n]
mortalha (f)	ligklæde (i)	['li:ˌklɛ:ðə]

procissão (f) funerária	sørgetog (i)	['sæɡ̊wəˌtɔ'w]
urna (f) funerária	urne (f)	['uᵉnə]
crematório (m)	krematorium (i)	[kʁɛma'to'ᵉiɔm]

obituário (m), necrologia (f)	nekrolog (f)	[nekʁo'lo']
chorar (vi)	at græde	[ʌ 'gʁa:ðə]
soluçar (vi)	at hulke	[ʌ 'hulkə]

154. Guerra. Soldados

| pelotão (m) | deling (f) | ['de:leŋ] |
| companhia (f) | kompagni (i) | [kɔmpa'ni'] |

regimento (m)	regiment (i)	[ʁɛgi'mɛn't]
exército (m)	hær (f)	['hɛ'ɡ]
divisão (f)	division (f)	[divi'ɕo'n]
destacamento (m)	trop (f), afdeling (f)	['tʁʌp], ['aw,de'len]
hoste (f)	hær (f)	['hɛ'ɡ]
soldado (m)	soldat (f)	[sol'dæ't]
oficial (m)	officer (f)	[ʌfi'se'ɡ]
soldado (m) raso	menig (f)	['me:ni]
sargento (m)	sergent (f)	[sæɡ'ɕan't]
tenente (m)	løjtnant (f)	['lʌjt,nan't]
capitão (m)	kaptajn (f)	[kɑp'tɑj'n]
major (m)	major (f)	[ma'jo'ɡ]
coronel (m)	oberst (f)	['o'bʌst]
general (m)	general (f)	[genə'ʁa'l]
marujo (m)	sømand (f)	['sø,man']
capitão (m)	kaptajn (f)	[kɑp'tɑj'n]
contramestre (m)	bådsmand (f)	['bɔðs,man']
artilheiro (m)	artillerist (f)	[,ɑ:telʌ'ʁist]
soldado (m) paraquedista	faldskærmsjæger (f)	['fal,skæɡ'ms,jɛ:jʌ]
piloto (m)	flyver (f)	['fly:vʌ]
navegador (m)	styrmand (f)	['styɡ,man']
mecânico (m)	mekaniker (f)	[me'kæ'nikʌ]
sapador (m)	pioner (f)	[pio'ne'ɡ]
paraquedista (m)	faldskærmsudspringer (f)	['fal,skæɡ'ms 'uð,spʁɛŋʌ]
explorador (m)	opklaringssoldat (f)	['ʌp,klɑ'eŋs sol'dæ't]
franco-atirador (m)	snigskytte (f)	['sni:,skøtə]
patrulha (f)	patrulje (f)	[pa'tʁuljə]
patrulhar (vt)	at patruljere	[ʌ patʁul'je'ʌ]
sentinela (f)	vagt (f)	['vagt]
guerreiro (m)	kriger (f)	['kʁi'ʌ]
patriota (m)	patriot (f)	[patʁi'o't]
herói (m)	helt (f)	['hɛl't]
heroína (f)	heltinde (f)	[hɛlt'enə]
traidor (m)	forræder (f)	[fʌ'ʁað'ʌ]
trair (vt)	at forråde	[ʌ fʌ'ʁɔ'ðə]
desertor (m)	desertør (f)	[desæɡ'tø'ɡ]
desertar (vt)	at desertere	[ʌ desæɡ'te'ʌ]
mercenário (m)	lejesoldat (f)	['lɑjə sol'dæ't]
recruta (m)	rekrut (f)	[ʁɛ'kʁut]
voluntário (m)	frivillig (f)	['fʁi,vil'i]
morto (m)	dræbt (f)	['dʁabt]
ferido (m)	såret (f)	['sɒ:ʌð]
prisioneiro (m) de guerra	fange (f)	['faŋə]

143

155. Guerra. Ações militares. Parte 1

guerra (f)	krig (f)	['kʁiˀ]
guerrear (vt)	at være i krig	[ʌ 'vɛ:ʌ i kʁiˀ]
guerra (f) civil	borgerkrig (f)	['bɒːwʌˌkʁiˀ]
perfidamente	troløst, forræderisk	['tʁoˌløˀs], [fʌ'ʁaðˀʌʁisk]
declaração (f) de guerra	krigserklæring (f)	[ˌkʁis æg̊'klɛˀg̊eŋ]
declarar (vt) guerra	at erklære	[ʌ æg̊'klɛˀʌ]
agressão (f)	aggression (f)	[agʁə'ɕoˀn]
atacar (vt)	at angribe	[ʌ 'anˌgʁiˀbə]
invadir (vt)	at invadere	[ʌ enva'deˀʌ]
invasor (m)	angriber (f)	['anˌgʁiˀbʌ]
conquistador (m)	erobrer (f)	[e'ʁoˀbʁʌ]
defesa (f)	forsvar (i)	['fɒːˌsvɑˀ]
defender (vt)	at forsvare	[ʌ fʌ'svɑˀa]
defender-se (vr)	at forsvare sig	[ʌ fʌ'svɑˀa saj]
inimigo (m)	fjende (f)	['fjɛnə]
adversário (m)	modstander (f)	['moðˌstanˀʌ]
inimigo	fjendtlig	['fjɛntli]
estratégia (f)	strategi (f)	[stʁɑtə'giˀ]
tática (f)	taktik (f)	[tɑk'tik]
ordem (f)	ordre (f)	['ɒˀdʁʌ]
comando (m)	ordre (f), kommando (i, f)	['ɒˀdʁʌ], [ko'mando]
ordenar (vt)	at beordre	[ʌ be'ɒˀdʁʌ]
missão (f)	mission (f)	[mi'ɕoˀn]
secreto	hemmelig	['hɛməli]
batalha (f)	batalje (f)	[ba'taljə]
batalha (f)	slag (i)	['slæˀj]
combate (m)	kamp (f)	['kɑmˀp]
ataque (m)	angreb (i)	['anˌgʁɛˀb]
assalto (m)	storm (f)	['stɒˀm]
assaltar (vt)	at storme	[ʌ 'stɒːmə]
assédio, sítio (m)	belejring (f)	[be'lajˀʁeŋ]
ofensiva (f)	offensiv (f), angreb (i)	['ʌfənˌsiwˀ], ['anˌgʁɛˀb]
passar à ofensiva	at angribe	[ʌ 'anˌgʁiˀbə]
retirada (f)	retræte (f)	[ʁɛ'tʁɛ:tə]
retirar-se (vr)	at retirere	[ʌ ʁɛti'ʁɛˀʌ]
cerco (m)	omringning (f)	['ʌmˌʁɛŋneŋ]
cercar (vt)	at omringe	[ʌ 'ʌmˌʁɛŋˀə]
bombardeio (m)	bombning (f)	['bɒmbneŋ]
lançar uma bomba	at droppe en bombe	[ʌ 'dʁʌpə en 'bombə]
bombardear (vt)	at bombardere	[ʌ bomba'deˀʌ]
explosão (f)	eksplosion (f)	[ɛksplo'ɕoˀn]

tiro (m)	skud (i)	['skuð]
disparar um tiro	at skyde	[ʌ 'sky:ðə]
tiroteio (m)	skydning (f)	['skyðnen]

apontar para ...	at sigte på ...	[ʌ 'segtə pɔˀ ...]
apontar (vt)	at rette ind	[ʌ 'ʁatə enˀ]
acertar (vt)	at træffe	[ʌ 'tʁafə]

afundar (um navio)	at sænke	[ʌ 'sɛŋkə]
brecha (f)	hul (i)	['hɔl]
afundar-se (vr)	at synke	[ʌ 'søŋkə]

frente (m)	front (f)	['fʁʌnˀt]
evacuação (f)	evakuering (f)	[evaku'eˀʁen]
evacuar (vt)	at evakuere	[ʌ evaku'eˀʌ]

trincheira (f)	skyttegrav (f)	['skøtə,gʁɑˀw]
arame (m) farpado	pigtråd (f)	['pig,tʁɔˀð]
obstáculo (m) anticarro	afspærring (f)	['aw,spæg̊ˀen]
torre (f) de vigia	vagttårn (i)	['vɑgt,tɔˀn]

hospital (m)	militærsygehus (i)	[mili'tɛg̊ 'sy:ə,huˀs]
ferir (vt)	at såre	[ʌ 'sɒːɒ]
ferida (f)	sår (i)	['sɒˀ]
ferido (m)	såret (f)	['sɒːʌð]
ficar ferido	at blive såret	[ʌ 'bliːə 'sɒːʌð]
grave (ferida ~)	alvorlig	[al'vɒˀli]

156. Armas

arma (f)	våben (i)	['vɔˀbən]
arma (f) de fogo	skydevåben (i)	['sky:ðə,vɔˀbən]
arma (f) branca	blankvåben (i)	['blɑŋkə,vɔˀbən]

arma (f) química	kemisk våben (i)	['keˀmisk ,vɔˀbən]
nuclear	kerne-, atom-	['kæg̊nə-], [a'tom-]
arma (f) nuclear	kernevåben (i)	['kæg̊nə,vɔˀbən]

bomba (f)	bombe (f)	['bɔmbə]
bomba (f) atómica	atombombe (f)	[a'toˀm,bɔmbə]

pistola (f)	pistol (f)	[pi'stoˀl]
caçadeira (f)	gevær (i)	[ge'vɛˀg̊]
pistola-metralhadora (f)	maskinpistol (f)	[ma'skiːn pi'stoˀl]
metralhadora (f)	maskingevær (i)	[ma'skiːn ge'vɛˀg̊]

boca (f)	munding (f)	['monen]
cano (m)	løb (i)	['løˀb]
calibre (m)	kaliber (i, f)	[ka'liˀbʌ]

gatilho (m)	aftrækker (f)	['aw,tʁakʌ]
mira (f)	sigte (i)	['segtə]
carregador (m)	magasin (i)	[mɑga'siˀn]
coronha (f)	kolbe (f)	['kʌlbə]

granada (f) de mão	**håndgranat** (t)	['hʌn gʁɑ'næˀt]
explosivo (m)	**sprængstof** (i)	['spʁaŋˌstʌf]
bala (f)	**kugle** (t)	['kuːlə]
cartucho (m)	**patron** (t)	[pa'tʁoˀn]
carga (f)	**ladning** (t)	['laðneŋ]
munições (f pl)	**ammunition** (t)	[ɑmuni'ɕoˀn]
bombardeiro (m)	**bombefly** (i)	['bɔmbəˌflyˀ]
avião (m) de caça	**jagerfly** (i)	['jɛːjəˌflyˀ]
helicóptero (m)	**helikopter** (t)	[hɛli'kʌptʌ]
canhão (m) antiaéreo	**luftværnskanon** (t)	['lɔftvæɡns ka'noˀn]
tanque (m)	**kampvogn** (t)	['kɑmpˌvɒˀwn]
canhão (de um tanque)	**kanon** (t)	[ka'noˀn]
artilharia (f)	**artilleri** (i)	[ˌɑːtelʌ'ʁiˀ]
canhão (m)	**kanon** (t)	[ka'noˀn]
fazer a pontaria	**at rette ind**	[ʌ 'ʁatə enˀ]
obus (m)	**projektil** (i)	[pʁoɕɛk'tiˀl]
granada (f) de morteiro	**mortergranat** (t)	[mɒ'teɡ gʁɑ'næˀt]
morteiro (m)	**morter** (t)	[mɒ'teˀɡ]
estilhaço (m)	**splint** (t)	['splenˀt]
submarino (m)	**u-båd** (t)	['uˀˌbɔð]
torpedo (m)	**torpedo** (t)	[tɒ'peːdo]
míssil (m)	**missil** (i)	[mi'siˀl]
carregar (uma arma)	**at lade**	[ʌ 'læːðə]
atirar, disparar (vi)	**at skyde**	[ʌ 'skyːðə]
apontar para ...	**at sigte på ...**	[ʌ 'segtə pɔˀ ...]
baioneta (f)	**bajonet** (t)	[bɑjo'nɛt]
espada (f)	**kårde** (t)	['kɒˀʌ]
sabre (m)	**sabel** (t)	['sæˀbəl]
lança (f)	**spyd** (i)	['spyð]
arco (m)	**bue** (t)	['buːə]
flecha (f)	**pil** (t)	['piˀl]
mosquete (m)	**musket** (t)	[mu'skɛt]
besta (f)	**armbrøst** (t)	['ɑˀmˌbʁœst]

157. Povos da antiguidade

primitivo	**fortids-**	['fɒːtiðs-]
pré-histórico	**forhistorisk**	['fɒːhi'stoˀɡisk]
antigo	**oldtids-, antik**	['ʌlˌtiðs-], [an'tik]
Idade (f) da Pedra	**Stenalderen**	['steːnˌalˀʌən]
Idade (f) do Bronze	**Bronzealder** (t)	['bʁʌŋsəˌalˀʌ]
período (m) glacial	**istid** (t), **glacialtid** (t)	['isˌtiðˀ], [gla'ɕælˌtið']
tribo (f)	**stamme** (t)	['stɑmə]
canibal (m)	**kannibal** (t)	[kani'bæˀl]

caçador (m)	jæger (f)	['jɛːjʌ]
caçar (vi)	at jage	[ʌ 'jæːjə]
mamute (m)	mammut (f)	['mɑmut]

caverna (f)	grotte (f)	['gʁʌtə]
fogo (m)	ild (f)	['ilˀ]
fogueira (f)	bål (i)	['bɔˀl]
pintura (f) rupestre	helleristning (f)	['hɛlə̩ʁɛstneŋ]

ferramenta (f)	redskab (i)	['ʁɛðˌskæˀb]
lança (f)	spyd (i)	['spyð]
machado (m) de pedra	stenøkse (f)	['steːnˌøksə]
guerrear (vt)	at være i krig	[ʌ 'vɛːʌ i kʁiˀ]
domesticar (vt)	at tæmme	[ʌ 'tɛmə]

ídolo (m)	idol (i)	[i'doˀl]
adorar, venerar (vt)	at dyrke	[ʌ 'dyɐ̯kə]
superstição (f)	overtro (f)	['ɒwʌˌtʁoˀ]
ritual (m)	ritus (f), rite (f)	['ʁitus], ['ʁitə]

evolução (f)	evolution (f)	[evolu'ɕoˀn]
desenvolvimento (m)	udvikling (f)	['uðˌvekleŋ]
desaparecimento (m)	forsvinden (f)	[fʌ'svenən]
adaptar-se (vr)	at tilpasse sig	[ʌ 'telˌpasə saj]

arqueologia (f)	arkæologi (f)	[ˌɑːkɛolo'giˀ]
arqueólogo (m)	arkæolog (f)	[ˌɑːkɛo'loˀ]
arqueológico	arkæologisk	[ˌɑːkɛo'loˀisk]

local (m) das escavações	udgravningssted (i)	['uðˌgʁawˀneŋs ˌstɛð]
escavações (f pl)	udgravninger (f pl)	['uðˌgʁawˀneŋʌ]
achado (m)	fund (i)	['fonˀ]
fragmento (m)	fragment (i)	[fʁag'mɛnˀt]

158. Idade média

povo (m)	folk (i)	['fʌlˀk]
povos (m pl)	folk (i pl)	['fʌlˀk]
tribo (f)	stamme (f)	['stɑmə]
tribos (f pl)	stammer (f pl)	['stɑmʌ]

bárbaros (m pl)	barbarer (pl)	[bɑ'bɑˀʌ]
gauleses (m pl)	gallere (pl)	['gɑlɒˀʌ]
godos (m pl)	gotere (pl)	['goˀtɒˀʌ]
eslavos (m pl)	slaver (pl)	['slæˀvʌ]
víquingues (m pl)	vikinger (pl)	['vikeŋʌ]

romanos (m pl)	romere (pl)	['ʁoːmeˀʌ]
romano	romersk	['ʁoˀmʌsk]

bizantinos (m pl)	byzantinere (pl)	[bysan'tiˀneʌ]
Bizâncio	Byzans	[by'sans]
bizantino	byzantinsk	[bysan'tiˀnsk]
imperador (m)	kejser (f)	['kajsʌ]

líder (m)	høvding (f)	['hœwdeŋ]
poderoso	mægtig, magtfuld	['mɛgti], ['mɑgtˌfulˀ]
rei (m)	konge (f)	['kʌŋə]
governante (m)	hersker (f)	['hæɐ̯skʌ]
cavaleiro (m)	ridder (f)	['ʁiðˀʌ]
senhor feudal (m)	feudalherre (f)	[fœw'dælˌhæˀʌ]
feudal	feudal	[fœw'dæˀl]
vassalo (m)	vasal (f)	[va'salˀ]
duque (m)	hertug (f)	['hæɐ̯tu]
conde (m)	greve (f)	['gʁeːvə]
barão (m)	baron (f)	[bɑ'ʁoˀn]
bispo (m)	biskop (f)	['biskʌp]
armadura (f)	rustning (f)	['ʁɔstneŋ]
escudo (m)	skjold (i, f)	['skjʌlˀ]
espada (f)	sværd (i)	['svɛˀɐ̯]
viseira (f)	visir (i)	[vi'siɐ̯ˀ]
cota (f) de malha	ringbrynje (f)	['ʁɛŋˌbʁynjə]
cruzada (f)	korstog (i)	['kɒːsˌtɒˀw]
cruzado (m)	korsfarer (f)	['kɒːsˌfɑːɑ]
território (m)	territorium (i)	[tæɐ̯i'toɐ̯ˀjɔm]
atacar (vt)	at angribe	[ʌ 'anˌgʁiˀbə]
conquistar (vt)	at erobre	[ʌ e'ʁoˀbʁʌ]
ocupar, invadir (vt)	at okkupere	[ʌ oku'peˀʌ]
assédio, sítio (m)	belejring (f)	[be'lajˀʁeŋ]
sitiado	belejret	[be'lajˀʁʌð]
assediar, sitiar (vt)	at belejre	[ʌ be'lajˀʁʌ]
inquisição (f)	inkvisition (f)	[enkvisi'ɕoˀn]
inquisidor (m)	inkvisitor (f)	[enkvi'sitʌ]
tortura (f)	tortur (f)	[tɒ'tuɐ̯ˀ]
cruel	brutal	[bʁu'tæˀl]
herege (m)	kætter (f)	['kɛtʌ]
heresia (f)	kætteri (i)	[kɛtʌ'ʁiˀ]
navegação (f) marítima	søfart (f)	['søˌfɑˀt]
pirata (m)	pirat, sørøver (f)	[pi'ʁɑˀt], ['søˌʁœːvʌ]
pirataria (f)	sørøveri (i)	['sø ʁœwʌ'ʁiˀ]
abordagem (f)	entring (f)	['ɑŋtʁɛŋ]
presa (f), butim (m)	bytte (i), fangst (f)	['bytə], ['faŋˀst]
tesouros (m pl)	skatte (f pl)	['skatə]
descobrimento (m)	opdagelse (f)	['ʌpˌdæˀjəlsə]
descobrir (novas terras)	at opdage	[ʌ 'ʌpˌdæˀjə]
expedição (f)	ekspedition (f)	[ɛkspedi'ɕoˀn]
mosqueteiro (m)	musketer (f)	[muskə'teˀɐ̯]
cardeal (m)	kardinal (f)	[kɑdi'næˀl]
heráldica (f)	heraldik (f)	[heal'dik]
heráldico	heraldisk	[he'ʁaldisk]

159. Líder. Chefe. Autoridades

rei (m)	konge (f)	['kʌŋə]
rainha (f)	dronning (f)	['dʁʌneŋ]
real	kongelig	['kʌŋəli]
reino (m)	kongerige (i)	['kʌŋəˌʁi:ə]
príncipe (m)	prins (f)	['pʁɛnˀs]
princesa (f)	prinsesse (f)	[pʁɛn'sɛsə]
presidente (m)	præsident (f)	[pʁɛsi'dɛnˀt]
vice-presidente (m)	vicepræsident (f)	['vi:sə pʁɛsi'dɛnˀt]
senador (m)	senator (f)	[se'næ:tʌ]
monarca (m)	monark (f)	[mo'nɑ:k]
governante (m)	hersker (f)	['hæɐ̯skʌ]
ditador (m)	diktator (f)	[dik'tæ:tʌ]
tirano (m)	tyran (f)	[ty'ʁɑnˀ]
magnata (m)	magnat (f)	[mɑw'næˀt]
diretor (m)	direktør (f)	[diɐ̯ək'tøˀɐ̯]
chefe (m)	chef (f)	['ɕɛˀf]
dirigente (m)	forretningsfører (f)	[fʌ'ʁatneŋsˌføːʌ]
patrão (m)	boss (f)	['bʌs]
dono (m)	ejer (f)	['ɑjʌ]
líder, chefe (m)	leder (f)	['le:ðʌ]
chefe (~ de delegação)	leder (f)	['le:ðʌ]
autoridades (f pl)	myndigheder (f pl)	['møndiˌheðˀʌ]
superiores (m pl)	overordnede (pl)	['ɒwʌˌɒˀdnəðə]
governador (m)	guvernør (f)	[guvʌ'nøˀɐ̯]
cônsul (m)	konsul (f)	['kʌnˌsuˀl]
diplomata (m)	diplomat (f)	[diplo'mæˀt]
Presidente (m) da Câmara	borgmester (f)	[bɒw'mɛstʌ]
xerife (m)	sherif (f)	[ɕe'ʁif]
imperador (m)	kejser (f)	['kɑjsʌ]
czar (m)	tsar (f)	['sɑˀ]
faraó (m)	farao (f)	['fɑ:ʁao]
cã (m)	khan (f)	['kæˀn]

160. Viloação da lei. Criminosos. Parte 1

bandido (m)	bandit (f)	[ban'dit]
crime (m)	forbrydelse (f)	[fʌ'bʁyðˀəlsə]
criminoso (m)	forbryder (f)	[fʌ'bʁyðˀʌ]
ladrão (m)	tyv (f)	['tywˀ]
roubar (vt)	at stjæle	[ʌ 'stjɛ:lə]
furto, roubo (m)	tyveri (i)	[tywʌ'ʁiˀ]
raptar (ex. ~ uma criança)	at kidnappe	[ʌ 'kidˌnapə]
rapto (m)	kidnapning (f)	['kidˌnapneŋ]

raptor (m)	kidnapper (f)	['kidˌnɑpʌ]
resgate (m)	løsepenge (pl)	['løːsəˌpɛŋə]
pedir resgate	at kræve løsepenge	[ʌ 'kʁɛːvə 'løːsəˌpɛŋə]
roubar (vt)	at røve	[ʌ 'ʁœːvə]
assalto, roubo (m)	røveri (i)	[ʁœwʌ'ʁiˀ]
assaltante (m)	røver (f)	['ʁœːvʌ]
extorquir (vt)	at afpresse	[ʌ 'ɑwˌpʁasə]
extorsionário (m)	afpresser (f)	['ɑwˌpʁasʌ]
extorsão (f)	afpresning (f)	['ɑwˌpʁasneŋ]
matar, assassinar (vt)	at myrde	[ʌ 'myɐ̯də]
homicídio (m)	mord (i)	['moˀɐ̯]
homicida, assassino (m)	morder (f)	['moɐ̯dʌ]
tiro (m)	skud (i)	['skuð]
dar um tiro	at skyde	[ʌ 'skyːðə]
matar a tiro	at skyde ned	[ʌ 'skyːðə 'neðˀ]
atirar, disparar (vi)	at skyde	[ʌ 'skyːðə]
tiroteio (m)	skydning (f)	['skyðneŋ]
incidente (m)	hændelse (f)	['hɛnəlsə]
briga (~ de rua)	slagsmål (i)	['slɑwsˌmɔˀl]
Socorro!	Hjælp!	['jɛlˀp]
vítima (f)	offer (i)	['ʌfʌ]
danificar (vt)	at skade	[ʌ 'skæːðə]
dano (m)	skade (f)	['skæːðə]
cadáver (m)	lig (i)	['liˀ]
grave	alvorlig	[al'vɒˀli]
atacar (vt)	at anfalde	[ʌ 'ɒwʌˌfalˀə]
bater (espancar)	at slå	[ʌ 'slɔˀ]
espancar (vt)	at tæske, at prygle	[ʌ 'tɛskə], [ʌ 'pʁyːlə]
tirar, roubar (dinheiro)	at berøve	[ʌ beˈʁœˀvə]
esfaquear (vt)	at stikke ihjel	[ʌ 'stekə i'jɛl]
mutilar (vt)	at lemlæste	[ʌ 'lɛmˌlɛstə]
ferir (vt)	at såre	[ʌ 'sɒːɒ]
chantagem (f)	afpresning (f)	['ɑwˌpʁasneŋ]
chantagear (vt)	at afpresse	[ʌ 'ɑwˌpʁasə]
chantagista (m)	afpresser (f)	['ɑwˌpʁasʌ]
extorsão	afpresning (f)	['ɑwˌpʁasneŋ]
(em troca de proteção)		
extorsionário (m)	afpresser (f)	['ɑwˌpʁasʌ]
gângster (m)	gangster (f)	['gæːŋstʌ]
máfia (f)	mafia (f)	['mɑfja]
carteirista (m)	lommetyv (f)	['lʌməˌtywˀ]
assaltante, ladrão (m)	indbrudstyv (f)	['enbʁuðsˌtywˀ]
contrabando (m)	smugleri (i)	[ˌsmu:lʌ'ʁiˀ]
contrabandista (m)	smugler (f)	['smuːlʌ]
falsificação (f)	forfalskning (f)	[fʌ'falˀsknen]
falsificar (vt)	at forfalske	[ʌ fʌ'falˀskə]
falsificado	falsk	['falˀsk]

161. Viloação da lei. Criminosos. Parte 2

violação (f)	voldtægt (f)	['vʌlˌtɛgt]
violar (vt)	at voldtage	[ʌ 'vʌlˌtæˀ]
violador (m)	voldtægtsforbryder (f)	['vʌlˌtɛgts fʌ'bʁyðˀʌ]
maníaco (m)	maniker (f)	['manikʌ]
prostituta (f)	prostitueret (f)	[pʁostitu'eˀʌð]
prostituição (f)	prostitution (f)	[pʁostitu'ɕoˀn]
chulo (m)	alfons (f)	[al'fʌns]
toxicodependente (m)	narkoman (f)	[nɑko'mæˀn]
traficante (m)	narkohandler (f)	['nɑ:koˌhanlʌ]
explodir (vt)	at sprænge	[ʌ 'spʁaŋə]
explosão (f)	eksplosion (f)	[ɛksplo'ɕoˀn]
incendiar (vt)	at sætte ild	[ʌ 'sɛtə ilˀ]
incendiário (m)	brandstifter (f)	['bʁanˌsteftʌ]
terrorismo (m)	terrorisme (f)	[tæɡo'ʁismə]
terrorista (m)	terrorist (f)	[tæɡo'ʁist]
refém (m)	gidsel (i)	['gisəl]
enganar (vt)	at bedrage	[ʌ be'dʁɑˀwə]
engano (m)	bedrag (i)	[be'dʁɑˀw]
vigarista (m)	bedrager (f)	[be'dʁɑˀwʌ]
subornar (vt)	at bestikke	[ʌ be'stekə]
suborno (atividade)	bestikkelse (f)	[be'stekəlsə]
suborno (dinheiro)	bestikkelse (f)	[be'stekəlsə]
veneno (m)	gift (f)	['gift]
envenenar (vt)	at forgifte	[ʌ fʌ'giftə]
envenenar-se (vr)	at forgifte sig selv	[ʌ fʌ'giftə sɑj 'sɛlˀv]
suicídio (m)	selvmord (i)	['sɛlˌmoˀɡ]
suicida (m)	selvmorder (f)	['sɛlˌmoɡdʌ]
ameaçar (vt)	at true	[ʌ 'tʁu:ə]
ameaça (f)	trussel (f)	['tʁusəl]
atentar contra a vida de ...	at begå mordforsøg	[ʌ be'gɔˀ 'moɡfʌˌsøˀj]
atentado (m)	mordforsøg (i)	['moɡfʌˌsøˀj]
roubar (o carro)	at stjæle	[ʌ 'stjɛ:lə]
desviar (o avião)	at kapre	[ʌ 'kæ:pʁʌ]
vingança (f)	hævn (f)	['hɛwˀn]
vingar (vt)	at hævne	[ʌ 'hɛwnə]
torturar (vt)	at torturere	[ʌ tɔtu'ʁɛˀʌ]
tortura (f)	tortur (f)	[tɔ'tuɡˀ]
atormentar (vt)	at plage	[ʌ 'plæ:jə]
pirata (m)	pirat, sørøver (f)	[pi'ʁɑˀt], ['søˌʁœ:vʌ]
desordeiro (m)	bølle (f)	['bølə]

armado	bevæbnet	[be'vɛˀbnəð]
violência (f)	vold (f)	['vʌlˀ]
ilegal	illegal, ulovlig	['ilə‚gæˀl], [u'lɒwˀli]

| espionagem (f) | spionage (f) | [spio'næːɕə] |
| espionar (vi) | at spionere | [ʌ spio'neˀʌ] |

162. Polícia. Lei. Parte 1

| justiça (f) | justits, retspleje (f) | [ju'stits], ['ʁads‚plɒjə] |
| tribunal (m) | retssal (f) | ['ʁat‚sæˀl] |

juiz (m)	dommer (f)	['dʌmʌ]
jurados (m pl)	nævninger (pl)	['nɛwnenʌ]
tribunal (m) do júri	nævningeting (i)	['nɛwnenətenˀ]
julgar (vt)	at dømme	[ʌ 'dœmə]

advogado (m)	advokat (f)	[aðvo'kæˀt]
réu (m)	anklagede (f)	['an‚klæˀjəðə]
banco (m) dos réus	anklagebænk (f)	['an‚klæjə‚bɛŋˀk]

| acusação (f) | anklage (f) | ['an‚klæˀjə] |
| acusado (m) | den anklagede | [dən 'an‚klæˀjədə] |

| sentença (f) | dom (f) | ['dʌmˀ] |
| sentenciar (vt) | at dømme | [ʌ 'dœmə] |

culpado (m)	skyldige (f)	['skyldiə]
punir (vt)	at straffe	[ʌ 'stʁafə]
punição (f)	straf (f), afstraffelse (f)	['stʁaf], ['aw‚stʁafəlsə]

multa (f)	bøde (f)	['bøːðə]
prisão (f) perpétua	livsvarigt fængsel (i)	['liws‚vaˀigt 'fɛŋˀsəl]
pena (f) de morte	dødsstraf (f)	['døðs‚stʁaf]
cadeira (f) elétrica	elektrisk stol (f)	[e'lɛktʁisk 'stoˀl]
forca (f)	galge (f)	['galjə]

| executar (vt) | at henrette | [ʌ 'hɛn‚ʁatə] |
| execução (f) | henrettelse (f) | ['hɛn‚ʁatəlsə] |

| prisão (f) | fængsel (i) | ['fɛŋˀsəl] |
| cela (f) de prisão | celle (f) | ['sɛlə] |

escolta (f)	eskorte (f), konvoj (f)	[ɛs'kɒːtə], [kʌn'vʌjˀ]
guarda (m) prisional	fangevogter (f)	['faŋə‚vʌgtʌ]
preso (m)	fange (f)	['faŋə]

| algemas (f pl) | håndjern (i pl) | ['hʌn‚jæɡ̊ˀn] |
| algemar (vt) | at sætte håndjern | [ʌ 'sɛtə 'hʌn‚jæɡ̊ˀn] |

fuga, evasão (f)	flugt (f)	['flɔgt]
fugir (vi)	at flygte	[ʌ 'fløgtə]
desaparecer (vi)	at forsvinde	[ʌ fʌ'svenˀə]
soltar, libertar (vt)	at løslade	[ʌ 'løs‚læːðə]

amnistia (f)	amnesti (i, f)	[ɑmnə'sti']
polícia (instituição)	politi (i)	[poli'ti']
polícia (m)	politibetjent (f)	[poli'ti be'tjɛn't]
esquadra (f) de polícia	politistation (f)	[poli'ti sta'ɕo'n]
cassetete (m)	gummiknippel (f)	['gomiˌknepəl]
megafone (m)	megafon (f)	[mega'fo'n]

carro (m) de patrulha	patruljebil (f)	[pa'tʁuljəˌbi'l]
sirene (f)	sirene (f)	[si'ʁɛ:nə]
ligar a sirene	at tænde for sirenen	[ʌ 'tɛnə fʌ si'ʁɛ:nən]
toque (m) da sirene	sirene hyl (i)	[si'ʁɛ:nə 'hy'l]

cena (f) do crime	åsted, gerningssted (i)	['ɔ'ˌstɛð], ['gæɡneŋsˌstɛð]
testemunha (f)	vidne (i)	['viðnə]
liberdade (f)	frihed (f)	['fʁiˌheð']
cúmplice (m)	medskyldig (f)	['mɛðˌskyldi]
escapar (vi)	at flygte	[ʌ 'fløgtə]
traço (não deixar ~s)	spor (i)	['spo'ɡ]

163. Polícia. Lei. Parte 2

procura (f)	eftersøgning (f)	['ɛftʌˌsøjneŋ]
procurar (vt)	at eftersøge ...	[ʌ 'ɛftʌˌsø'jə ...]
suspeita (f)	mistanke (f)	['misˌtaŋkə]
suspeito	mistænkelig	[mis'tɛŋ'kəli]
parar (vt)	at standse	[ʌ 'stansə]
deter (vt)	at anholde	[ʌ 'anˌhʌl'ə]

caso (criminal)	sag (f)	['sæ'j]
investigação (f)	efterforskning (f)	['ɛftʌˌfɔːskneŋ]
detetive (m)	detektiv, opdager (f)	[detek'tiw'], ['ʌpˌdæ'jʌ]
investigador (m)	efterforsker (f)	['ɛftʌˌfɔːskʌ]
versão (f)	version (f)	[væɡ'ɕo'n]

motivo (m)	motiv (i)	[mo'tiw']
interrogatório (m)	forhør (i)	[fʌ'hø'ɡ]
interrogar (vt)	at forhøre	[ʌ fʌ'hø'ʌ]
questionar (vt)	at afhøre	[ʌ 'awˌhø'ʌ]
verificação (f)	kontrol (f)	[kɔn'tʁʌl']

batida (f) policial	razzia (f)	['ʁɑdɕa]
busca (f)	ransagning (f)	['ʁɑnˌsæj'neŋ]
perseguição (f)	jagt (f)	['jagt]
perseguir (vt)	at forfølge	[ʌ fʌ'føl'jə]
seguir (vt)	at spore	[ʌ 'spoːʌ]

prisão (f)	arrestation (f)	[ɑɑsta'ɕo'n]
prender (vt)	at arrestere	[ʌ ɑɑ'ste'ʌ]
pegar, capturar (vt)	at fange	[ʌ 'faŋə]
captura (f)	pågribelse (f)	['pʌˌgʁi'bəlsə]

documento (m)	dokument (i)	[doku'mɛn't]
prova (f)	bevis (i)	[be'vi's]
provar (vt)	at bevise	[ʌ be'vi'sə]

pegada (f)	fodspor (i)	['foð‚spo'g̊]
impressões (f pl) digitais	fingeraftryk (i pl)	['feŋ'ʌ‚awtʁœk]
prova (f)	bevis (i)	[be'vi's]

álibi (m)	alibi (i)	[ali'bi']
inocente	uskyldig	[u'skyl'di]
injustiça (f)	uretfærdighed (f)	[uʁat'fæg̊'di‚heð']
injusto	uretfærdig	[uʁat'fæg̊'di]

criminal	kriminel	[kʁimi'nɛl']
confiscar (vt)	at konfiskere	[ʌ kʌnfi'ske'ʌ]
droga (f)	narkotikum (i)	[nɑ'ko'tikɔm]
arma (f)	våben (i)	['vɔ'bən]
desarmar (vt)	at afvæbne	[ʌ 'aw‚vɛ'bnə]
ordenar (vt)	at befale	[ʌ be'fæ'lə]
desaparecer (vi)	at forsvinde	[ʌ fʌ'sven'ə]

lei (f)	lov (f)	['lɒw]
legal	lovlig	['lɒwli]
ilegal	ulovlig	[u'lɒw'li]

| responsabilidade (f) | ansvar (i) | ['an‚svɑ'] |
| responsável | ansvarlig | [an'svɑ'li] |

NATUREZA

A Terra. Parte 1

164. Espaço sideral

cosmos (m)	rummet, kosmos (i)	['ʁɔmet], ['kʌsmʌs]
cósmico	rum-	['ʁɔm-]
espaço (m) cósmico	ydre rum (i)	['yðʁʌ ʁɔmˀ]
mundo (m)	verden (f)	['væɐ̯dən]
universo (m)	univers (i)	[uni'væɐ̯s]
galáxia (f)	galakse (f)	[ga'lɑksə]
estrela (f)	stjerne (f)	['stjæɐ̯nə]
constelação (f)	stjernebillede (i)	['stjæɐ̯nə,beləðə]
planeta (m)	planet (f)	[pla'neˀt]
satélite (m)	satellit (f)	[satə'lit]
meteorito (m)	meteorit (f)	[meteo'ʁit]
cometa (m)	komet (f)	[ko'meˀt]
asteroide (m)	asteroide (f)	[astəʁo'iːðə]
órbita (f)	bane (f)	['bæːnə]
girar (vi)	at rotere	[ʌ ʁo'teˀʌ]
atmosfera (f)	atmosfære (f)	[atmo'sfɛːʌ]
Sol (m)	Solen	['soːlən]
Sistema (m) Solar	solsystem (i)	['soːl sy'steˀm]
eclipse (m) solar	solformørkelse (f)	['soːl fʌ'mœɐ̯kəlsə]
Terra (f)	Jorden	['joˀɐ̯ən]
Lua (f)	Månen	['mɔːnən]
Marte (m)	Mars	['mɑˀs]
Vénus (f)	Venus	['veːnus]
Júpiter (m)	Jupiter	['jupitʌ]
Saturno (m)	Saturn	['sæ,tuɐ̯n]
Mercúrio (m)	Merkur	[mæɐ̯'kuɐ̯ˀ]
Urano (m)	Uranus	[u'ʁɑnus]
Neptuno (m)	Neptun	[nɛp'tuˀn]
Plutão (m)	Pluto	['pluto]
Via Láctea (f)	Mælkevejen	['mɛlkə,vɑjən]
Ursa Maior (f)	Store Bjørn	['stoɐ̯ ,bjœɐ̯'n]
Estrela Polar (f)	Polarstjernen	[po'lɑ,stjæɐ̯nən]
marciano (m)	marsboer (f)	['mɑˀs,boˀʌ]
extraterrestre (m)	ikkejordisk væsen (i)	[,ekə'joɐ̯disk ,vɛˀsən]

alienígena (m)	rumvæsen (i)	[ˈʁɔmˌvɛˀsən]
disco (m) voador	flyvende tallerken (f)	[ˈflyːvənə taˈlæɡ̊kən]
nave (f) espacial	rumskib (i)	[ˈʁɔmˌsgiˀb]
estação (f) orbital	rumstation (f)	[ˈʁɔm staˈɕoˀn]
lançamento (m)	start (f)	[ˈstɑˀt]
motor (m)	motor (f)	[ˈmoːtʌ]
bocal (m)	dyse (f)	[ˈdysə]
combustível (m)	brændsel (i)	[ˈbʁanˀsəl]
cabine (f)	cockpit (i)	[ˈkʌkˌpit]
antena (f)	antenne (f)	[anˈtɛnə]
vigia (f)	køøje (i)	[ˈkoˌʌjə]
bateria (f) solar	solbatteri (i)	[ˈsoːlbatʌˈʁiˀ]
traje (m) espacial	rumdragt (f)	[ˈʁɔmˌdʁɑgt]
imponderabilidade (f)	vægtløshed (f)	[ˈvɛgtløːsˌheðˀ]
oxigénio (m)	ilt (f), oxygen (i)	[ˈilˀt], [ʌgsyˈgeˀn]
acoplagem (f)	dokning (f)	[ˈdʌknen]
fazer uma acoplagem	at dokke	[ʌ ˈdʌkə]
observatório (m)	observatorium (i)	[ʌbsæɡvaˈtoɡˀjɔm]
telescópio (m)	teleskop (i)	[teləˈskoˀp]
observar (vt)	at observere	[ʌ ʌbsæɡˈveˀʌ]
explorar (vt)	at udforske	[ʌ ˈuðˌfɔːskə]

165. A Terra

Terra (f)	Jorden	[ˈjoˀɡən]
globo terrestre (Terra)	jordklode (f)	[ˈjoɡˌkloːðə]
planeta (m)	planet (f)	[plaˈneˀt]
atmosfera (f)	atmosfære (f)	[atmoˈsfɛːʌ]
geografia (f)	geografi (f)	[geoɡʁɑˈfiˀ]
natureza (f)	natur (f)	[naˈtuɡˀ]
globo (mapa esférico)	globus (f)	[ˈgloːbus]
mapa (m)	kort (i)	[ˈkɔːt]
atlas (m)	atlas (i)	[ˈatlas]
Europa (f)	Europa	[œwˈʁoːpa]
Ásia (f)	Asien	[ˈæˀɕən]
África (f)	Afrika	[ˈɑfʁika]
Austrália (f)	Australien	[ɑwˈstʁɑˀljən]
América (f)	Amerika	[aˈmeʁika]
América (f) do Norte	Nordamerika	[ˈnoɡ aˈmeʁika]
América (f) do Sul	Sydamerika	[ˈsyð aˈmeʁika]
Antártida (f)	Antarktis	[anˈtɑˀktis]
Ártico (m)	Arktis	[ˈɑˀktis]

166. Pontos cardeais

norte (m)	**nord** (i)	['noˀɐ̯]
para norte	**mod nord**	[moð 'noˀɐ̯]
no norte	**i nord**	[i 'noˀɐ̯]
do norte	**nordlig**	['noɐ̯li]
sul (m)	**syd** (f)	['syð]
para sul	**mod syd**	[moð 'syð]
no sul	**i syd**	[i 'syð]
do sul	**sydlig**	['syðli]
oeste, ocidente (m)	**vest** (f)	['vɛst]
para oeste	**mod vest**	[moð 'vɛst]
no oeste	**i vest**	[i 'vɛst]
ocidental	**vestlig**	['vɛstli]
leste, oriente (m)	**øst** (f)	['øst]
para leste	**mod øst**	[moð 'øst]
no leste	**i øst**	[i 'øst]
oriental	**østlig**	['østli]

167. Mar. Oceano

mar (m)	**hav** (i)	['haw]
oceano (m)	**ocean** (i)	[osəˈæˀn]
golfo (m)	**bugt** (f)	['bɔgt]
estreito (m)	**stræde** (i), **sund** (i)	['stʁɛːðə], ['sɔnˀ]
terra (f) firme	**land** (i)	['lanˀ]
continente (m)	**fastland, kontinent** (i)	['fastˌlanˀ], [kʌntiˈnɛnˀt]
ilha (f)	**ø** (f)	['øˀ]
península (f)	**halvø** (f)	['halˌøˀ]
arquipélago (m)	**øhav, arkipelag** (i)	['øˌhaw], [ɑkipeˈlæˀj]
baía (f)	**bugt** (f)	['bɔgt]
porto (m)	**havn** (f)	['hawˀn]
lagoa (f)	**lagune** (f)	[laˈguːnə]
cabo (m)	**kap** (i)	['kɑp]
atol (m)	**atol** (f)	[aˈtʌlˀ]
recife (m)	**rev** (i)	['ʁɛw]
coral (m)	**koral** (f)	[koˈʁalˀ]
recife (m) de coral	**koralrev** (i)	[koˈʁalˌʁɛw]
profundo	**dyb**	['dyˀb]
profundidade (f)	**dybde** (f)	['dybdə]
abismo (m)	**afgrund** (f), **dyb** (i)	['awˌgʁɔnˀ], ['dyˀb]
fossa (f) oceânica	**oceangrav** (f)	[osəˌæn 'gʁɑˀw]
corrente (f)	**strøm** (f)	['stʁœmˀ]
banhar (vt)	**at omgive**	[ʌ 'ʌmˌgiˀ]
litoral (m)	**kyst** (f)	['køst]

costa (f)	kyst (f)	['køst]
maré (f) alta	flod (f)	['flo'ð]
refluxo (m), maré (f) baixa	ebbe (i)	['ɛbə]
restinga (f)	sandbanke (f)	['san,baŋkə]
fundo (m)	bund (f)	['bɔn']

onda (f)	bølge (f)	['bøljə]
crista (f) da onda	bølgekam (f)	['bøljə,kam']
espuma (f)	skum (i)	['skɔm']

tempestade (f)	storm (f)	['stɒ'm]
furacão (m)	orkan (f)	[ɒ'kæ'n]
tsunami (m)	tsunami (f)	[tsu'nɑ:mi]
calmaria (f)	stille (i)	['stelə]
calmo	stille	['stelə]

| polo (m) | pol (f) | ['po'l] |
| polar | polar- | [po'lɑ-] |

latitude (f)	bredde (f)	['bʁɛ'də]
longitude (f)	længde (f)	['lɛŋ'də]
paralela (f)	breddegrad (f)	['bʁɛ'də,gʁɑ'ð]
equador (m)	ækvator (f)	[ɛ'kvæ:tʌ]

céu (m)	himmel (f)	['heməl]
horizonte (m)	horisont (f)	[hɒi'sʌn't]
ar (m)	luft (f)	['lɔft]

farol (m)	fyr (i)	['fyɐ']
mergulhar (vi)	at dykke	[ʌ 'døkə]
afundar-se (vr)	at synke	[ʌ 'søŋkə]
tesouros (m pl)	skatte (f pl)	['skatə]

168. Montanhas

montanha (f)	bjerg (i)	['bjæɐ'w]
cordilheira (f)	bjergkæde (f)	['bjæɐw,kɛ:ðə]
serra (f)	bjergryg (f)	['bjæɐw,ʁɒɛg]

cume (m)	top (f), bjergtop (f)	['tʌp], ['bjæɐw,tʌp]
pico (m)	tinde (f)	['tenə]
sopé (m)	fod (f)	['fo'ð]
declive (m)	skråning (f)	['skʁɔ'neŋ]

vulcão (m)	vulkan (f)	[vul'kæ'n]
vulcão (m) ativo	aktiv vulkan (f)	['ɑk,tiw' vul'kæ'n]
vulcão (m) extinto	udslukt vulkan (f)	['uð,slɔkt vul'kæ'n]

erupção (f)	udbrud (i)	['uð,bʁuð]
cratera (f)	krater (i)	['kʁɑ'tʌ]
magma (m)	magma (i, f)	['mɑwma]
lava (f)	lava (f)	['læ:va]
fundido (lava ~a)	glødende	['glø:ðənə]
desfiladeiro (m)	canyon (f)	['kanjʌn]

garganta (f)	kløft (f)	['kløft]
fenda (f)	revne (f)	['ʁawnə]
precipício (m)	afgrund (f)	['aw‚gʁɔnˀ]
passo, colo (m)	pas (i)	['pas]
planalto (m)	plateau (i)	[pla'to]
falésia (f)	klippe (f)	['klepə]
colina (f)	bakke (f)	['bɑkə]
glaciar (m)	gletsjer (f)	['glɛtɕʌ]
queda (f) d'água	vandfald (i)	['van‚falˀ]
géiser (m)	gejser (f)	['gɑjˀsʌ]
lago (m)	sø (f)	['søˀ]
planície (f)	slette (f)	['slɛtə]
paisagem (f)	landskab (i)	['lan‚skæˀb]
eco (m)	ekko (i)	['ɛko]
alpinista (m)	alpinist (f)	[alpi'nist]
escalador (m)	bjergbestiger (f)	['bjæɡwbe'stiˀə]
conquistar (vt)	at erobre	[ʌ e'ʁoˀbʁʌ]
subida, escalada (f)	bestigning (f)	[be'stiˀneŋ]

169. Rios

rio (m)	flod (f)	['floˀð]
fonte, nascente (f)	kilde (f)	['kilə]
leito (m) do rio	flodseng (f)	['floð‚sɛŋˀ]
bacia (f)	flodbassin (i)	['floð ba'sɛŋ]
desaguar no ...	at munde ud ...	[ʌ 'mɔnə uðˀ ...]
afluente (m)	biflod (f)	['bi‚floˀð]
margem (do rio)	bred (f)	['bʁɛðˀ]
corrente (f)	strøm (f)	['stʁœmˀ]
rio abaixo	nedstrøms	['neð‚stʁœmˀs]
rio acima	opstrøms	['ʌp‚stʁœmˀs]
inundação (f)	oversvømmelse (f)	['ɔwʌ‚svœmˀəlsə]
cheia (f)	flom (f)	['flʌmˀ]
transbordar (vi)	at flyde over	[ʌ 'fly:ðə 'ɔwʌ]
inundar (vt)	at oversvømme	[ʌ 'ɔwʌ‚svœmˀə]
banco (m) de areia	grund (f)	['gʁɔnˀ]
rápidos (m pl)	strømfald (i)	['stʁœm‚falˀ]
barragem (f)	dæmning (f)	['dɛmneŋ]
canal (m)	kanal (f)	[ka'næˀl]
reservatório (m) de água	reservoir (i)	[ʁɛsæɡvo'ɑ:]
eclusa (f)	sluse (f)	['slu:sə]
corpo (m) de água	vandområde (i)	['van 'ʌm‚ʁɔ:ðə]
pântano (m)	sump, mose (f)	['sɔmˀp], ['mo:sə]
tremedal (m)	hængesæk (f)	['hɛŋə‚sɛk]

remoinho (m)	strømhvirvel (f)	['stʁœmˌviɐ̯ˀwəl]
arroio, regato (m)	bæk (f)	['bɛk]
potável	drikke-	['dʁɛkə-]
doce (água)	ferske	['fæɐ̯skə]

gelo (m)	is (f)	['iˀs]
congelar-se (vr)	at fryse til	[ʌ 'fʁy:sə tel]

170. Floresta

floresta (f), bosque (m)	skov (f)	['skɒwˀ]
florestal	skov-	['skɒw-]

mata (f) cerrada	tæt skov (f)	['tɛt ˌskɒwˀ]
arvoredo (m)	lund (f)	['lonˀ]
clareira (f)	lysning (f)	['lysneŋ]

matagal (m)	tæt krat (i)	['tɛt 'kʁat]
mato (m)	buskads (i)	[bu'skæˀs]

vereda (f)	sti (f)	['stiˀ]
ravina (f)	ravine (f)	[ʁa'vi:nə]

árvore (f)	træ (i)	['tʁɛˀ]
folha (f)	blad (i)	['blað]
folhagem (f)	løv (i)	['løˀw]

queda (f) das folhas	løvfald (i)	['løwˌfalˀ]
cair (vi)	at falde	[ʌ 'falə]
topo (m)	trætop (f)	['tʁɛˌtʌp]

ramo (m)	kvist (f)	['kvest]
galho (m)	gren (f)	['gʁɛˀn]
botão, rebento (m)	knop (f)	['knɔp]
agulha (f)	nål (f)	['nɔˀl]
pinha (f)	kogle (f)	['kɒwlə]

buraco (m) de árvore	træhul (i)	['tʁɛˌhɔl]
ninho (m)	rede (f)	['ʁɛ:ðə]
toca (f)	hule (f)	['hu:lə]

tronco (m)	stamme (f)	['stamə]
raiz (f)	rod (f)	['ʁoˀð]
casca (f) de árvore	bark (f)	['ba:k]
musgo (m)	mos (i)	['mɔs]

arrancar pela raiz	at rykke op med rode	[ʌ 'ʁœkə ʌp mɛ 'ʁo:ðə]
cortar (vt)	at fælde	[ʌ 'fɛlə]
desflorestar (vt)	at hugge ned	[ʌ 'hɔgə 'neðˀ]
toco, cepo (m)	træstub (f)	['tʁɛˌstub]

fogueira (f)	bål (i)	['bɔˀl]
incêndio (m) florestal	skovbrand (f)	['skɒwˌbʁanˀ]
apagar (vt)	at slukke	[ʌ 'slɔkə]

guarda-florestal (m)	skovløber (f)	['skɒwˌløːbʌ]
proteção (f)	værn (i), beskyttelse (f)	['væɐ̯'n], [be'skøtəlsə]
proteger (a natureza)	at beskytte	[ʌ be'skøtə]
caçador (m) furtivo	krybskytte (f)	['kʁybˌskøtə]
armadilha (f)	saks (f), fælde (f)	['sɑks], ['fɛlə]

colher (cogumelos, bagas)	at plukke	[ʌ 'plɔkə]
perder-se (vr)	at fare vild	[ʌ 'faːɑ 'vil']

171. Recursos naturais

recursos (m pl) naturais	naturressourcer (f pl)	[na'tuɐ̯ ʁɛ'suɐ̯sʌ]
minerais (m pl)	mineraler (i pl)	[minə'ʁɑ'lʌ]
depósitos (m pl)	forekomster (f pl)	['fɒːɒˌkʌm'stʌ]
jazida (f)	felt (i)	['fɛl'd]

extrair (vt)	at udvinde	[ʌ 'uðˌven'ə]
extração (f)	udvinding (f)	['uðˌvenen]
minério (m)	malm (f)	['mal'm]
mina (f)	mine (f)	['miːnə]
poço (m) de mina	mineskakt (f)	['minəˌskɑkt]
mineiro (m)	minearbejder (f)	['miːnə'ɑːˌbɑj'dʌ]

gás (m)	gas (f)	['gas]
gasoduto (m)	gasledning (f)	['gasˌleðnen]

petróleo (m)	olie (f)	['oljə]
oleoduto (m)	olieledning (f)	['oljəˌleðnen]
poço (m) de petróleo	oliebrønd (f)	['oljəˌbʁœn']
torre (f) petrolífera	boretårn (i)	['boːʌˌtɒ'n]
petroleiro (m)	tankskib (i)	['tɑŋkˌski'b]

areia (f)	sand (i)	['san']
calcário (m)	kalksten (f)	['kalkˌste'n]
cascalho (m)	grus (i)	['gʁu's]
turfa (f)	tørv (f)	['tœɐ̯'w]
argila (f)	ler (i)	['le'ɐ̯]
carvão (m)	kul (i)	['kɔl]

ferro (m)	jern (i)	['jæɐ̯'n]
ouro (m)	guld (i)	['gul]
prata (f)	sølv (i)	['søl]
níquel (m)	nikkel (i)	['nekəl]
cobre (m)	kobber (i)	['kɒw'ʌ]

zinco (m)	zink (i, f)	['seŋ'k]
manganês (m)	mangan (i)	[mɑŋ'gæ'n]
mercúrio (m)	kviksølv (i)	['kvikˌsøl]
chumbo (m)	bly (i)	['bly']

mineral (m)	mineral (i)	[minə'ʁɑ'l]
cristal (m)	krystal (i, f)	[kʁy'stal']
mármore (m)	marmor (i)	['mɑ'moɐ̯]
urânio (m)	uran (i, f)	[u'ʁɑ'n]

A Terra. Parte 2

172. Tempo

tempo (m)	vejr (i)	['vɛˀɐ̯]
previsão (f) do tempo	vejrudsigt (f)	['vɛɐ̯ˌuðsegt]
temperatura (f)	temperatur (f)	[tɛmpʁɑ'tuɐ̯ˀ]
termómetro (m)	termometer (i)	[tæɐ̯mo'meˀtʌ]
barómetro (m)	barometer (i)	[bɑo'meˀtʌ]
húmido	fugtig	['fɔgti]
humidade (f)	fugtighed (f)	['fɔgtiˌheð ˀ]
calor (m)	hede (f)	['heːðə]
cálido	hed	['heðˀ]
está muito calor	det er hedt	[de 'æɐ̯ 'heðˀ]
está calor	det er varmt	[de 'æɐ̯ 'vɑˀmt]
quente	varm	['vɑˀm]
está frio	det er koldt	[de 'æɐ̯ 'kʌlt]
frio	kold	['kʌlˀ]
sol (m)	sol (f)	['soˀl]
brilhar (vi)	at skinne	[ʌ 'skenə]
de sol, ensolarado	solrig	['soːlˌʁiˀ]
nascer (vi)	at stå op	[ʌ stɔˀ 'ʌp]
pôr-se (vr)	at gå ned	[ʌ gɔˀ 'neðˀ]
nuvem (f)	sky (f)	['skyˀ]
nublado	skyet	['skyːəð]
nuvem (f) preta	regnsky (f)	['ʁɑjnˌskyˀ]
escuro, cinzento	mørk	['mœɐ̯k]
chuva (f)	regn (f)	['ʁɑjˀn]
está a chover	det regner	[de 'ʁɑjnʌ]
chuvoso	regnvejrs-	['ʁɑjnˌvɛɐ̯s-]
chuviscar (vi)	at småregne	[ʌ 'smɒʁɑjnə]
chuva (f) torrencial	øsende regn (f)	['øːsənə ˌʁɑjˀn]
chuvada (f)	styrtregn (f)	['styɐ̯tˌʁɑjˀn]
forte (chuva)	kraftig, heftig	['kʁɑfti], ['hɛfti]
poça (f)	vandpyt (f)	['vanˌpyt]
molhar-se (vr)	at blive våd	[ʌ 'bliːə 'vɔˀð]
nevoeiro (m)	tåge (f)	['tɔːwə]
de nevoeiro	tåget	['tɔːwəð]
neve (f)	sne (f)	['sneˀ]
está a nevar	det sner	[de 'sneˀʌ]

173. Tempo extremo. Catástrofes naturais

trovoada (f)	tordenvejr (i)	['toɡdən‚vɛˀɡ]
relâmpago (m)	lyn (i)	['lyˀn]
relampejar (vi)	at glimte	[ʌ 'glemtə]
trovão (m)	torden (f)	['toɡdən]
trovejar (vi)	at tordne	[ʌ 'toɡdnə]
está a trovejar	det tordner	[de 'toɡdnʌ]
granizo (m)	hagl (i)	['hɑwˀl]
está a cair granizo	det hagler	[de 'hɑwlɡ]
inundar (vt)	at oversvømme	[ʌ 'ɒwʌ‚svœmˀə]
inundação (f)	oversvømmelse (f)	['ɒwʌ‚svœmˀəlsə]
terremoto (m)	jordskælv (i)	['joɡ‚skɛlˀv]
abalo, tremor (m)	skælv (i)	['skɛlˀv]
epicentro (m)	epicenter (i)	[epi'sɛnˀtʌ]
erupção (f)	udbrud (i)	['uð‚bʁuð]
lava (f)	lava (f)	['læ:va]
turbilhão (m)	skypumpe (f)	['sky‚pɔmpə]
tornado (m)	tornado (f)	[tɒ'næ:do]
tufão (m)	tyfon (f)	[ty'foˀn]
furacão (m)	orkan (f)	[ɒ'kæˀn]
tempestade (f)	storm (f)	['stɒˀm]
tsunami (m)	tsunami (f)	[tsu'nɑ:mi]
ciclone (m)	cyklon (f)	[sy'kloˀn]
mau tempo (m)	uvejr (i)	['u‚vɛˀɡ]
incêndio (m)	brand (f)	['bʁanˀ]
catástrofe (f)	katastrofe (f)	[kata'stʁo:fə]
meteorito (m)	meteorit (f)	[meteo'ʁit]
avalanche (f)	lavine (f)	[la'vi:nə]
deslizamento (m) de neve	sneskred (i)	['sne‚skʁɛð]
nevasca (f)	snefog (i)	['sne‚fowˀ]
tempestade (f) de neve	snestorm (f)	['sne‚stɒˀm]

Fauna

174. Mamíferos. Predadores

predador (m)	**rovdyr** (i)	['ʁɒwˌdyɐ̯ˀ]
tigre (m)	**tiger** (f)	['tiːʌ]
leão (m)	**løve** (f)	['løːvə]
lobo (m)	**ulv** (f)	['ulˀv]
raposa (f)	**ræv** (f)	['ʁɛˀw]

jaguar (m)	**jaguar** (f)	[jaguˈɑˀ]
leopardo (m)	**leopard** (f)	[leoˈpɑˀd]
chita (f)	**gepard** (f)	[geˈpɑˀd]

pantera (f)	**panter** (f)	['panˀtʌ]
puma (m)	**puma** (f)	['puːma]
leopardo-das-neves (m)	**sneleopard** (f)	['sne leoˈpɑˀd]
lince (m)	**los** (f)	['lʌs]

coiote (m)	**coyote, prærieulv** (f)	[koˈjoːtə], ['pʁɛɐ̯jəˌulˀv]
chacal (m)	**sjakal** (f)	[ɕaˈkæˀl]
hiena (f)	**hyæne** (f)	[hyˈɛːnə]

175. Animais selvagens

animal (m)	**dyr** (i)	['dyɐ̯ˀ]
besta (f)	**bæst** (i), **udyr** (i)	['bɛˀst], ['uˌdyɐ̯ˀ]

esquilo (m)	**egern** (i)	['eˀjʌn]
ouriço (m)	**pindsvin** (i)	['penˌsviˀn]
lebre (f)	**hare** (f)	['haːɑ]
coelho (m)	**kanin** (f)	[kaˈniˀn]

texugo (m)	**grævling** (f)	['gʁawleŋ]
guaxinim (m)	**vaskebjørn** (f)	['vaskəˌbjɶʁˀn]
hamster (m)	**hamster** (f)	['hamˀstʌ]
marmota (f)	**murmeldyr** (i)	['muɐ̯ˀməlˌdyɐ̯ˀ]

toupeira (f)	**muldvarp** (f)	['mulˌvɑːp]
rato (m)	**mus** (f)	['muˀs]
ratazana (f)	**rotte** (f)	['ʁʌtə]
morcego (m)	**flagermus** (f)	['flawʌˌmuˀs]

arminho (m)	**hermelin** (f)	[hæɐ̯məˈliˀn]
zibelina (f)	**zobel** (f)	['soˀbəl]
marta (f)	**mår** (f)	['mɒˀ]
doninha (f)	**brud** (f)	['bʁuð]
vison (m)	**mink** (f)	['meŋˀk]

| castor (m) | bæver (f) | ['bɛˀvʌ] |
| lontra (f) | odder (f) | ['ʌðˀʌ] |

cavalo (m)	hest (f)	['hɛst]
alce (m)	elg (f)	['ɛlˀj]
veado (m)	hjort (f)	['jɒːt]
camelo (m)	kamel (f)	[ka'meˀl]

bisão (m)	bison (f)	['bisʌn]
auroque (m)	urokse (f)	['uɐ̯ˌʌksə]
búfalo (m)	bøffel (f)	['bøfəl]

zebra (f)	zebra (f)	['seːbʁɑ]
antílope (m)	antilope (f)	[anti'loːpə]
corça (f)	rådyr (i), rå (f)	['ʁʌˌdyɐ̯ˀ], ['ʁɔˀ]
gamo (m)	dådyr (i)	['dʌˌdyɐ̯ˀ]
camurça (f)	gemse (f)	['gɛmsə]
javali (m)	vildsvin (i)	['vilˌsviˀn]

baleia (f)	hval (f)	['væˀl]
foca (f)	sæl (f)	['sɛˀl]
morsa (f)	hvalros (f)	['valˌʁʌs]
urso-marinho (m)	pelssæl (f)	['pɛlsˌsɛˀl]
golfinho (m)	delfin (f)	[dɛl'fiˀn]

urso (m)	bjørn (f)	['bjœɐ̯ˀn]
urso (m) branco	isbjørn (f)	['isˌbjœɐ̯ˀn]
panda (m)	panda (f)	['panda]

macaco (em geral)	abe (f)	['æːbə]
chimpanzé (m)	chimpanse (f)	[ɕim'pansə]
orangotango (m)	orangutang (f)	[o'ʁɑŋguˌtaŋˀ]
gorila (m)	gorilla (f)	[go'ʁila]
macaco (m)	makak (f)	[mæ'kɑk]
gibão (m)	gibbon (f)	['gibʌn]

elefante (m)	elefant (f)	[elə'fanˀt]
rinoceronte (m)	næsehorn (i)	['nɛːsəˌhoɐ̯ˀn]
girafa (f)	giraf (f)	[gi'ʁaf]
hipopótamo (m)	flodhest (f)	['floðˌhɛst]

| canguru (m) | kænguru (f) | [kɛŋguːʁu] |
| coala (m) | koala (f) | [ko'æːla] |

mangusto (m)	mangust (f)	[mɑŋ'gust]
chinchila (m)	chinchilla (f)	[tjen'tjila]
doninha-fedorenta (f)	skunk (f)	['skɔŋˀk]
porco-espinho (m)	hulepindsvin (i)	['huːlə 'penˌsviˀn]

176. Animais domésticos

gata (f)	kat (f)	['kat]
gato (m) macho	hankat (f)	['hanˌkat]
cão (m)	hund (f)	['hunˀ]

cavalo (m)	hest (f)	['hɛst]
garanhão (m)	hingst (f)	['heŋˀst]
égua (f)	hoppe (f)	['hʌpə]

vaca (f)	ko (f)	['koˀ]
touro (m)	tyr (f)	['tyɐ̯ˀ]
boi (m)	okse (f)	['ʌksə]

ovelha (f)	får (i)	['fɑː]
carneiro (m)	vædder (f)	['vɛðˀʌ]
cabra (f)	ged (f)	['geðˀ]
bode (m)	gedebuk (f)	['geːðəˌbɔk]

| burro (m) | æsel (i) | ['ɛˀsəl] |
| mula (f) | muldyr (i) | ['mulˌdyɐ̯ˀ] |

porco (m)	svin (i)	['sviˀn]
leitão (m)	gris (f)	['gʁiˀs]
coelho (m)	kanin (f)	[ka'niˀn]

| galinha (f) | høne (f) | ['hœːnə] |
| galo (m) | hane (f) | ['hæːnə] |

pata (f)	and (f)	['anˀ]
pato (macho)	andrik (f)	['anˀdʁɛk]
ganso (m)	gås (f)	['gɔˀs]

| peru (m) | kalkun hane (f) | [kal'kuˀn 'hæːnə] |
| perua (f) | kalkun (f) | [kal'kuˀn] |

animais (m pl) domésticos	husdyr (i pl)	['husˌdyɐ̯ˀ]
domesticado	tam	['tamˀ]
domesticar (vt)	at tæmme	[ʌ 'tɛmə]
criar (vt)	at avle, at opdrætte	[ʌ 'awlə], [ʌ 'ʌpˌdʁatə]

quinta (f)	farm (f)	['fɑˀm]
aves (f pl) domésticas	fjerkræ (i)	['fjeɐ̯ˌkʁɛˀ]
gado (m)	kvæg (i)	['kvɛˀj]
rebanho (m), manada (f)	hjord (f)	['jɒˀd]

estábulo (m)	stald (f)	['stalˀ]
pocilga (f)	svinesti (f)	['svinəˌstiˀ]
estábulo (m)	kostald (f)	['koˌstalˀ]
coelheira (f)	kaninbur (i)	[ka'ninˌbuɐ̯ˀ]
galinheiro (m)	hønsehus (i)	['hœnsəˌhuˀs]

177. Cães. Raças de cães

cão (m)	hund (f)	['hunˀ]
cão pastor (m)	hyrdehund (f)	['hyɐ̯dəˌhunˀ]
pastor-alemão (m)	schæferhund (f)	['ɕɛˀfʌˌhunˀ]
caniche (m)	puddel (f)	['puðˀəl]
teckel (m)	gravhund (f)	['gʁawˌhunˀ]
buldogue (m)	buldog (f)	['bulˌdʌg]

boxer (m)	bokser (f)	['bʌksʌ]
mastim (m)	mastiff (f)	[mas'tif]
rottweiler (m)	rottweiler (f)	['ʁʌt‚vɑjlʌ]
dobermann (m)	dobermann (f)	['dʌbʌ‚man]

basset (m)	basset (f)	['basɛt]
pastor inglês (m)	bobtail (f)	['bʌbtɛjl]
dálmata (m)	dalmatiner (f)	[dalma'tiʔnʌ]
cocker spaniel (m)	cockerspaniel (f)	['kʌkʌ‚spanjəl]

| terra-nova (m) | newfoundlænder (f) | [nju'fɑwnd‚lɛnʔʌ] |
| são-bernardo (m) | sanktbernhardshund (f) | [sɑŋt'bæɐ̯ʔnɑds‚hunʔ] |

husky (m)	husky (f)	['hʌski]
Chow-chow (m)	chowchow (f)	[tjɑw'tjɑw]
spitz alemão (m)	spidshund (f)	['spes‚hunʔ]
carlindogue (m)	moppe (f), mops (f)	['mʌpə], ['mʌps]

178. Sons produzidos pelos animais

latido (m)	gøen (f)	['gøʔən]
latir (vi)	at gø	[ʌ 'gøʔ]
miar (vi)	at mjave	[ʌ 'mjɑwə]
ronronar (vi)	at spinde	[ʌ 'spenə]

mugir (vaca)	at brøle	[ʌ 'bʁœ:lə]
bramir (touro)	at brøle	[ʌ 'bʁœ:lə]
rosnar (vi)	at knurre	[ʌ 'knoɐ̯ʌ]

uivo (m)	hyl (i)	['hyʔl]
uivar (vi)	at hyle	[ʌ 'hy:lə]
ganir (vi)	at klynke	[ʌ 'kløŋkə]

balir (vi)	at bræge	[ʌ 'bʁɛ:jə]
grunhir (porco)	at grynte	[ʌ 'gʁœntə]
guinchar (vi)	at hvine	[ʌ 'vi:nə]

coaxar (sapo)	at kvække	[ʌ 'kvɛkə]
zumbir (inseto)	at surre, at summe	[ʌ 'suɐ̯ʌ], [ʌ 'sɔmə]
estridular, ziziar (vi)	at synge	[ʌ 'søŋə]

179. Pássaros

pássaro (m), ave (f)	fugl (f)	['fuʔl]
pombo (m)	due (f)	['du:ə]
pardal (m)	spurv (f)	['spuɐ̯ʔw]
chapim-real (m)	musvit (f)	[mu'svit]
pega-rabuda (f)	skade (f)	['skæ:ðə]

corvo (m)	ravn (f)	['ʁɑwʔn]
gralha (f) cinzenta	krage (f)	['kʁɑ:wə]
gralha-de-nuca-cinzenta (f)	kaie (f)	['kɑjə]

gralha-calva (f)	råge (f)	['ʁɔ:wə]
pato (m)	and (f)	['an']
ganso (m)	gås (f)	['gɔ's]
faisão (m)	fasan (f)	[fa'sæ'n]

águia (f)	ørn (f)	['œɐ̯'n]
açor (m)	høg (f)	['hø'j]
falcão (m)	falk (f)	['fal'k]

| abutre (m) | grib (f) | ['gʁi:b] |
| condor (m) | kondor (f) | [kʌn'do'ɐ̯] |

cisne (m)	svane (f)	['svæ:nə]
grou (m)	trane (f)	['tʁɑ:nə]
cegonha (f)	stork (f)	['stɔ:k]

papagaio (m)	papegøje (f)	[pɑpə'gʌjə]
beija-flor (m)	kolibri (f)	[koli'bʁi']
pavão (m)	påfugl (f)	['pʌˌfu'l]

| avestruz (m) | struds (f) | ['stʁus] |
| garça (f) | hejre (f) | ['hajʁʌ] |

| flamingo (m) | flamingo (f) | [fla'meŋgo] |
| pelicano (m) | pelikan (f) | [peli'kæ'n] |

| rouxinol (m) | nattergal (f) | ['natʌˌgæ'l] |
| andorinha (f) | svale (f) | ['svæ:lə] |

tordo-zornal (m)	drossel, sjagger (f)	['dʁʌsəl], ['ɕɑgʌ]
tordo-músico (m)	sangdrossel (f)	['saŋˌdʁʌsəl]
melro-preto (m)	solsort (f)	['so:lˌsoɐ̯t]

andorinhão (m)	mursejler (f)	['muɐ̯ˌsajlʌ]
cotovia (f)	lærke (f)	['læɐ̯kə]
codorna (f)	vagtel (f)	['vɑgtəl]

pica-pau (m)	spætte (f)	['spɛtə]
cuco (m)	gøg (f)	['gø'j]
coruja (f)	ugle (f)	['u:lə]
corujão, bufo (m)	hornugle (f)	['hoɐ̯nˌu:lə]
tetraz-grande (m)	tjur (f)	['tjuɐ̯']

| tetraz-lira (m) | urfugl (f) | ['uɐ̯ˌfu'l] |
| perdiz-cinzenta (f) | agerhøne (f) | ['æ'jʌˌhœ:nə] |

estorninho (m)	stær (f)	['stɛ'ɐ̯]
canário (m)	kanariefugl (f)	[ka'nɑ'jəˌfu'l]
galinha-do-mato (f)	hjerpe, jærpe (f)	['jæɐ̯pə]

| tentilhão (m) | bogfinke (f) | ['bɔwˌfeŋkə] |
| dom-fafe (m) | dompap (f) | ['dɔmˌpɑp] |

gaivota (f)	måge (f)	['mɔ:wə]
albatroz (m)	albatros (f)	['albaˌtʁʌs]
pinguim (m)	pingvin (f)	[peŋ'vi'n]

180. Pássaros. Canto e sons

cantar (vi)	at synge	[ʌ 'søŋə]
gritar (vi)	at skrige	[ʌ 'skʁiːə]
cantar (o galo)	at gale	[ʌ 'gæːlə]
cocorocó (m)	kykeliky	[kykli'kyː]
cacarejar (vi)	at kagle	[ʌ 'kawlə]
crocitar (vi)	at krage	[ʌ 'kʁɑːwə]
grasnar (vi)	at rappe	[ʌ 'ʁɑpə]
piar (vi)	at pippe	[ʌ 'pipə]
chilrear, gorjear (vi)	at kvidre	[ʌ 'kviðʁʌ]

181. Peixes. Animais marinhos

brema (f)	brasen (f)	['bʁɑʔsən]
carpa (f)	karpe (f)	['kɑːpə]
perca (f)	aborre (f)	['ɑˌbɒːɒ]
siluro (m)	malle (f)	['malə]
lúcio (m)	gedde (f)	['geðə]
salmão (m)	laks (f)	['lɑks]
esturjão (m)	stør (f)	['støʔɡ]
arenque (m)	sild (f)	['silʔ]
salmão (m)	atlantisk laks (f)	[at'lanʔtisk 'lɑks]
cavala, sarda (f)	makrel (f)	[mɑ'kʁalʔ]
solha (f)	rødspætte (f)	['ʁœðˌspɛtə]
lúcio perca (m)	sandart (f)	['sanˌɑʔt]
bacalhau (m)	torsk (f)	['tɒːsk]
atum (m)	tunfisk (f)	['tuːnˌfesk]
truta (f)	ørred (f)	['œɡʌð]
enguia (f)	ål (f)	['ɔʔl]
raia elétrica (f)	elektrisk rokke (f)	[e'lɛktʁisk 'ʁʌkə]
moreia (f)	muræne (f)	[mu'ʁɛːnə]
piranha (f)	piraya (f)	[pi'ʁaja]
tubarão (m)	haj (f)	['hajʔ]
golfinho (m)	delfin (f)	[dɛl'fiʔn]
baleia (f)	hval (f)	['væʔl]
caranguejo (m)	krabbe (f)	['kʁabə]
medusa, alforreca (f)	gople, meduse (f)	['gʌplə], [me'duːsə]
polvo (m)	blæksprutte (f)	['blɛkˌspʁutə]
estrela-do-mar (f)	søstjerne (f)	['søˌstjæɡnə]
ouriço-do-mar (m)	søpindsvin (i)	['sø 'penˌsviʔn]
cavalo-marinho (m)	søhest (f)	['søˌhɛst]
ostra (f)	østers (f)	['østʌs]
camarão (m)	reje (f)	['ʁajə]

lavagante (m)	**hummer** (f)	['hɔmˀʌ]
lagosta (f)	**languster** (f)	[laŋ'gustʌ]

182. Amfíbios. Répteis

serpente, cobra (f)	**slange** (f)	['slaŋə]
venenoso	**giftig**	['gifti]
víbora (f)	**hugorm** (f)	['hɔg,ɒɡˀm]
cobra-capelo, naja (f)	**kobra** (f)	['ko:bʁɑ]
pitão (m)	**pyton** (f)	['pytʌn]
jiboia (f)	**boa** (f)	['bo:a]
cobra-de-água (f)	**snog** (f)	['snoˀ]
cascavel (f)	**klapperslange** (f)	['klapʌ,slaŋə]
anaconda (f)	**anakonda** (f)	[ana'kʌnda]
lagarto (m)	**firben** (i)	['fiɡ'beˀn]
iguana (f)	**leguan** (f)	[legu'æˀn]
varano (m)	**varan** (f)	[vɑ'ʁɑˀn]
salamandra (f)	**salamander** (f)	[sala'manˀdʌ]
camaleão (m)	**kamæleon** (f)	[kaməle'oˀn]
escorpião (m)	**skorpion** (f)	[skɒpi'oˀn]
tartaruga (f)	**skildpadde** (f)	['skel,paðə]
rã (f)	**frø** (f)	['fʁœˀ]
sapo (m)	**tudse** (f)	['tusə]
crocodilo (m)	**krokodille** (f)	[kʁokə'dilə]

183. Insetos

inseto (m)	**insekt** (i)	[en'sɛkt]
borboleta (f)	**sommerfugl** (f)	['sʌmʌ,fuˀl]
formiga (f)	**myre** (f)	['my:ʌ]
mosca (f)	**flue** (f)	['flu:ə]
mosquito (m)	**stikmyg** (f)	['stek,myg]
escaravelho (m)	**bille** (f)	['bilə]
vespa (f)	**hveps** (f)	['vɛps]
abelha (f)	**bi** (f)	['biˀ]
mamangava (f)	**humlebi** (f)	['hɔmlə,biˀ]
moscardo (m)	**bremse** (f)	['bʁamsə]
aranha (f)	**edderkop** (f)	['ɛðˀʌ,kʌp]
teia (f) de aranha	**edderkoppespind** (i)	['ɛðˀʌkʌpə,sbenˀ]
libélula (f)	**guldsmed** (f)	['gul,smeð]
gafanhoto-do-campo (m)	**græshoppe** (f)	['gʁas,hʌpə]
traça (f)	**natsværmer** (f)	['nat,svæɡˀmʌ]
barata (f)	**kakerlak** (f)	[kɑkʌ'lak]
carraça (f)	**flåt, mide** (f)	['flɔˀt], ['mi:ðə]

| pulga (f) | loppe (f) | ['lʌpə] |
| borrachudo (m) | kvægmyg (f) | ['kvɛjˌmyg] |

gafanhoto (m)	vandregræshoppe (f)	['vɑndʁʌ 'gʁasˌhʌpə]
caracol (m)	snegl (f)	['snɑjˀl]
grilo (m)	fårekylling (f)	['fɒːɒˌkyleŋ]
pirilampo (m)	ildflue (f)	['ilfluːə]
joaninha (f)	mariehøne (f)	[mɑ'ʁiˀəˌhœːnə]
besouro (m)	oldenborre (f)	['ʌlənˌbɒːɒ]

sanguessuga (f)	igle (f)	['iːlə]
lagarta (f)	sommerfuglelarve (f)	['sʌmʌˌfuːlə 'lɑːvə]
minhoca (f)	regnorm (f)	['ʁɑjnˌɒɡˀm]
larva (f)	larve (f)	['lɑːvə]

184. Animais. Partes do corpo

bico (m)	næb (i)	['nɛˀb]
asas (f pl)	vinger (f pl)	['veŋʌ]
pata (f)	fod (f)	['foˀð]
plumagem (f)	fjerdragt (f)	['fjeɡˌdʁagt]
pena, pluma (f)	fjer (f)	['fjeˀɡ]
crista (f)	fjertop (f), kam (f)	['fjeɡˌtʌp], [kɑmˀ]

brânquias, guelras (f pl)	gæller (f pl)	['gɛlʌ]
ovas (f pl)	rogn (f)	['ʁɒwˀn]
larva (f)	larve (f)	['lɑːvə]
barbatana (f)	finne (f)	['fenə]
escama (f)	skæl (i)	['skɛlˀ]

canino (m)	hugtand (f)	['hɔgˌtanˀ]
pata (f)	pote (f)	['poːtə]
focinho (m)	mule (f), snude (f)	['muːlə], ['snuːðə]
boca (f)	gab (i)	['gæˀb]
cauda (f), rabo (m)	hale (f)	['hæːlə]
bigodes (m pl)	knurhår (i)	['knoɡˌhɒˀ]

| casco (m) | klov (f), hov (f) | ['klɒwˀ], ['hɒw] |
| corno (m) | horn (i) | ['hoɡˀn] |

carapaça (f)	rygskjold (i)	['ʁɒɡˌskjʌlˀ]
concha (f)	skal (f)	['skalˀ]
casca (f) de ovo	æggeskal (f)	['ɛgəˌskalˀ]

| pelo (m) | pelse (f) | ['pɛlsə] |
| pele (f), couro (m) | skind (i) | ['skenˀ] |

185. Animais. Habitats

hábitat	habitat (i)	[habi'tæˀt]
migração (f)	migration (f)	[migʁa'çoˀn]
montanha (f)	bjerg (i)	['bjæɡˀw]

recife (m)	**rev** (i)	['ʁɛw]
falésia (f)	**klippe** (f)	['klepə]
floresta (f)	**skov** (f)	['skɒwˀ]
selva (f)	**jungle** (f)	['djɔŋlə]
savana (f)	**savanne** (f)	[sa'vanə]
tundra (f)	**tundra** (f)	['tɔndʁɑ]
estepe (f)	**steppe** (f)	['stɛpə]
deserto (m)	**ørken** (f)	['œʁkən]
oásis (m)	**oase** (f)	[o'æːsə]
mar (m)	**hav** (i)	['hɑw]
lago (m)	**sø** (f)	['søˀ]
oceano (m)	**ocean** (i)	[osə'æˀn]
pântano (m)	**sump** (f)	['sɔmˀp]
de água doce	**ferskvands-**	['fæɐ̯sk‚vans-]
lagoa (f)	**dam** (f)	['dɑmˀ]
rio (m)	**flod** (f)	['floˀð]
toca (f) do urso	**hule** (f)	['huːlə]
ninho (m)	**rede** (f)	['ʁɛːðə]
buraco (m) de árvore	**træhul** (i)	['tʁɛ‚hɔl]
toca (f)	**hule** (f)	['huːlə]
formigueiro (m)	**myretue** (f)	['myːʌ‚tuːə]

Flora

186. Árvores

árvore (f)	træ (i)	['tʁɛˀ]
decídua	løv-	['løw-]
conífera	nåle-	['nɔlə-]
perene	stedsegrønt, eviggrønt	['stɛðsə‚gʁœnˀt], ['eːvi‚gʁœnˀt]
macieira (f)	æbletræ (i)	['ɛˀblə‚tʁɛˀ]
pereira (f)	pæretræ (i)	['pɛʌ‚tʁɛˀ]
cerejeira (f)	moreltræ (i)	[mo'ʁal‚tʁɛˀ]
ginjeira (f)	kirsebærtræ (i)	['kiɐ̯səbæɐ̯‚tʁɛˀ]
ameixeira (f)	blommetræ (i)	['blʌmə‚tʁɛˀ]
bétula (f)	birk (f)	['biɐ̯k]
carvalho (m)	eg (f)	['eˀj]
tília (f)	lind (f)	['lenˀ]
choupo-tremedor (m)	asp (f)	['asp]
bordo (m)	løn (f), ahorn (f)	['lœnˀ], ['a‚hoɐ̯ˀn]
espruce-europeu (m)	gran (f)	['gʁɑn]
pinheiro (m)	fyr (f)	['fyɐ̯ˀ]
alerce, lariço (m)	lærk (f)	['læɐ̯k]
abeto (m)	ædelgran (f)	['ɛˀðəl‚gʁɑn]
cedro (m)	ceder (f)	['seːðʌ]
choupo, álamo (m)	poppel (f)	['pʌpəl]
tramazeira (f)	røn (f)	['ʁœnˀ]
salgueiro (m)	pil (f)	['piˀl]
amieiro (m)	el (f)	['ɛl]
faia (f)	bøg (f)	['bøˀj]
ulmeiro (m)	elm (f)	['ɛlˀm]
freixo (m)	ask (f)	['ask]
castanheiro (m)	kastanie (i)	[ka'stanjə]
magnólia (f)	magnolie (f)	[maw'noˀljə]
palmeira (f)	palme (f)	['palmə]
cipreste (m)	cypres (f)	[sy'pʁas]
mangue (m)	mangrove (f)	[maŋ'gʁoːvə]
embondeiro, baobá (m)	baobabtræ (i)	[bao'bab‚tʁɛˀ]
eucalipto (m)	eukalyptus (f)	[œwka'lyptus]
sequoia (f)	sequoia (f), rødtræ (i)	[sek'wojə], ['ʁœð‚tʁɛˀ]

187. Arbustos

arbusto (m)	busk (f)	['busk]
arbusto (m), moita (f)	buskads (i)	[bu'skæˀs]

videira (f)	**vinranke** (f)	['vi:n,ʁɑŋkə]
vinhedo (m)	**vingård** (f)	['vi:n,gɒ']
framboeseira (f)	**hindbærbusk** (f)	['henbæɐ̯ˌbusk]
groselheira-preta (f)	**solbærbusk** (f)	['so:lbæɐ̯ˌbusk]
groselheira-vermelha (f)	**ribsbusk** (f)	['ʁɛbsˌbusk]
groselheira (f) espinhosa	**stikkelsbær** (i)	['stekəlsˌbæɐ̯]
acácia (f)	**akacie** (f)	[a'kæ'çə]
bérberis (f)	**berberis** (f)	['bæɐ̯'bʌʁis]
jasmim (m)	**jasmin** (f)	[ças'mi'n]
junípero (m)	**ene** (f)	['e:nə]
roseira (f)	**rosenbusk** (f)	['ʁo:sənˌbusk]
roseira (f) brava	**Hunde-Rose** (f)	['hunə-'ʁo:sə]

188. Cogumelos

cogumelo (m)	**svamp** (f)	['svɑmˀp]
cogumelo (m) comestível	**spiselig svamp** (f)	['spi:səli 'svɑmˀp]
cogumelo (m) venenoso	**giftig svamp** (f)	['gifti svɑmˀp]
chapéu (m)	**hat** (f)	['hat]
pé, caule (m)	**stok** (f)	['stʌk]
boleto (m)	**karljohan-rørhat** (f)	[ˌkɑːljo'han 'ʁœ'ghat]
boleto (m) alaranjado	**skælstokket rørhat** (f)	['skɛlˌstʌkəð 'ʁœ'ghat]
míscaro (m) das bétulas	**galde rørhat** (f)	['galə ˌʁœ'ghat]
cantarela (f)	**kantarel** (f)	[kanta'ʁal']
rússula (f)	**skørhat** (f)	['skøɐ̯ˌhat]
morchella (f)	**morkel** (f)	['mɒːkəl]
agário-das-moscas (m)	**fluesvamp** (f)	['flu:əˌsvɑmˀp]
cicuta (f) verde	**grøn fluesvamp** (f)	['gʁœn 'flu:əˌsvɑmˀp]

189. Frutos. Bagas

fruta (f)	**frugt** (f)	['fʁɔgt]
frutas (f pl)	**frugter** (f pl)	['fʁɔgtʌ]
maçã (f)	**æble** (i)	['ɛ'blə]
pera (f)	**pære** (f)	['pɛ'ʌ]
ameixa (f)	**blomme** (f)	['blʌmə]
morango (m)	**jordbær** (i)	['joɐ̯ˌbæɐ̯]
ginja (f)	**kirsebær** (i)	['kiɐ̯səˌbæɐ̯]
cereja (f)	**morel** (f)	[mo'ʁal']
uva (f)	**drue** (f)	['dʁuːə]
framboesa (f)	**hindbær** (i)	['henˌbæɐ̯]
groselha (f) preta	**solbær** (i)	['so:lˌbæɐ̯]
groselha (f) vermelha	**ribs** (i, f)	['ʁɛbs]
groselha (f) espinhosa	**stikkelsbær** (i)	['stekəlsˌbæɐ̯]
oxicoco (m)	**tranebær** (i)	['tʁɑːnəˌbæɐ̯]

laranja (f)	appelsin (f)	[ɑpəl'si?n]
tangerina (f)	mandarin (f)	[mandɑ'ʁi?n]
ananás (m)	ananas (f)	['ananas]
banana (f)	banan (f)	[ba'næ?n]
tâmara (f)	daddel (f)	['daðˀəl]

limão (m)	citron (f)	[si'tʁoˀn]
damasco (m)	abrikos (f)	[abʁi'koˀs]
pêssego (m)	fersken (f)	['fæg̊skən]
kiwi (m)	kiwi (f)	['kiːvi]
toranja (f)	grapefrugt (f)	['gʁɛjp̩ˌfʁɔgt]

baga (f)	bær (i)	['bæg̊]
bagas (f pl)	bær (i pl)	['bæg̊]
arando (m) vermelho	tyttebær (i)	['tytəˌbæg̊]
morango-silvestre (m)	skovjordbær (i)	['skɔw 'jog̊ˌbæg̊]
mirtilo (m)	blåbær (i)	['blɔˀˌbæg̊]

190. Flores. Plantas

| flor (f) | blomst (f) | ['blʌmˀst] |
| ramo (m) de flores | buket (f) | [bu'kɛt] |

rosa (f)	rose (f)	['ʁoːsə]
tulipa (f)	tulipan (f)	[tuli'pæ?n]
cravo (m)	nellike (f)	['nelˀekə]
gladíolo (m)	gladiolus (f)	[gladi'oːlus]

centáurea (f)	kornblomst (f)	['kog̊nˌblʌmˀst]
campânula (f)	blåklokke (f)	['blʌˌklʌkə]
dente-de-leão (m)	mælkebøtte, løvetand (f)	['mɛlkəˌbøtə], ['løːvəˌtanˀ]
camomila (f)	kamille (f)	[ka'milə]

aloé (m)	aloe (f)	['æˀloˌeˀ]
cato (m)	kaktus (f)	['kɑktus]
fícus (m)	ficus, stuebirk (f)	['fikus], ['stuːəˌbig̊k]

lírio (m)	lilje (f)	['liljə]
gerânio (m)	geranie (f)	[ge'ʁɑˀnjə]
jacinto (m)	hyacint (f)	[hya'senˀt]

mimosa (f)	mimose (f)	[mi'moːsə]
narciso (m)	narcis (f)	[nɑ'siːs]
capuchinha (f)	blomsterkarse (f)	['blʌmˀstʌˌkɑːsə]

orquídea (f)	orkide, orkidé (f)	[ɒki'deˀ]
peónia (f)	pæon (f)	[pɛ'oˀn]
violeta (f)	viol (f)	[vi'oˀl]

amor-perfeito (m)	stedmoderblomst (f)	['stɛmog̊ ˌblʌmˀst]
não-me-esqueças (m)	forglemmigej (f)	[fʌ'glɛmˀmaˌajˀ]
margarida (f)	tusindfryd (f)	['tusənˌfʁyðˀ]
papoula (f)	valmue (f)	['valˌmuːə]
cânhamo (m)	hamp (f)	['hamˀp]

175

hortelã (f)	mynte (f)	['møntə]
lírio-do-vale (m)	liljekonval (f)	['liljə kɔn'val']
campânula-branca (f)	vintergæk (f)	['ventʌˌgɛk]

urtiga (f)	nælde (f)	['nɛlə]
azeda (f)	syre (f)	['sy:ʌ]
nenúfar (m)	åkande, nøkkerose (f)	['ɔˀkanə], ['nøkəˌʁo:sə]
feto (m), samambaia (f)	bregne (f)	['bʁajnə]
líquen (m)	lav (f)	['law]

estufa (f)	drivhus (i)	['dʁiwˌhuˀs]
relvado (m)	græsplæne (f)	['gʁasˌplɛ:nə]
canteiro (m) de flores	blomsterbed (i)	['blʌmˀstʌˌbəð]

planta (f)	plante (f)	['plantə]
erva (f)	græs (i)	['gʁas]
folha (f) de erva	græsstrå (i)	['gʁasˌstʁɔˀ]

folha (f)	blad (i)	['blað]
pétala (f)	kronblad (i)	['krɔnˌblað]
talo (m)	stilk (f)	['stelˀk]
tubérculo (m)	rodknold (f)	['ʁoðˌknʌlˀ]

| broto, rebento (m) | spire (f) | ['spi:ʌ] |
| espinho (m) | torn (f) | ['toɡ̊ˀn] |

florescer (vi)	at blomstre	[ʌ 'blʌmstʁʌ]
murchar (vi)	at visne	[ʌ 'vesnə]
cheiro (m)	lugt (f)	['lɔgt]
cortar (flores)	at skære af	[ʌ 'skɛ:ʌ 'æˀ]
colher (uma flor)	at plukke	[ʌ 'plɔkə]

191. Cereais, grãos

grão (m)	korn (i)	['koɡ̊ˀn]
cereais (plantas)	kornsorter (f pl)	['koɡ̊nˌsɒ:tʌ]
espiga (f)	aks (i)	['aks]

trigo (m)	hvede (f)	['ve:ðə]
centeio (m)	rug (f)	['ʁuˀ]
aveia (f)	havre (f)	['hawʁʌ]

| milho-miúdo (m) | hirse (f) | ['hiɡ̊sə] |
| cevada (f) | byg (f) | ['byg] |

milho (m)	majs (f)	['majˀs]
arroz (m)	ris (f)	['ʁiˀs]
trigo-sarraceno (m)	boghvede (f)	['bɔwˌve:ðə]

ervilha (f)	ært (f)	['æɡ̊ˀt]
feijão (m)	bønne (f)	['bœnə]
soja (f)	soja (f)	['sʌja]
lentilha (f)	linse (f)	['lensə]
fava (f)	bønner (f pl)	['bœnʌ]

GEOGRAFIA REGIONAL

Países. Nacionalidades

192. Política. Governo. Parte 1

política (f)	politik (f)	[poli'tik]
político	politisk	[po'litisk]
político (m)	politiker (f)	[po'litikʌ]
estado (m)	stat (f)	['stæʔt]
cidadão (m)	statsborger (f)	['stæʔts͵bɒːwʌ]
cidadania (f)	statsborgerskab (i)	['stæʔts͵bɒːwʌ͵skæʔb]
brasão (m) de armas	rigsvåben (i)	['ʁis͵vɔʔbən]
hino (m) nacional	nationalsang (f)	[naço'næl͵sɑŋʔ]
governo (m)	regering (f)	[ʁɛ'geʔɡeŋ]
Chefe (m) de Estado	statschef (f)	['stæts͵çɛʔf]
parlamento (m)	parlament (i)	[pɑla'mɛnʔt]
partido (m)	parti (i)	[pɑ'tiʔ]
capitalismo (m)	kapitalisme (f)	[kapita'lismə]
capitalista	kapitalistisk	[kapita'listisk]
socialismo (m)	socialisme (f)	[soça'lismə]
socialista	socialistisk	[soça'listisk]
comunismo (m)	kommunisme (f)	[komu'nismə]
comunista	kommunistisk	[komu'nistisk]
comunista (m)	kommunist (f)	[komu'nist]
democracia (f)	demokrati (i)	[demokʁa'tiʔ]
democrata (m)	demokrat (f)	[demo'kʁaʔt]
democrático	demokratisk	[demo'kʁaʔtisk]
Partido (m) Democrático	demokratisk parti (i)	[demo'kʁaʔtisk pɑ'tiʔ]
liberal (m)	liberalist (f)	[libeʁa'list]
liberal	liberal	[libe'ʁaʔl]
conservador (m)	konservator (f)	[kʌnsæɡ'væːtʌ]
conservador	konservativ	[kɔn'sæɡva͵tiwʔ]
república (f)	republik (f)	[ʁɛpu'blik]
republicano (m)	republikaner (f)	[ʁɛpubli'kæʔnʌ]
Partido (m) Republicano	republikansk parti (i)	[ʁɛpubli'kæʔnsk pɑ'tiʔ]
eleições (f pl)	valg (i)	['valʔj]
eleger (vt)	at vælge	[ʌ 'vɛljə]

| eleitor (m) | vælger (f) | ['vɛljʌ] |
| campanha (f) eleitoral | valgkampagne (f) | ['valj kɑm'panjə] |

votação (f)	afstemning (f)	['aw͵stɛmˀnen]
votar (vi)	at stemme	[ʌ 'stɛmə]
direito (m) de voto	stemmeret (f)	['stɛmə͵ʁat]

candidato (m)	kandidat (f)	[kandi'dæˀt]
candidatar-se (vi)	at kandidere	[ʌ kandi'deˀʌ]
campanha (f)	kampagne (f)	[kɑm'panjə]

| da oposição | oppositions- | [oposi'ɕons-] |
| oposição (f) | opposition (f) | [oposi'ɕoˀn] |

visita (f)	besøg (i)	[be'søˀj]
visita (f) oficial	officielt besøg (i)	[ʌfi'ɕɛlˀ be'søˀj]
internacional	international	['entʌnaɕo͵næˀl]

| negociações (f pl) | forhandlinger (f pl) | [fʌ'hanˀleŋʌ] |
| negociar (vi) | at forhandle | [ʌ fʌ'hanˀlə] |

193. Política. Governo. Parte 2

sociedade (f)	samfund (i)	['sɑm͵fɔnˀ]
constituição (f)	konstitution (f)	[kʌnstitu'ɕoˀn]
poder (ir para o ~)	magt (f)	['mɑgt]
corrupção (f)	korruption (f)	[kɒɒp'ɕoˀn]

| lei (f) | lov (f) | ['lɒw] |
| legal | lovlig | ['lɒwli] |

| justiça (f) | retfærdighed (f) | [ʁat'fæɡˀdi͵heðˀ] |
| justo | retfærdig | [ʁat'fæɡˀdi] |

comité (m)	komite, komité (f)	[komi'teˀ]
projeto-lei (m)	lovforslag (i)	['lɒw 'fɒ:͵slæˀj]
orçamento (m)	budget (i)	[by'ɕɛt]
política (f)	politik (f)	[poli'tik]
reforma (f)	reform (f)	[ʁɛ'fɒˀm]
radical	radikal	[ʁadi'kæˀl]

força (f)	kraft (f)	['kʁɑft]
poderoso	mægtig, magtfuld	['mɛgti], ['mɑgt͵fulˀ]
partidário (m)	tilhænger (f)	['tel͵hɛŋˀʌ]
influência (f)	indflydelse (f)	['en͵flyðˀəlsə]

regime (m)	regime (i)	[ʁɛ'ɕi:mə]
conflito (m)	konflikt (f)	[kʌn'flikt]
conspiração (f)	sammensværgelse (f)	['samən͵svæɡˀwəlsə]
provocação (f)	provokation (f)	[pʁovoka'ɕoˀn]

derrubar (vt)	at styrte	[ʌ 'styɡtə]
derrube (m), queda (f)	omstyrtelse (f)	['aw͵sɛtəlsə]
revolução (f)	revolution (f)	[ʁɛvolu'ɕoˀn]

| golpe (m) de Estado | statskup (i) | ['stæ'ts͵kup] |
| golpe (m) militar | militærkup (i) | [mili'tɛɡ͵kup] |

crise (f)	krise (f)	['kʁi'sə]
recessão (f) económica	økonomisk nedgang (f)	[øko'no'misk 'neð͵gaŋ']
manifestante (m)	demonstrant (f)	[demɔn'stʁan't]
manifestação (f)	demonstration (f)	[demɔnstʁa'ɡo'n]
lei (f) marcial	krigstilstand (f)	['kʁis 'tel͵stan']
base (f) militar	militærbase (f)	[mili'tɛɡ͵bæ:sə]

| estabilidade (f) | stabilitet (f) | [stabili'te't] |
| estável | stabil | [sta'bi'l] |

| exploração (f) | udbytning (f) | ['uð͵bytneŋ] |
| explorar (vt) | at udbytte | [ʌ 'uð͵bytə] |

racismo (m)	racisme (f)	[ʁa'sismə]
racista (m)	racist (f)	[ʁa'sist]
fascismo (m)	fascisme (f)	[fa'sismə]
fascista (m)	fascist (f)	[fa'sist]

194. Países. Diversos

estrangeiro (m)	udlænding (f)	['uð͵lɛn'eŋ]
estrangeiro	udenlandsk	['uðən͵lan'sk]
no estrangeiro	i udlandet	[i 'uð͵lan'əð]

emigrante (m)	emigrant (f)	[emi'gʁan't]
emigração (f)	emigration (f)	[emigʁa'ɡo'n]
emigrar (vi)	at emigrere	[ʌ emi'gʁɛ'ʌ]

Ocidente (m)	Vesten	['vɛstən]
Oriente (m)	Østen	['østən]
Extremo Oriente (m)	Fjernøsten	['fjæɡn͵østən]

civilização (f)	civilisation (f)	[sivilisa'ɡo'n]
humanidade (f)	menneskehed (f)	['mɛnəskə͵heð']
mundo (m)	verden (f)	['væɡdən]
paz (f)	fred (f)	['fʁɛð]
mundial	verdens-	['væɡdəns-]

pátria (f)	fædreland (i)	['fɛðʁʌ͵lan']
povo (m)	folk (i)	['fʌl'k]
população (f)	befolkning (f)	[be'fʌl'kneŋ]
gente (f)	folk (i)	['fʌl'k]
nação (f)	nation (f)	[na'ɡo'n]
geração (f)	generation (f)	[genəʁa'ɡo'n]

território (m)	territorium (i)	[tæɡi'toɡ'jɔm]
região (f)	region (f)	[ʁɛgi'o'n]
estado (m)	delstat (f)	['del͵stæ't]

| tradição (f) | tradition (f) | [tʁadi'ɡo'n] |
| costume (m) | skik, sædvane (f) | ['skik], ['sɛð͵væ:nə] |

Português	Dinamarquês	Pronúncia
ecologia (f)	økologi (f)	[økolo'giʔ]
índio (m)	indianer (f)	[endi'æʔnʌ]
cigano (m)	sigøjner (f)	[si'gʌjʔnʌ]
cigana (f)	sigøjner (f)	[si'gʌjʔnʌ]
cigano	sigøjner-	[si'gʌjnʌ-]
império (m)	imperium, rige (i)	[em'peʔɕiɔm], ['ʁi:ə]
colónia (f)	koloni (f)	[kolo'niʔ]
escravidão (f)	slaveri (i)	[slæwʌ'ʁiʔ]
invasão (f)	invasion (f)	[enva'ɕoʔn]
fome (f)	hungersnød (f)	['hɔŋʌsˌnøʔð]

195. Grupos religiosos mais importantes. Confissões

Português	Dinamarquês	Pronúncia
religião (f)	religion (f)	[ʁeli'gjoʔn]
religioso	religiøs	[ʁeli'gjøʔs]
crença (f)	tro (f)	['tʁoʔ]
crer (vt)	at tro	[ʌ 'tʁoʔ]
crente (m)	troende (f)	['tʁo:ənə]
ateísmo (m)	ateisme (f)	[ate'ismə]
ateu (m)	ateist (f)	[ate'ist]
cristianismo (m)	kristendom (f)	['kʁɛstənˌdʌmʔ]
cristão (m)	kristen (f)	['kʁɛstən]
cristão	kristen	['kʁɛstən]
catolicismo (m)	katolicisme (f)	[katoli'sismə]
católico (m)	katolik (f)	[kato'lik]
católico	katolsk	[ka'toʔlsk]
protestantismo (m)	protestantisme (f)	[pʁotəstan'tismə]
Igreja (f) Protestante	den protestantiske kirke (f)	[dən pʁotə'stanʔtiskə 'kiɐ̯kə]
protestante (m)	protestant (f)	[pʁotə'stanʔt]
ortodoxia (f)	ortodoksi (f)	[ɒtodʌk'siʔ]
Igreja (f) Ortodoxa	den ortodokse kirke (f)	[dən ɒto'dʌksə 'kiɐ̯kə]
ortodoxo (m)	ortodoks (f)	[ɒto'dʌks]
presbiterianismo (m)	presbyterianisme (f)	[pʁɛsbytæɕiæ'nismə]
Igreja (f) Presbiteriana	den presbyterianske kirke	[dən pʁɛsbytæɕi'æʔnskə 'kiɐ̯kə]
presbiteriano (m)	presbyterianer (f)	[pʁɛsbytæɕi'æʔnʌ]
Igreja (f) Luterana	lutheranisme (f)	[lutəʁɑ'nismə]
luterano (m)	lutheraner (f)	[lutə'ʁɑʔnʌ]
Igreja (f) Batista	baptisme (f)	[bɑp'tismə]
batista (m)	baptist (f)	[bɑp'tist]
Igreja (f) Anglicana	den anglikanske kirke	[dən ɑŋle'kæ:nskə 'kiɐ̯kə]
anglicano (m)	anglikaner (f)	[ɑŋgli'kæʔnʌ]
mormonismo (m)	mormonisme (f)	[mɒmo'nismə]

mórmon (m)	mormon (f)	[mɒ'moˀn]
Judaísmo (m)	jødedom (f)	['jøːðəˌdʌmˀ]
judeu (m)	jøde (f)	['jøːðə]

| budismo (m) | buddhisme (f) | [bu'dismə] |
| budista (m) | buddhist (f) | [bu'dist] |

| hinduísmo (m) | hinduisme (f) | [hɛndu'ismə] |
| hindu (m) | hindu (f) | ['hɛndu] |

Islão (m)	islam (f)	[is'lɑːm], ['islɑm]
muçulmano (m)	muslim (f)	[mu'sliˀm]
muçulmano	muslimsk	[mu'sliˀmsk]

| Xiismo (m) | shiisme (f) | [ɕi'ismə] |
| xiita (m) | shiit (f) | [ɕi'it] |

| sunismo (m) | sunnisme (f) | [su'nismə] |
| sunita (m) | sunnit (f) | [su'nit] |

196. Religiões. Padres

| padre (m) | præst (f) | ['pʁast] |
| Papa (m) | Paven | ['pææːvən] |

monge (m)	munk (f)	['mɔŋˀk]
freira (f)	nonne (f)	['nʌnə]
pastor (m)	pastor (f)	['pastʌ]

abade (m)	abbed (f)	['ɑbeð]
vigário (m)	sognepræst (f)	['sɒwnəˌpʁast]
bispo (m)	biskop (f)	['biskʌp]
cardeal (m)	kardinal (f)	[kɑdi'næˀl]

pregador (m)	prædikant (f)	[pʁɛdi'kanˀt]
sermão (m)	prædiken (f)	['pʁɛðəkən]
paroquianos (pl)	sognebørn (pl)	['sɒwnəˌbœɐ̯ˀn]

| crente (m) | troende (f) | ['tʁoːənə] |
| ateu (m) | ateist (f) | [ate'ist] |

197. Fé. Cristianismo. Islão

| Adão | Adam | ['æˀdɑm] |
| Eva | Eva | ['eːva] |

Deus (m)	Gud	['guð]
Senhor (m)	Herren	['hæːɐ̯ˀn]
Todo Poderoso (m)	Den Almægtige	[dən al'mɛgtiə]

| pecado (m) | synd (f) | ['sønˀ] |
| pecar (vi) | at synde | [ʌ 'sønə] |

pecador (m)	synder (f)	['sønʌ]
pecadora (f)	synder (f)	['sønʌ]
inferno (m)	helvede (i)	['hɛlvəðə]
paraíso (m)	paradis (i)	['pɑːɑˌdiˀs]
Jesus	Jesus	['jeːsus]
Jesus Cristo	Jesus Kristus	['jeːsus 'kʁɛstus]
Espírito (m) Santo	Den Hellige Ånd	[dən 'hɛˌliˀə ˌʌnˀ]
Salvador (m)	Frelseren	['fʁalsʌˀn]
Virgem Maria (f)	Jomfru Maria	['jʌmfʁu mɑˌʁiːa]
Diabo (m)	Djævelen	['djɛːvelen]
diabólico	djævelsk	['djɛːvəl-]
Satanás (m)	Satan	['sæːtan]
satânico	satanisk	[saˈtæˀnisk]
anjo (m)	engel (f)	['ɛŋəl]
anjo (m) da guarda	skytsengel (f)	['skøtsˌɛŋəl]
angélico	engle-	['ɛŋlə-]
apóstolo (m)	apostel (f)	[aˈpʌstəl]
arcanjo (m)	ærkeengel (f)	['æɡkəˀŋəl]
anticristo (m)	Antikrist	['antiˌkʁɛst]
Igreja (f)	kirke (f)	['kiɡkə]
Bíblia (f)	Bibelen, bibel (f)	['biːbəln], ['biːbəl]
bíblico	bibelsk	['biˀbəlsk]
Velho Testamento (m)	Det Gamle Testamente	[de 'gamlə tɛstaˈmɛntə]
Novo Testamento (m)	Det Nye Testamente	[de 'nyːə tɛstaˈmɛntə]
Evangelho (m)	evangelium (i)	[evaŋˈgeˀljɔm]
Sagradas Escrituras (f pl)	Den Hellige Skrift	[dən 'hɛˌliˀə 'skʁɛft]
Céu (m)	Himlen, Himmerige	['hemlən], ['hemʌˌʁiːə]
mandamento (m)	bud (i)	['buð]
profeta (m)	profet (f)	[pʁoˈfeˀt]
profecia (f)	profeti (f)	[pʁofəˈtiˀ]
Alá	Allah	['ala]
Maomé	Muhamed	['muhɑˌmɛð]
Corão, Alcorão (m)	Koranen	[koˈʁanən]
mesquita (f)	moske (f)	[moˈskeˀ]
mulá (m)	mullah (f)	['mula]
oração (f)	bøn (f)	['bœnˀ]
rezar, orar (vi)	at bede	[ʌ 'beˀðə]
peregrinação (f)	pilgrimsrejse (f)	['pilˌgʁɛmsˌʁajsə]
peregrino (m)	pilgrim (f)	['pilˌgʁɛmˀ]
Meca (f)	Mekka	['mɛka]
igreja (f)	kirke (f)	['kiɡkə]
templo (m)	tempel (i)	['tɛmˀpəl]
catedral (f)	katedral (f)	[katəˈdʁaˀl]

gótico	gotisk	['go'tisk]
sinagoga (f)	synagoge (f)	[syna'go:ə]
mesquita (f)	moske (f)	[mo'ske']

capela (f)	kapel (i)	[ka'pɛl']
abadia (f)	abbedi (i)	[ɑbə'dí']
convento (m)	kloster (i)	['klʌstʌ]
mosteiro (m)	kloster (i)	['klʌstʌ]

sino (m)	klokke (f)	['klʌkə]
campanário (m)	klokketårn (i)	['klʌkə,tɔ'n]
repicar (vi)	at ringe	[ʌ 'ʁɛŋə]

cruz (f)	kors (i)	['kɒ:s]
cúpula (f)	kuppel (f)	['kupəl]
ícone (m)	ikon (i, f)	[i'ko'n]

alma (f)	sjæl (f)	['ɕɛ'l]
destino (m)	skæbne (f)	['skɛ:bnə]
mal (m)	ondskab (f)	['ɔn,skæ'b]
bem (m)	godhed (f)	['goð,heð']

vampiro (m)	vampyr (f)	[vɑm'pyɐ̯']
bruxa (f)	heks (f)	['hɛks]
demónio (m)	dæmon (f)	[dɛ'mo'n]
espírito (m)	ånd (f)	['ʌn']

redenção (f)	forløsning (f)	[fʌ'lø'snen]
redimir (vt)	at sone	[ʌ 'so:nə]

missa (f)	gudstjeneste (f)	['guðs,tjɛ:nəstə]
celebrar a missa	at holde gudstjeneste	[ʌ 'hʌlə 'guðs,tjɛ:nəstə]
confissão (f)	skrifte (i)	['skʁɛftə]
confessar-se (vr)	at skrifte	[ʌ 'skʁɛftə]

santo (m)	helgen (f)	['hɛljən]
sagrado	hellig	['hɛli]
água (f) benta	vievand (i)	['vi:ə,van']

ritual (m)	ritual (i)	[ʁitu'æ'l]
ritual	rituel	[ʁitu'ɛl']
sacrifício (m)	ofring (f)	['ʌfʁʌɛŋ]

superstição (f)	overtro (f)	['ɒwʌ,tʁo']
supersticioso	overtroisk	['ɒwʌ,tʁo'isk]
vida (f) depois da morte	efterliv (i)	['ɛftʌ,liw']
vida (f) eterna	det evige liv	[de 'e:viə liw']

TEMAS DIVERSOS

198. Várias palavras úteis

ajuda (f)	hjælp (f)	['jɛl'p]
barreira (f)	forhindring (f)	[fʌ'hen'dʁɛŋ]
base (f)	basis (f)	['bæ:sis]
categoria (f)	kategori (f)	[katəgo'ʁi']
causa (f)	årsag (f)	['ɒ:ˌsæ'j]
coincidência (f)	sammenfald (i)	['samənˌfal']
coisa (f)	ting (f)	['ten']
começo (m)	begyndelse (f)	[be'gøn'əlsə]
cómodo (ex. poltrona ~a)	bekvem	[be'kvɛm']
comparação (f)	sammenligning (f)	['samənˌli:neŋ]
compensação (f)	kompensation (f)	[kʌmpɛnsa'ɕo'n]
crescimento (m)	vækst (f)	['vɛkst]
desenvolvimento (m)	udvikling (f)	['uðˌvekleŋ]
diferença (f)	forskel (f)	['fɒ:skɛl]
efeito (m)	effekt (f)	[e'fɛkt]
elemento (m)	element (i)	[elə'mɛn't]
equilíbrio (m)	balance (f)	[ba'laŋsə]
erro (m)	fejl (f)	['faj'l]
esforço (m)	anstrengelse (f)	['anˌstʁaŋ'əlsə]
estilo (m)	stil (f)	['sti'l]
exemplo (m)	eksempel (i)	[ɛk'sɛm'pəl]
facto (m)	faktum (i)	['faktɔm]
fim (m)	slut (f)	['slut]
forma (f)	form (f)	['fɒ'm]
frequente	hyppig	['hypi]
fundo (ex. ~ verde)	baggrund (f)	['bawˌgʁɒn']
género (tipo)	slags (i, f)	['slags]
grau (m)	grad (f)	['gʁɑ'ð]
ideal (m)	ideal (i)	[ide'æ'l]
labirinto (m)	labyrint (f)	[laby'ʁɛn't]
modo (m)	måde (f)	['mɔ:ðə]
momento (m)	øjeblik (i)	['ʌjəˌblek]
objeto (m)	objekt (i)	['ʌbjɛkt]
obstáculo (m)	hindring (f)	['hendʁɛŋ]
original (m)	original (f)	[ɒigi'næ'l]
padrão	standard-	['stanˌdɑd-]
padrão (m)	standard (f)	['stanˌdɑ'd]
paragem (pausa)	ophold (i)	['ʌpˌhʌl']
parte (f)	del (f)	['de'l]

partícula (f)	**partikel** (f)	[pɑ'tikəl]
pausa (f)	**pause** (f)	['pɑwsə]
posição (f)	**position** (f)	[posi'ɕoʔn]
princípio (m)	**princip** (i)	[pʁin'sip]
problema (m)	**problem** (i)	[pʁo'bleʔm]
processo (m)	**proces** (f)	[pʁo'sɛs]
progresso (m)	**fremskridt** (i)	['fʁamˌskʁit]
propriedade (f)	**egenskab** (f)	['ejənˌskæʔb]
reação (f)	**reaktion** (f)	[ʁɛɑk'ɕoʔn]
risco (m)	**risiko** (f)	['ʁisiko]
ritmo (m)	**tempo** (i)	['tɛmpo]
segredo (m)	**hemmelighed** (f)	['hɛməliˌheðʔ]
série (f)	**serie** (f)	['seʁ̩ʔjə]
sistema (m)	**system** (i)	[sy'steʔm]
situação (f)	**situation** (f)	[sitwa'ɕoʔn]
solução (f)	**løsning** (f)	['løːsnɛŋ]
tabela (f)	**tabel** (f)	[ta'bɛlʔ]
termo (ex. ~ técnico)	**term** (f)	['tæʁ̩ʔm]
tipo (m)	**type** (f)	['tyːpə]
urgente	**haster**	['hastə]
urgentemente	**omgående**	['ʌmˌgɔʔənə]
utilidade (f)	**nytte** (f)	['nøtə]
variante (f)	**variant** (f)	[vɑi'anʔt]
variedade (f)	**valg** (i)	['valʔj]
verdade (f)	**sandhed** (f)	['sanˌheðʔ]
vez (f)	**tur** (f)	['tuʁ̩ʔ]
zona (f)	**zone** (f)	['soːnə]

www.ingramcontent.com/pod-product-compliance
Lightning Source LLC
LaVergne TN
LVHW051343080426
835509LV00020BA/3266